Marie-Luise Schwarz-Schilling

Die Ehe

Satz: Urs van der Leyn, Basel
Umschlaggestaltung und Titelei: b.c.c.d. Angelo Hentzschel, Berlin
Foto Umschlag Rückseite: Otto Reitsperger, Leipzig / Berlin
Printed in Germany

ISBN 3 933974 48 8

Marie-Luise Schwarz-Schilling

Die Ehe
Seitensprung
der Geschichte

axel dielmann — verlag

Kommanditgesellschaft in Frankfurt am Main

Für Cara und Alexandra

Inhaltsverzeichnis

Einleitung

Zwischen Männern und Frauen hat sich in den letzten fünfzig Jahren ein Quantensprung ereignet. Dieser Sprung in Freiheit und Gleichberechtigung war weder Zufall noch biologische Notwendigkeit, sondern das Resultat politischer Entscheidungen, die in der Mehrheit von Männern gefällt wurden. Das gerät oft in Vergessenheit. Vergessen wird auch, dass Freiheit und Gleichberechtigung bei der Mehrheit der Weltbevölkerung nicht real gegeben sind.

Mein Thema ist die historische und politische Dimension von Ehe und Partnerschaft, ein Aspekt, der durch die Dominanz psychologischer Fragestellungen verdrängt wird. Als mich die Scheidungswelle in der eigenen Familie erreichte, wollte ich wissen: Seit wann gibt es Ehe, und seit wann sind Frauen das "andere" Geschlecht? Wie war es früher? Gab es schon einmal freie Frauen auf unserem Globus und wenn ja, warum wurden sie abhängig? Damit war das Thema zu diesem Buch angestoßen. Es führt uns von den steinzeitlichen Sippenordnungen, in denen es keine Herrschaft durch sexuelle Kontrolle gab, zur Revolution der Patriarchen mit der Ehe als Resultat.

Alles, was mit Geschlechterbeziehungen zu tun hat, wird heute üblicherweise psychologisch oder biologisch gedeutet. Wir übersehen dabei, dass die Ordnungsmuster für das Mann- oder Frau-Sein ursprünglich keineswegs psychologischer oder biologischer, sondern politischer Natur waren. **Sie wurden von den Eliten vergangener Perioden bewusst gewählt und durchgesetzt, weil diese bestimmte Interessen damit verfolgten.** Es war die politische Institution der Ehe, die Frauen von ihren Ehemännern und damit indirekt von allen Männern abhängig machten. Die Gesetze und Regeln, die dabei entstanden – zum Beispiel über die verschiedene Wertigkeit von Männern, Frauen und Sklaven – wurden später als soziale – und oft heilige – Norm verinnerlicht und im Verlauf der Jahrtausende Bestandteil des "Programms", in dessen Bahnen wir selber heute auch noch fühlen und denken. Solche historischen "Programme" lassen zum Beispiel Männer eher Sex und Frauen eher Liebe vom Beischlaf erwarten, oder Männer auf ihre Erfolge stolz sein, Frauen vor ihren Erfolgen eher Angst haben.

Plötzlich, mitten im Alltag – im gläsernen Bürohaus, im eigenen Badezimmer oder beim ersten Schluck auf einer Party – kann uns ein Gedanke durch den Kopf schießen, der zum "historischen Programm" gehört: "Darf ich das, oder werde ich dann unbeliebt?" – oder: "Bloß keine Frau, die schlauer ist als ich selbst!" Solche Regungen werden heute psychologisch gedeutet – zum Beispiel als Infantilismus bei der Frau oder als Phobie beim Mann. Ich dagegen werde zeigen, dass es sich hier um ganz rationale Kommandos aus der Vergangenheit handelt, deren Kontext wir vergessen haben.

Wir neigen zu der Ansicht, alle Partnerschaftsprobleme könnten auf der individuellen Schiene gelöst werden, wenn Mars-Mann und Venus-Frau sich aufmerksam und konfliktbereit in Therapie begeben. Solche privaten Übungen sind sicher wichtig. Aber darüber wird leicht vergessen, wie stark gesellschaftliche Impulse und Botschaften, die den Interessen der Eliten folgen, das Verhalten der Partner beeinflussen.

Eine "historische" Botschaft wird zum Beispiel heute neu gesendet, wenn auch eher verschlüsselt: **Es ist für Frauen unmöglich, beruflich erfolgreich und privat glücklich zu sein.**[1] *"Sind Frauen faul?"*, fragt eine Tageszeitung besorgt.[2] Solche und ähnliche Aussagen lauern überall. Immer wieder kommen Untersuchungen auf den Markt, die "beweisen", dass Frauen ihr Aussehen sehr viel ernster nehmen als ihren Beruf, den sie nach einigen Ehejahren ohnehin an den Nagel hängen.[3] Laura Doyle zieht in ihrem in den USA viel beachteten Buch "The Surrendered Wife" daraus den Schluss: *"Laura, zurück an den Herd!"*[4]

Die öffentlichen Zweifel nagen am privaten Selbstbewusstsein. Die meisten Frauen wollen trotzdem nicht an den Herd zurück. Junge Frauen zwischen dreißig und vierzig, die es geschafft haben, sind überzeugt: "Ich mache das besser! Nicht nur im Beruf, sondern auch in der Partnerschaft. Mir passiert es nicht, dass ich Hemden bügle oder mich zwischen Kindern und Beruf aufreiben lasse." Natürlich macht sie es besser mit dem Partner. Aber dieser Partner ist vom Klima der sozialen Umwelt beeinflusst, keineswegs nur von der Performance der Partnerin.

Die weibliche Performance hängt nicht zuletzt an der Kinderfrage. Wenn eine Frau tatsächlich in der Chefetage angekommen ist, muss sie zwischen Kind und Karriere wählen. Es gäbe eine Reihe von politischen Lösungen, die das Problem erleichtern könnten – wie etwa in Frankreich oder Dänemark, wo Kindergärten auch kleinen Kindern offen stehen – aber sie gelten in Deutschland als nicht familiengerecht. Die Feministinnen sind in Deckung gegangen. Die Karrierefrauen kultivieren die Illusion, Unabhängigkeit wäre schon unumkehrbar erreicht, und Abhängigkeit könne heute niemals mehr zurückkommen. Ob wir ebenbürtige Partnerschaften entwickeln können, hängt aber nicht nur von unserer privaten Einsicht ab, sondern in erster Linie vom jeweiligen politisch geprägten Meinungsklima. Wenn zum Beispiel Frauen in Zukunft vom Wohlfahrtsstaat zum heute so gering geschätzten Kinde dienstverpflichtet würden – der Renten wegen! – hätte das einen gewaltigen Einfluss auf das Meinungsklima.

Zusätzlich zu den alten und neuen Modetrends kommen feinsinnige Analysen auf, warum Männer und Frauen total verschiedene Wesen seien – biologisch, genetisch, psychologisch, neurologisch, symbiotisch. Und vor allem mental. Das lustvolle – und lukrative – Publizieren dieser Unterschiede verleitet Jedermann und Jederfrau zur wertenden Deutung. Aus dem Unterschied wird flugs ein "besser" oder "schlechter", sei es ein "schlechter einparken" oder ein "schlechter zuhören". Fatal ist dabei, dass Mann und Frau durch diesen öffentlichen Diskurs darin bestärkt werden, einander als Fremde zu empfinden. **"Mann und Frau können sich nicht verstehen"**, bescheinigen die Fachleute.

Ich verteidige die "Ähnlichkeit" von Mann und Frau, einerseits als Gegengewicht gegen den Modetrend, andererseits, weil die hochpersonalisierte, exklusive Mann-Frau-Beziehung, die wir heute anstreben, ohne mentale Ähnlichkeit zum Scheitern verurteilt wäre. Bei der Ähnlichkeit handelt es sich nicht um äußere Faktoren, sondern um die Ähnlichkeit in den Erwartungen, Interessen, Bedürfnissen und Werten. Ähnlichkeit zwischen den Partnern heißt: auf gleicher Augenhöhe kämpfen und lieben. Es bedeutet auch, sich nicht restlos in den Partner fallen zu lassen, sondern die Verantwortung selbst zu behalten. Keiner kann den Anderen für das eigene Lebensglück haftbar machen. "Ich muss mich selbst glücklich machen", lautet das Codewort unter Ähnlichen.

Löst sich die Ehe auf? Bis heute nicht, aber Ehe ist riskant. Einerseits gibt es immer noch das alte Ranggefälle zwischen Mann und Frau. Nicht nur im Beruf, sondern erst recht bei der leidigen Frage "Wer wischt die Küche auf, und wer beruhigt das Baby?" Andererseits hat der Mann nicht mehr das uneingeschränkte Kommando, wie es noch mein Großvater hatte. Männer sind – wahrscheinlich deswegen – weniger daran interessiert zu heiraten als Frauen. Frauen brauchen einen Beruf, um ein zeitgemäßes Kompetenzniveau zu erreichen, aber sie brauchen den Beruf auch deshalb, weil sie jederzeit mit Scheidung rechnen müssen. "Zurück am Herd" hat Laura keine Altersversorgung! Kinder helfen nicht, sie verleihen keinen Status, sie verschaffen erst recht keine Altersversorgung. Kinder gelten als Luxusgut – jedenfalls bei allen Vorgesetzten.

Der Traum von der vollkommenen Paarbeziehung, den alle Singles träumen und dem sie ihre eigenen Träume opfern, zerbricht oft an persönlichen Fehlern, an unterschiedlichen Weltbildern oder an Seitensprüngen. Er zerbricht in erster Linie an dem Ungleichgewicht (Mann groß – Frau klein), das in unseren Hirnen nistet. Natürlich gibt es auch gelingende Partnerbeziehungen, aber sie sind und waren zu allen Epochen eher die Ausnahme. Den geschichtlichen Kontext bestimmten sie nicht.

Ehe war eine Institution des Feudalismus – wir wollen daraus eine Institution machen, die sich mit der Aufklärung verträgt. Dieses Unterfangen ist gewaltig, sein Ausgang ungewiss. Unsere Epoche gewährt uns freiere Spielräume und mehr Selbstverantwortung als je zuvor. Das sind Werte, die immer auch wieder verloren gehen können, wenn wir uns nicht mit allen Kräften dem Verlust entgegenstellen – wenn wir zum Beispiel die Freiheit nicht nutzen. Männer und Frauen der heute aktiven Generation müssen sich eines Tages daran messen lassen – von sich selbst, aber auch von ihren Nachkommen –, ob und wie sie die Spielräume genutzt haben, um eine ebenbürtige Paarbeziehung aufzustellen, und zwar nicht nur privat und vereinzelt, sondern als ”allgemeines Gesetz“ im ganzen sozialen Raum.

I. Der Gesellschaftsvertrag vor der Ehe

1.
Sexualität ohne Herrschaft

Wer wissen will, wo die Ehe herkommt – und wo sie nicht herkommt – muss bis in die ehelose Zeit zurückgehen. Deshalb wenden wir uns jetzt der Eiszeit zu, dem Paläolithikum und später dem Neolithikum. In diesen Perioden gab es keine Ehe, wobei ich unter Ehe zunächst ganz allgemein die lebenslange Zuordnung einer Frau zu einem Mann verstehe. Die Periode, die wir hier im Blick haben, umfasst immerhin 96 000 Jahre der hunderttausendjährigen Menschheitsgeschichte. Dass unsere Spezies die längste Zeit ihrer Existenz ohne Ehe auskam, mag überraschen.

Mutter-Kind-Dyade

Wie sah die soziale Ordnung vor der Einführung der Ehe aus? Wir treffen bei dieser Frage noch immer auf erhebliche Vorurteile: Anders als in Familien gegliedert können sich viele Leute und Fachleute die Vor- und Frühzeit nicht vorstellen. "Familie", das sind ein Mann, seine Frau und seine Kinder. Diese Familie sei das Rückgrat der Urgesellschaft – so wird unterstellt – und Ehe sei ihrerseits das Rückgrat der Familie, als der ursprünglichsten und natürlichsten Organisationsform der Menschheit. Noch ganz unbekümmert behauptete René König in den siebziger Jahren, Familie und Ehe seien älter als die menschliche Kultur.[5] **Genau dies ist nach heutiger Kenntnis falsch.** Neuere Forscher, Anthropologen ebenso wie Soziologen, gehen vielmehr von der Mutter-Kind-Dyade als Kern der menschlichen Kleingruppe aus. Hartman Tyrel etwa spricht von der Mutterschaft und Geschwisterschaft als Kristallisationskern jeder familial-verwandtschaftlichen Institutionenbildung.[6] Seiner

Meinung nach stammt die Mutter-Kind-Einheit aus einer viel älteren Tradition als die Ehe. Der bekannte Paläontologe Richard Leakey sagt das so: *"Die Zeit des Aufziehens von Kindern schließt zugleich deren Abhängigkeit von einem Erwachsenen ein, und daraus ergibt sich ohne jede Ausnahme, dass die Grundlage aller sozialen Gruppen unter Primaten die Bindung zwischen Mutter und Kind ist. Diese Bindung begründet die soziale Einheit, auf der alle höheren Gesellschaftsordnungen aufbauen.*"[7]

Dass die menschliche Kindheit doppelt so lange währt wie die unserer nächsten Verwandten, der Affen, gibt der Mutter-Kind-Dyade ein Gewicht, das über die im Vergleich viel kürzere sexuelle Bindung an einen Mann weit hinausreicht. Deshalb wurde nicht die Mann-Frau-Beziehung, sondern die Mutter-Kind-Dyade zur Grundlage einer dauerhaften sozialen Organisation. Die kurze sexuelle Bindung an einen Mann hätte zu einer umfassenden Gemeinschaftsbildung nicht ausgereicht. Die feste Bindung gilt nicht nur für die

Abb. 1: Weibliche Gottheit
aus der französischen
Altsteinzeit.
"Venus von Lespugue."[Q1]

Mutter, sondern auch für die Jungen, denn der Anteil der Lebensphase, die sie bei der Mutter verbrachten, war bei einem durchschnittlichen Lebensalter von um dreißig Jahren (Frauen 27, Männer 34 Jahre) viel größer als heute.[8]

Die soziale Einheit, in der die Mutter-Kind-Dyade eingebettet war, nenne ich hier Sippe. Eine Sippe wurde nicht von Mann und Frau als Sexualpartner gebildet, sondern sie bestand aus einer Gruppe von Blutsverwandten, die von einer Ahnin abstammten. Blutsverwandtschaft zählt bis weit in das klassische Altertum hinein allein in weiblicher Linie, also über Mütter. Ahnin, Mütter, Mutterbrüder, Töchter, Brüder und die Kinder der Töchter lebten in einer Sippe. Zum Geschlechtsverkehr "wanderten" die Brüder zu anderen Sippen und besuchten ihre Gefährtinnen. Sie folgten dem Gebot der Exogamie.

Herrschaft ohne Sexualität

Dass Jungmänner den warmen Herd der eigenen Sippe verlassen und zu anderen Sippen "wandern" müssen, während dieses Wandern in der späteren Zeit den Frauen auferlegt wird, ist für das Machtgleichgewicht zwischen Männern und Frauen der Vor- und Frühzeit fundamental. Der Geschlechtspartner, der für die Paarung im eigenen Territorium bleiben konnte, hatte einen Vorteil, der sich auf das Selbstwertgefühl auswirkte. Der Begriff Exogamie ist uns fremd, aber das Verbot des Inzests ist es nicht. Die Verruchtheit des Inzests kennen wir aus den griechischen und jüdischen Sagen – berühmt ist ganz besonders die Ödipus-Sage. In der deutschen Sprache sagen wir Blutschande, wenn Mutter und Sohn, Vater und Tochter oder Bruder und Schwester miteinander sexuell verkehren. Angeblich ist Blutschande für das Weiterreichen von Erbkrankheiten verantwortlich. Dass eine so wissenschaftlich-medizinische Erklärung für das vorgeschichtliche Tabu der Paarung innerhalb der

Sippe maßgeblich gewesen sein soll, erscheint zweifelhaft. Viel wahrscheinlicher ist, dass das Inzest-Tabu bis heute auf soziale Gebote zurückgeht, die in die Steinzeit zurückreichen und dem Schutz der Frauen und Kinder dienten.

Was bedeutet das Gebot der Exogamie? Diese Grundregel der Sippenordnung verbietet den Geschlechtsverkehr zwischen Sippenmitgliedern. Damit wird die Sexualität als Machtinstrument **innerhalb** der sozialen Kerngruppe ausgeschlossen. Sexualität bleibt "außen". In der Familie dagegen ist Sexualität "innen" und konstitutives und exklusives Element der Ehe. Paarung war nur in der Ehe erlaubt. In der Sippe dagegen konnte sich innerhalb des größeren Verbandes vieler Nachbarsippen jede Frau mit jedem Mann einer anderen Sippe paaren, den sie auf ihr Lager einlud. Genauso konnten Männer zu verschiedenen Sippen wandern und ihre Freundinnen besuchen.

Kommt uns das bekannt vor? Könnten aus dieser fernen Vergangenheit noch heute einige Verhaltensmuster in uns schlummern? Dass die Männer so viele Jahrtausende zum "Wandern" gedrängt wurden, wäre eine fabelhafte Begründung für den berühmten männlichen Appetit auf sexuelle Abwechslung. Notorisch untreue Männer brauchen zur Entschuldigung nur auf die Wanderlust verweisen, zu der sie in grauer Vorzeit erzogen wurden. Haben Männer etwa die Neigung zum Partnerwechsel in der Sippenzeit "erlernt" und dann weitervererbt – so wie es Jean-Baptiste de Lamarck (1744 – 1829) für möglich hielt? Oder waren Männer einfach immer schon die geborenen Wanderburschen wie bei Charles Darwin? Oder, dritte Möglichkeit, hat die Frage des Paarungsverhaltens mit dem Erbe nichts zu tun, sondern nur mit dem Einfluss der jeweiligen kulturellen Umwelt und ihren Machtverhältnissen? Die verschlungenen Pfade zwischen Angeborenem und Erlerntem werden hier noch öfter behandelt.

Die Frau war einst nicht nur in der Wahl des Partners frei – heute ist sie dies nur in den westlichen Ländern –, sondern ihr persönlicher

Rang in der Sippe wurde durch ihren Freund nicht beeinflusst. Sie blieb selbst für ihren Platz in der Dominanz-Hierarchie zuständig, während sie heute ihren sozialen Rang durch den Ehemann erhält. Ein Kind wurde selbstverständlich Bestandteil **der mütterlichen Sippe.** Der Mann war für die Kinder seiner Schwester verantwortlich, nur mit ihnen war er blutsverwandt. Die Bedeutung des Mutterbruders als Bezugsperson blieb in einigen Teilen Europas bis ins Mittelalter erhalten.

Entscheidend an der Sippenordnung und der Exogamie war nicht in erster Linie, dass die Frauen selbstständiger oder freier waren – waren sie nicht, denn jede Frau war ganz und gar von den Sippenältesten abhängig –, sondern **dass Männer die Frauen nicht über die Sexualität beherrschen konnten,** obwohl sie dazu physisch in der Lage gewesen wären. Männer bestimmten vermutlich sehr wohl auch in der Sippe, aber als Brüder, mit denen Geschlechtsverkehr tabu war. Die **Vermeidung von Herrschaft durch Sex war das wichtigste Resultat der Exogamie.**

Wir wollen nicht verschweigen, dass in der Spätphase der Sippenordnung die Gesetze missachtet wurden. Die griechischen Titanen und vor allem die Götter übertraten das Exogamiegebot mit Vergnügen. Sie schwängerten ihre Schwestern, so wie Zeus und anschließend Poseidon dies mit Demeter taten. Dieser Tabubruch der Himmelsherrscher geschah mit voller Absicht. Er sollte zeigen, dass die neuen Herren die Sippenordnung ungestraft übertreten konnten.

Während der Zeit der Exogamie erzog das "Wandern" die Männer zur Regsamkeit und sozialen Kompetenz. Junge Männer mussten sich immer wieder neuen Sippen anpassen – soweit sie die Freundin nicht nur für eine Nacht besuchten, sondern häufiger. Sie mussten dabei Angst und Schüchternheit überwinden. Vielleicht hat dieses "Üben" dazu geführt, dass Männer in den Außenkontakten umsichtiger und energischer wurden als Frauen, die im "Nest" der Sippe blieben.[9] Diese Vermutung, dass historisch frühes Verhalten ein ähnliches Verhalten heute mitbedingt, muss spekulativ bleiben. Genetisch sind verschiedene Verhaltensweisen im Sexualverhalten möglich. Welche jeweils abgerufen und damit aktuell werden, hängt von der gesellschaftlichen und individuellen Situation ab.

Werfen wir einen Blick auf heute:

Unsere Kerngruppe, die Familie, beruht auf der sexuellen Beziehung von Mann und Frau, einer im Vergleich zur Blutsverwandtschaft eher labilen Bindung. Die Sippe als soziale Kerngruppe dagegen konnte durch sexuelle Leidenschaften nie in Gefahr gebracht werden, ganz im Unterschied zu heutigen Familien, die leicht zerbrechen, wenn Lust und Liebe enden. Für Mütter und Kinder war "Sippe" ein gefahrloserer und beständigerer sozialer Ort als die Familie. Es ist unwahrscheinlich, dass die Ältesten und Schamanen damals schon wussten, dass bei Inzest Erbkrankheiten entstehen, aber es ist wahrscheinlich, dass sie wussten, wie gefährlich Herrschaft durch Sexualität ist.

Wer sprach das erste Wort?

Der Umstand, dass die Sippe von den Paarungspartnern unabhängig war – während die spätere Familie umgekehrt von den Paarungspartnern gebildet wird – wirkte sich nicht nur auf die Geschlechtersymmetrie, sondern auch auf die Akzente aus, die Männliches und Weibliches in den kultischen Darstellungen aufweisen. Dabei gibt es noch eine Reihe weiterer Faktoren, die die Gleichwertigkeit der Geschlechter in der Altsteinzeit anzeigen. Zum Beispiel die Tatsache, dass Frauen und Kinder nicht von den Männern ernährt werden mussten. Als Sammlerinnen waren sie in der Nahrungsbeschaffung weitgehend autark. Hören wir hierzu die Anthropologin Doris Jonas:

"... Es sind die Frauen, manchmal von ihren älteren Kindern unterstützt, die all diese Nahrung heranschaffen, Gesammeltes wie auch kleine Nagetiere, Stachelschweine, Aasstücke, Dinge, die sie dann

auch zu den Mahlzeiten zubereiteten. So ist also nicht einmal eine Jägergesellschaft in ihrer Ernährung abhängig von dem, was der Jäger selbst beibringt. Deren Beute liefert das Besondere, den gelegentlichen Festschmaus, stellt aber nicht die eigentliche Grundlage der Ernährung." [10] Diese Beurteilung nimmt der Jagd nichts von ihrer großen sozialen und kultischen Bedeutung, die sich an zahlreichen Felsenmalereien aus der Alt- und Jungsteinzeit erkennen lässt.

Ich erwähne dies hier so ausführlich, weil in den meisten Verlautbarungen über die Steinzeit der Mann als Jäger **und alleiniger Ernährer** dargestellt wird. Große Fleischbrocken, die den hungrigen Kindern und Frauen an den Herdplatz geschleppt werden, tauchen dabei immer vor meinem inneren Auge auf. Dies mag in den nördlichen Gebieten Eurasiens während der Eiszeit so gewesen sein, als die Sammlerinnen im gefrorenen Boden wenig fanden. Für die südlichen Siedlungsgebiete und die Zwischeneiszeiten ist dies Illusion, wie exakte Forscher schon lange wissen. Der Mann wurde erst nach der patriarchalischen Revolution zum Ernährer.

Fleisch, die seltene Beute, diente vielleicht gerade deshalb als Opfergabe für die Ahnen. Mit Fleischgaben verschafften sich Männer immer wieder Zugang in die Frauensippe. So jedenfalls sieht es A. David Jonas.[11] Der Herdplatz der Frauen war – verglichen mit dem Lager der Jagdbande – ein relativ "gemütlicher" Ort; wahrscheinlich war er auch vor Raubtieren geschützt. Der junge Mann brachte der Sippenältesten ein Stück seiner Beute, um sie milde zu stimmen, damit er seine Freundin besuchen durfte. Die Übergabe von Fleisch wurde zur Beschwichtigungsgeste den Ältesten gegenüber, später wurde daraus das Beschwichtigungsritual gegenüber Ahnen und Göttern mit Tier –und Menschenopfern.

Neben der relativen Autarkie in der Nahrungsbeschaffung war für die soziale Kompetenz von Frauen ein weiterer Faktor von Bedeutung: die Entwicklung der Sprache. Wie alt die Sprache der

Menschheit ist, wissen wir nicht. Anfänge von Sprache gab es nach neuester Forschung seit mindestens hunderttausend Jahren, dem (noch) offiziellen Beginn des Homo sapiens. Ohne dieses Medium des Austausches und der Speicherung von Erfahrung hätte – so die Biologen – das menschliche Gehirn seinen heutigen Entwicklungsstand zwanzig Millionen Jahre später entwickelt.[12] Es gab lange keine schlüssige Theorie darüber, zu welchem Zweck Sprache verwendet wurde.

Robert Ardrey – ein populärer Sachbuchautor, von dem wir gelernt haben, dass Adam, der erste Mensch, aus Afrika kam – glaubte noch, dass Sprache sich aus der Verständigung bei der Jagd entwickelt haben müsse. Aber das liegt sicher auch daran, dass bei Ardrey die frühe Menschengesellschaft hauptsächlich aus Jägern und deren Söhnen besteht, die unbedingt zu Wort kommen wollen. *"Jäger, die ohne Beute zurückkehrten, mussten entschuldigend von dem großen Tier berichten, das ihnen entkommen war."* *"Und ein ebenso wichtiges Motiv – denkt man an die Hierarchie und an den Alpha – war zweifellos das Sichbrüsten, wenn das große Tier nicht entkommen war, wenn man es erlegt hatte."* [13] Wenn dies zuträfe, wäre die Sprache entstanden, damit Männer sich besser in Szene setzen können. Wir leugnen nicht, dass Sprache zu diesem Zwecke heute oft benutzt wird!

Die Personengruppe, die Sprache tatsächlich entwickelte, ist nach heutigem Stand der Forschung die Mutter-Kind-Dyade.[14] Sprache entstand gleichsam als "Abfallprodukt" der Brutpflege. Anders gesagt: Bei der Erfahrungsweitergabe an Kinder spielte der Selektionsvorteil "Sprechen" die größte Rolle. Je genauer Kinder die Mutter verstanden, desto größer waren ihre Überlebenschancen. Der Sprachforscher AS Diamond, der Sprache noch für eine männliche Schöpfung hielt, fasst das Wort "Erfahrungsweitergabe" schärfer: *"Wann und zu welchem Zwecke wurde die Sprache benötigt? Es gibt nur eine Antwort, und die lautet: andere zu einer Handlung zu bewegen!"* [15] Bei diesem maskulinen Imperativ denkt man unwillkürlich an Befehle in der Schlacht oder an der Werkbank. Die ersten Menschen aber, die andere zu einer Handlung bewegen, sind nicht Feldherren. Es sind Mütter, die ihre Kinder dazu bewegen, Gefahren zu meiden. Je erfolgreicher sie darin sind, desto schneller vermehrt sich die Sippe.

Der Paläontologe Herbert Kühn beantwortete die Frage, ob Sprache an verschiedenen Plätzen der Erde voneinander unabhängig entstanden sei, mit einem Nein. *"Es gibt einen der ganzen Menschheit eigenen Urwortschatz von sechs Archetypen, die auch heute noch das Fundament jeder Sprache und zugleich ein erkennbares Bindeglied zwischen allen Sprachen darstellt."* [16] Von den sechs Archetypen des Urwortschatzes (BA; KALL; TAL; TAG; OS; ACQ)[17] finden übrigens vier Worte auf Weibliches Anwendung, was auch dafür spricht, dass Sprache eher in der Sippe als in der Jagdbande entstanden ist.

Haben Frauen die Sprache erfunden? So krass würden es die Fachgelehrten wahrscheinlich nur ungern ausdrücken. Was sich aber herausgestellt hat, ist, dass Sprache *"nicht als Medium für den Informationsaustausch entstanden ist, sondern als Mittel zur arterhaltenden sozialen Bindung"* [18] zwischen Mutter und Kind. Die Sprachforscher sprechen von einer artbedingten, älteren weiblichen Sprachbefähigung, deren Funktionen in moderner Zeit ihre ursprüngliche Bedeutung verloren hat. Diese ältere weibliche Sprachbefähigung dient dem Beziehungssprechen und befähigt Frauen, häufiger als Männer mit anderen in Kontakt zu treten. Diese scheinbar erbbedingte Befähigung ist wahrscheinlich bis heute dafür verantwortlich, dass Mädchen früher und schneller sprechen lernen als Jungen.

Was wir aus diesem ersten Kapitel als neue Nachricht mitnehmen, ist Folgendes: In der längsten Periode der Menschheitsgeschichte, nämlich von 100 000 – 3 500 v.Chr., ist Ehe unbekannt. Die soziale

Gruppe bilden die Blutsverwandten, die Autorität liegt bei der Mutter, manchmal auch bei ihrem Bruder. Für diese lange Periode ist von einem ausgewogenen Machtgleichgewicht zwischen den Geschlechtern auszugehen. Dies ist aus heutiger Sicht in hohem Maße erstaunlich. An Körperkraft war die Frau dem Mann unterlegen, an Gewandtheit und Robustheit auch, mindestens während der Schwangerschaften. Das niedrigere durchschnittliche Lebensalter (Frauen 27, Männer 34 Jahre) lässt vermuten, dass gesundheitliche Nachteile mit dem Gebären verbunden waren. Die physischen Randbedingungen hätten also eine Beherrschung der Frau durch den Mann auch in der Steinzeit ohne weiteres zugelassen.

Dass sich dennoch danach andere Machtstrukturen herausbildeten – von der Exogamie bis zur Ökonomie und zum Kult –, muss auf Ideen und Glaubenssätzen beruhen, die wir nicht kennen. Sie hatten mehr Macht als die physische Überlegenheit. Ich werde an diese ”ideologischen“ Wurzeln sozialer Gebote wieder erinnern, wenn wir später die Wurzeln oder ”Gründe“ der Frauenentwertung betrachten.

2.
Frauenbestimmte Gesellschaften
des Neolithikum

Sesshaftigkeit und Ackerbau kennzeichnen die so genannte neolithische Revolution, die sich nach dem Ende der Eiszeit in den fruchtbaren Gebieten allmählich ausbreitete. Ihr Beginn wird zwischen 10 000 – 8 000 v.Chr. datiert. Es ist inzwischen unbestritten, dass Frauen den Ackerbau erfanden und für alle Techniken in Garten und Feld zuständig waren. *"The art of cultivation has developed exclusively in the hands of women"*, sagte Robert Briffault bereits 1928.[19]

Manche Forscher nennen die neue Lebensweise – leicht abwertend – Gartenbau oder Hackfruchtanbau und reservieren das Wort Ackerbau für die sehr viel spätere Landwirtschaft mit dem Pflug. Entscheidend ist aber: Damals war das Anbauen und Züchten von Pflanzen eine sensationelle Erfindung. Sie machte die weiten Wanderwege zum Sammeln von Nahrung überflüssig und ermöglichte die Sesshaftigkeit. Diese Sesshaftigkeit war der Ausgangspunkt für weitere Kulturleistungen. Sesshaftigkeit und Ackerbau werden dafür verantwortlich gemacht, dass sich das Ranggleichgewicht zwischen Mann und Frau in der Jungsteinzeit bei vielen Völkern zugunsten der Frau verschob.

Die neolithische Periode war nach Meinung vieler Forscher die Blütezeit der frauenbestimmten Gemeinwesen. Sie dauerte von etwa 8 000 – 3 000 v.Chr., umfasst also etwa fünftausend Jahre. Die anschließende Periode des Patriarchats dauert inzwischen ebenfalls fünftausend Jahre.

Frauenbestimmte Gesellschaften wurden von vielen Forschern beschrieben, so etwa von Johann Jakob Bachofen, H. L. Morgan, August Bebel, Wilhelm Reich, Robert Briffault, W. Schmidt, James -

George Frazer, Robert Ranke-Graves, Gerda Lerner, A. David Jonas, Doris F. Jonas, Richard Fester, Heide Göttner-Abendroth, Gerda - Weiler [20] u. a. In manchen Fällen sprechen die Forscher und Forscherinnen von Matriarchat, in anderen von mutterrechtlicher Organisation, matrizentrischer Gentilgesellschaft oder matrilinearer Gentilgesellschaft. Bei der Verwendung des Wortes Matriarchat wird von den Forschern und Forscherinnen aber immer betont, dass keine "Herrschaftsausübung" damit verbunden gewesen sei, die für das spätere Patriarchat so charakteristisch ist.

Ein Matriarchat ohne Herrschaft erscheint mir jedoch unwahrscheinlich. Deshalb verwende ich das Wort Matriarchat nur für solche Fälle, in denen eine dem Patriarchat vergleichbare Machtstruktur von Frauen angeführt wurde. Beispiele sind die königlichen Heerführerinnen in Lykien und Karien oder die Pharaonin Hapsetschut. Hier hatten Männer Hilfsfunktionen wie sie im Patriarchat Frauen haben. Als Matriarchate muss man auch die neolithischen Hochkulturen ansprechen, Catalhöyük und Vinça, die ich gleich vorstellen werde. Hier deuten alle Funde auf eine weibliche **Herrschaft**, wenn wir auch nicht wissen, wie sich die Herrschaftsausübung im Einzelnen vollzog. Unabhängig von diesen Matriarchaten im eigentlichen Sinn hatten Frauen in den meisten neolithischen Gesellschaften einen führenden Einfluss. Ich nenne dieses soziale System **Sippenordnung** mit dem entscheidenden Merkmal: Abwesenheit der Ehe. Da wo sich auch nach der Einführung der Ehe weibliche Dominanz halten konnte, nenne ich die Ordnung **matrizentrisch** (stark) oder matrilinear (schwächer). Als Oberbegriff verwende ich den Terminus **frauenbestimmte** Gesellschaften.

Welche Leistungen haben Frauen während des Neolithikums, einer Periode, in der sie dominant waren, hervorgebracht? Diese Frage lohnt sich gerade deshalb, weil Frauen heute fast nichts mehr erfinden, keine Waschmaschine, keine Mondrakete, keinen Computer und kein Internet. Dieses Defizit ist in hohem Maße erklärungsbedürftig. Von Zeit zu Zeit haben Männer dieses Phänomen gedeutet, entweder beißend (Charles Darwin frohlockte über das kleine Gehirn des Weibes) oder wohlwollender mit der Ansicht, Frauen würden alle Kreativität für Ihre Kinder verbrauchen. Dass Kinder die Kreativität der Mutter durchaus nicht vollständig verbrauchen, lässt sich nun allerdings ausgerechnet an der neolithischen Periode ablesen, in der Frauen eine Menge erfanden **und Kinder hatten.** Die Vermutung liegt nahe, dass es schon damals, zur Jungsteinzeit ebenso wie heute, einen **Zusammenhang zwischen Rang und Erfindungsfähigkeit** gegeben haben muss, nicht auf den Einzelnen bezogen, sondern auf die Häufigkeitsverteilung in einer sozialen Gruppe. Frauen waren damals häufiger erfindungsreich, weil sie einen hohen Rang hatten, behaupte ich. Heute ist es umgekehrt: Ihr Rang ist sehr niedrig, das Niveau der weiblichen Erfindungen auch. Männer, die in Systemen leben, die ihren Selbstwert stark dämpfen, verlieren ebenfalls ihre Erfindungsgabe. Ein Beispiel hierfür war die Sowjetunion.[21]

Der Ackerbau war die bemerkenswerteste Erfindung der weiblichen Gruppe. Das gezielte Entstehen von Pflanzen aus unscheinbaren Samenkörnern musste damals wunderbar und mysteriös erschienen sein. Bei der Herstellung von Werkzeugen, Hausgeräten, Kleidung

Abb. 2: Bisondarstellung in der Höhle Marsoulas.[22]

oder Häusern ging das "Machen" für jedermann sichtbar über der Erde vor sich. Wie Feldfrüchte "gemacht" werden, war dagegen unsichtbar und unterirdisch. Ein Vorgang, zu dem magische Kräfte gehörten. Das Korn wurde in der Erde begraben und stand als neue Pflanze im Frühling wieder auf. Solche Kreislaufideen zeigen auch die eiszeitlichen Höhlenmalereien, bei denen Tiere, zum Beispiel ein Bison, vom Maler ihre Körper wieder erhalten – erst als gepunktete Geistkörper, dann in roter Farbe. Für den Menschen war der Leib der Frau die Höhle, in der ein neues Kind entstand und den Ahnen ersetzte.[22]

Im Ackerbau manifestierte sich die Macht der Göttin, Sterbendes wieder zu beleben, deutlicher als je zuvor, und zwar in dem Medium handfester materieller Güter: den Feldfrüchten.

Dies ist für uns nicht leicht nachvollziehbar. Für den heutigen westlichen Menschen ist die Unabhängigkeit der Außenwelt von seiner persönlichen Innenwelt selbstverständlich. Vor zehntausend Jahren war das Gegenteil normal: Ohne die Aufmerksamkeit der Ältesten oder der Priesterin, stellvertretend für die Göttin, konnten viele Vorgänge, die wir heute für natürlich halten, gar nicht ablaufen. Keine Frucht konnte wachsen, oder kein Regen konnte fallen. Die Gegenstände der Außenwelt waren von Menschen abhängig. Das Umgekehrte galt ebenso. Die Forscher nennen dieses Denken magisch.

Magisches hat zwei Richtungen: In der einen wirkt das Außerirdische oder Heilige auf den Menschen ein, in der anderen mobilisiert der Mensch selbst magische Fähigkeiten, mit deren Hilfe er seinerseits auf das Heilige Einfluss nehmen kann. Dieses Wissen um seine Einflussmöglichkeiten verleiht Macht, die stärker ist als physische Kraft. Das Machtgleichgewicht zwischen den Geschlechtern und die offensichtliche Eindämmung der physischen Überlegenheit des Mannes sind in diesen magischen Kreislauf eingebettet. Eine Tabuverletzung hätte den Tod des Tabubrechers bedeutet. Auf diese Weise war die Sippenordnung "ideologisch" abgesichert.

Abb. 3:   Statuette der "Herrin der Tiere".[23]
Muttergöttin auf einem Thron, umgeben von Tieren, gebiert ein Kind.

In vielen Siedlungsschwerpunkten des Neolithikums war die Verehrung der Großen Göttin verbreitet. Eine hervorragende Übersicht befindet sich bei Heide Göttner-Abendroth.[23] Teilweise lässt sich der Kult noch in der so genannten historischen Zeit nachweisen, zum Beispiel in Syrien, Palästina, Lykien, Lydien und Karien in Klein-Asien, Kreta, Malta, bei den Megalith-Leuten in Hinterindien und Westeuropa. Ob eine Große Göttin oder ein Großer Gott verehrt wird, hat erhebliche Auswirkungen auf die Vorstellungen über das soziale Leben und die Jenseits-Erwartung. Je nachdem, ob der Mensch hofft, aus dem Schoß der göttlichen Mutter geboren zu werden – und zwar immer wieder neu –, oder ob er einmalig von einem männlichen Gott aus Lehm gemacht wird und im Tod endgültig kaputtgeht, ändern sich auch die sozialen Beziehungen in der Gesell-

31

schaft. Der Mensch, und besonders die Frau, wird verfügbar wie ein Lehmklumpen.

Der Kult der Großen Göttin, dessen archäologische Funde wir anschließend für zwei jungsteinzeitliche Kulturen beschreiben, hat verschiedene Formen. In den archäologischen Funden erscheint oft eine dreifache Gestalt: das junge Mädchen, die Frau, die fruchtbar macht und Leben erhält, und die alte Frau als Todesgöttin, die alles Leben vernichtet, aber auch aus der Starre wieder auferstehen lässt. In der griechischen Mythologie haben sie die Namen Demeter, Kore und Persephone.

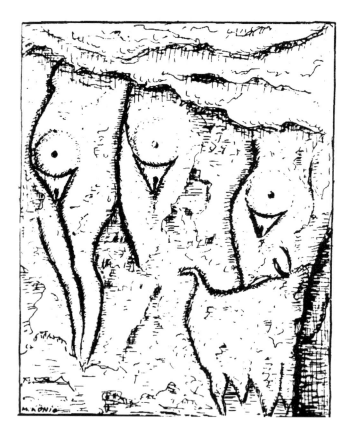

Abb. 4: Drei Frauenkörper über einem Stierbild.[94] Palaeolithikum.

Wahrscheinlich war die Große Mutter Garantin für die Rückkehr des Toten in den Stamm. Diese Wiedergeburtshoffnung erlosch mit dem Beginn des Patriarchats, das wir im achten Kapitel ausführlich schildern werden. Das Weiterleben nach dem Tode wurde erst viel später in den Erlösungsreligionen der antiken und nachantiken Zeit wieder ein zentrales Thema. Interessant ist, dass das Christentum und der Islam an der Erlösung des Leibes festhielten. Die Religionen Indiens und alle vom griechischen Platonismus beeinflussten Lehren in Europa gehen allein von der Seele und ihrer Wanderung durch die Welten aus. Ich werde später schildern, welche drastischen Auswirkungen der Verlust der Hoffnung auf ein Weiterleben nach dem Tode hatte. **Eine** Auswirkung sei hier vorweggenommen: Die **Götter** in der patriarchalischen Periode werden nicht nur männlich, sondern auch **ethnisch exklusiv**: Sie sind nur noch für einen Stamm oder eine Stadt zuständig.

3.
Catalhöyük
und die Herrin der Tiere

Wie die Machtverteilung zwischen Mann und Frau in der Periode des frühen Ackerbaus konkret aussah, lässt sich aus den archäologischen Funden erschließen, von denen ich zwei vorstellen möchte. Es handelt sich einmal um Catalhöyük, einen Fundort in der heutigen Türkei, und zum zweiten um Vinça, einem Zentrum der Alteuropäer in der Nähe von Belgrad.

Wer sich im Nationalmuseum von Ankara umsieht, trifft dort auf ein überraschendes Exponat: Ein vollständiger Kultraum der Jungstein-

Abb. 5: Ostwand des Heiligtums.[Q5]
Die Dekoration des Mittelfeldes ist verloren, doch das rechte Wandfeld zeigt die Göttin offensichtlich in lebhafter Bewegung; ihr Haar flattert im Winde hinter ihr her.

zeit ist hier rekonstruiert. Riesige, auf kurze Vierkantsäulen montierte Stierhörner (sog. Bukranien) und mehrere Stierköpfe aus Gips an der Wand geben dem Raum ein feierliches, fast düsteres Gepräge. An der Rückwand sieht man das Halbrelief der jungen Göttin in vollem Lauf, mit wehendem Haar. Direkt unter ihren gespreizten Beinen befindet sich ein kleinerer Stierkopf: *"Die Geburt des Stier-*

gottes aus dem Leib der Göttin", nennt James Mellaart diese Darstellung.[24] Die Große Göttin des Neolithikums ist meistens in einer extrem runden Gestalt dargestellt, starr sitzend oder sogar thronend. Im Museum in Ankara hatte ich plötzlich eine junge Frau vor mir, deren Kraft, Anmut und Geschicklichkeit für diese archaische Periode selten ist. Wie viel Bewunderung und Ehrfurcht wird diese junge "Mutter eines Stieres" bei den Bewohnern des siebentausend Jahre entfernten Catalhöyük ausgelöst haben?

Catalhöyük heißt der größte bisher bekannt gewordene Fundplatz der Jungsteinzeit im Nahen Osten, den James Mellaart als Stadt anspricht (etwa fünftausend Bewohner). Die Funde der Lehmziegelbauten, Wandbemalungen und anderer Produkte der Handwerkskunst geben Auskunft über soziale Differenzierung und Hierarchie der Bewohner. James Mellaart hat diese Stadt ausgegraben und seine Funde und Befunde im Jahre 1967 veröffentlicht. Die Stadt gilt mit ihrer achthundertjährigen Geschichte (6500 – 5720 v.Chr.) als ein hervorragendes Bild einer sehr frühen neusteinzeitlichen Hochkultur. Ihren Wohlstand verdankt diese Kultur ihren verfeinerten Methoden des Ackerbaus mit einer Vielfalt an Feldfrüchten, aber auch ihrer Technik der Lebensmittelkonservierung und -verteilung.

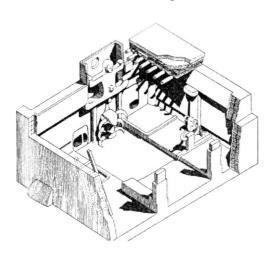

Abb. 6: Westwand der Kultstätte. "Die Geburt des Stiergottes aus dem Leib der Göttin."[Q6]

Es wird immer wieder bezweifelt, dass prähistorische frauenbestimmte Gesellschaften hierarchisch gegliederte und differenzierte

35

Stadtstaaten hervorgebracht hätten. So sagt zum Beispiel John Preston: *"The idea that the complex social organisation required for matriarchy could be found among prehistoric societies is so patently ridiculous as to be a source of embarassement for serious scholars pursuing the study of religion."* [25] Die Heftigkeit der Wortwahl zeigt, dass es bei dieser Aussage mehr um Politik geht als um Wissenschaft.

In Catalhöyük kann man die Hierarchie und Differenzierung an der Anordnung der Wohnquartiere und Bestattungsplätze ablesen. Jede Gilde der Handwerkerinnen wohnte in einem eigenen Viertel. Die Entfernung und Nähe dieser Quartiere zur Kultstätte zeigte den Rang der Gilde an. Töpferinnen und Knochenschnitzerinnen wohnten entfernter, Holzbearbeiterinnen und Weberinnen näher am Heiligtum. Weben gehörte zu den damaligen *high-tech*-Künsten.

Den höchsten Rang in der Hierarchie nahmen Priesterinnen ein, in deren Quartieren reicher Schmuck gefunden wurde. Die frühere, autarke Form der Selbstversorgung ist nur noch eingeschränkt erhalten. Man tauscht Waren auf dem Markt.

Das Handwerk und der Ackerbau waren Frauenarbeit,[26] ebenso die Zähmung und Aufzucht der Tiere wie Schaf und Ziege. Es ist wenig bekannt, dass es Frauen waren, die die meisten Haustiere – darunter auch den Hund und das Schwein – durch Säugen domestiziert haben. Die Konzentration der ökonomischen Ressourcen macht die Frauengruppe gesellschaftlich und sozial dominant. Auch die weibliche Gruppe ist in sich nach "Berufsständen" hierarchisch gegliedert. Kinder gehören zur Mutter, die Väter kommen lediglich zu Besuch. Ihre wichtigste Aufgabe ist die Jagd, die in dieser Zeit noch eine große Rolle spielt, wenn auch die Jagdbeute zur Ernährung nicht gereicht hätte. Prächtige Wandgemälde erzählen von der spielerischen Jagd auf Hirsche und der grimmigen Jagd auf den roten Stier.

Die Häuser der Stadt bestehen aus Lehmziegeln und sind direkt aneinander gebaut. Der einzige Zugang führt mit einer Leiter über das Dach, wie man es heute noch bei den Pueblo-Dörfern in Amerika findet. Jedes Haus hat im Inneren bankähnliche Plattformen, "*Urbilder des türkischen Sofas*", nennt sie Mellaart.[27] Unter ihnen wurden die Knochen der Toten begraben. Man fand die Knochen von Frauen und Kindern unter der Hauptplattform, die von Männern unter kleineren Plattformen an anderer Stelle des Raumes. Aus dieser Anordnung der Knochen schließt Mellaart, dass die Frau die Haupt-

Abb. 7: Jagd auf den Hirsch.[Q7]

person im Haus war. Darüber hinaus fand man sehr viel mehr Skelette von Frauen und Kindern, als von Männern. Männer, so wird vermutet, lebten überwiegend außerhalb der Stadt in der Jagdgruppe.

Die Skelette zeigen, dass die Bevölkerung von Catalhöyük aus zwei verschiedenen Rassen bestand, einmal aus den "*langschädeligen Protomediterranen*" und einer Gruppe von "*Kurzschädeln*" mit hoher Statur.[28] Dass die Stadtbewohner verschiedenen "Rassen" angehörten, erscheint mir sehr aufschlussreich. Es bedeutet, dass sich Sippengesetz und Kult der Großen Göttin, wie sie hier verehrt wurde, auf verschiedene Rassen übertragen ließ, ganz im Unterschied zu den späteren, ethnisch exklusiven Göttern bei Sumerern und Babyloniern.

Die Kultstätten befanden sich in großen Häusern, die direkt an die Wohnhäuser anschlossen. Die prädominante Kultfigur war die Große Mutter, entweder in Wandreliefs oder als Steinfigur dargestellt.[29] Die thronende Göttin, oft in der Position als "Herrin der Tiere", erinnert in ihrer archaischen Gestalt an die eiszeitlichen Figuren. Hier gibt es offenbar eine ungebrochene kultische Tradition. Der jungen Göttin im schnellen Lauf und mit wehendem Haar waren wir schon im Museum von Ankara begegnet. Einige kleinere männliche Figuren wurden ebenfalls gefunden, so zum Beispiel ein junger Mann, der zusammen mit der Göttin in ihrer Funktion als Todesgöttin wiedergegeben wird. Mellaart vermutet, dass im kultischen Leben bereits **der Sohn der Göttin** eine Rolle gespielt haben könnte, weil seine Geburt dargestellt ist. Die Göttin und ihr Heros – als Sohn oder Geliebter – ist ein Mythos, der später in vielen Kulturen auftaucht.

Männer hatten ihre eigene Hierarchie. Die Dienste, die sie der Gruppe leisteten – die Sicherung der Stadt, der Schutz vor Feinden, die Jagd, und vielleicht noch andere Dienste, die wir nicht kennen, weil sie keine Spuren hinterlassen haben – fanden eher an der Peripherie des sozialen Lebens statt. Frauen lebten im Zentrum, auch geographisch gesehen, wie die Ausgrabungen ihrer Arbeitsplätze, ihrer Kultstätten und ihrer Knochen zeigen. Ob Männer diesen Zustand (ausschließlich Frauen im Zentrum!) schon damals als unbefriedigend empfanden oder ob sie das ungebundene Leben in der Jagdbande höher schätzten, wissen wir nicht.

Catalhöyük ist ein eindrucksvolles Beispiel des voll entwickelten matrizentrischen Gemeinwesens, das heißt einer organisierten, hierarchisch gegliederten, wohlhabenden, städtischen Gesellschaft, in der Frauen die relevanten Positionen besetzen und Macht ausüben. *"Die Vielfalt der Künste und Handwerke, die in Catalhöyük aus-*

geübt wurden, ist fast vergleichbar mit der entwickelten Kultur der frühen Bronzezeit", sagt James Mellaart.[30] Man kann die Stadt also mit Fug und Recht 'a type of complex social organisation' nennen, wie ihn ältere Prähistoriker, zum Beispiel John Preston, einer steinzeitlichen Siedlung nicht zubilligen wollten.

Was sagt uns Catalhöyük über das Zusammenleben von Mann und Frau? Diese Stadt der Jungsteinzeit ist ein Beispiel dafür, dass eine **ehelose Gesellschaft** ein hohes zivilisatorisches Niveau und eine komplexe Organisation hervorbringen konnte, die überwiegend von Frauen getragen war. Frauen erfanden die Techniken in der Stadt, Männer solche in den Jagdgebieten. Dies ist deshalb so interessant, weil Frauen seit Einführung der Ehe nur noch ein extrem eingeschränktes technisches Verständnis haben. Hier läge ein angeborener Mangel vor, sagen die Fachleute. Die frauenbestimmten Steinzeitkulturen wie Catalhöyük zeigen, dass damals **kein** angeborener Mangel vorhanden war.

Wieso sind die technischen Fähigkeiten von Frauen seit damals so stark degeneriert? Meine Vermutung ist, dass die soziale Entwicklung – anstatt Sippe das Patriarchat – dazu führte, dass Frauen ihre Neigungen und Fähigkeiten verloren.

4.
Alteuropäer, die unbekannten Ahnen

Vinça heißt der bisher am besten erforschte Fundort der
so genannten Alteuropäischen Zivilisation, die im englischen
Sprachraum "Old Europe" genannt wird. Vinça liegt in der Nähe des
heutigen Belgrad. Die Alt-Europa-Zivilisation hat sich um das Jahr
5000 v.Chr. im ganzen Balkan bis nach Griechenland und seinen
Inseln, an der Adria entlang bis Süditalien ausgebreitet. Östlich
reicht die Kultur bis in die Ukraine.[31] Kultfiguren in Mesopotamien
zeigen eindeutige Ähnlichkeiten mit denen im Balkanraum, so dass
bereits die Frage aufgetaucht ist, ob die Ureinwohner Mesopotamiens ursprünglich Alteuropäer waren.

Hoch spezialisierte Handwerkerinnen und Handwerker fertigen
künstlerisch und technisch perfekte Produkte aus Keramik, Stein,
Metall und anderen Stoffen. Kupfer wird ab 5500 v.Chr. verwendet.
Der Fundort Vinça in der Nähe des heutigen Belgrad bringt es
zwischen 5000 – 3000 v.Chr. zu besonderer Blüte. Schreine, große
Tempel und Geräte weisen auf einen organisierten religiösen Kult
und eine von Priesterinnen angeführte soziale Hierarchie hin. An
den Tonfiguren kann man reichen Ornamentschmuck für die Kleidung von Mann und Frau erkennen. Die Figuren und die Wand-
malereien sowie die exquisiten Gegenstände für Kult und Haushalt
zeigen die Mythenwelt und das jahreszeitliche Kult-Drama, das im
Leben der Alteuropäer eine bedeutende Rolle spielte.

Die Alteuropäische Zivilisation ist von Frauen geschaffen und von
Frauen beherrscht. Das Männliche – sowohl der Mann als auch das
männliche Tier – repräsentiert in dieser Kultur das spontane Leben
stimulierende Element – nicht die Leben schaffende Kraft, so sagt
es Marija Gimbutas, eine berühmte Archäologin, die zur Ent-

deckung der Alteuropäischen Zivilisation entscheidend beigetragen hat.[32] Spirituelles Zentrum dieser Gesellschaft ist die Große Göttin, von der viele Figuren aus Stein gefunden wurden. Der Kult dreht sich um die Erhaltung des Lebens und die Wiederherstellung nach dem Tode, verbunden mit dem Ahnenkult. Mondsichel, Dreifaltigkeitssymbole und Stierhörner sind häufig abgebildet. Dass wir schon hier die Mondsichel finden, ist besonders interessant, weil sie sich bis ins Mittelalter als Attribut der Muttergottes erhalten hat.

Der erste männliche Gott, dessen Abbild aufgefunden wurde, hat die Gestalt eines Stieres mit der Maske eines Menschen.[33] Die Gestalt erinnert an den viel späteren **Dionysos,** der auch oft als Stier mit betontem Phallus erscheint. Dionysos ist ein sehr alter, mit Sicherheit

Abb. 8: Die Erdgöttin von Kreta.[Q8]

vor-indoarischer Gott der griechischen Welt und wahrscheinlich der letzte bekannte Nachfahre des Jahresgottes der Alteuropäer. Sein ältestes bisher gefundenes Heiligtum auf Keos datiert von 1 500 v.Chr. Noch Plutarch bezeugt, dass Dionysos Bild der Stier sei.[34] In Dionysos finden wir **ein** Verbindungsglied zwischen Alteuropäern und den historischen Kulturen des Mittelmeerraumes. Es zeugt davon, dass die frauenbestimmte Periode, von der hier die Rede ist, zwar zeitlich weit zurückliegt, aber dennoch ihre Spuren im klassischen Altertum hinterließ – und sogar bis heute, wie ich später noch beschreiben werde.

Eine besonders bemerkenswerte Leistung der Alteuropäer ist die **Schrift**. Es handelt sich um die historisch älteste Schrift, die überhaupt gefunden wurde. *"The emergence of the script is not suprising in the context of tempels and other evidence enumerated above. The old Europe script is some 2000 years older than the Sumerian. It was presumably associated with religious functions, serving to record, to dedicate, to commemorate."*[35] In Alteuropa ist die Bindung der Schriftzeichen an die religiöse Sphäre eindeutig. Sämtliche beschrifteten Objekte wurden außerhalb der Siedlung auf Kult- und Begräbnisstätten gefunden. Es handelt sich hierbei meistens um Gefäße. Die Schrift ist eine Wortzeichenschrift.

Wozu brauchten die Menschen damals eine Schrift? Hierzu gibt es zwei Theorien. Die eine gängige haben wir in der Schule gelernt: Es waren die Sumerer, die die Schrift zum Zwecke der Buchhaltung erfanden. Diese Aussage leitet sich vom Inhalt der Tontafeln ab, die von den Tempelverwaltern der Sumerer etwa ab 3100 v.Chr. beschrieben und später gefunden wurden. Es sind Aufzeichnungen über Lieferungen (Steuern) der Stadtbewohner von Uruk an den Tempel. Diese Schrift diente offenbar der fiskalischen Macht zur ökonomischen Kontrolle und im weiteren Sinne zur Bewahrung von Tradition.[36]

Es gibt jedoch noch eine zweite Hypothese, die sagt, die Schrift habe zu Anfang allein dem Umgang mit dem Heiligen gedient. Sie sei erst viel später zu politisch-administrativen oder künstlerischen Zwecken angewendet worden. Für den Sprachwissenschaftler Harald Haarmann gibt es keinen Zweifel an der eigenständigen Schriftentwicklung der Alteuropäer in der Balkanregion lange vor den Sumerern.[37] Im alteuropäischen Zivilisationskreis war die Schrift mit großer Wahrscheinlichkeit ein Mittel der Kommunikation zwischen Mensch und Gottheit. Schreiben stand im Zusammenhang mit Zeremonien, dem Weihen von Votivgaben, den Fruchtbarkeitsritualen, Opferhandlungen und Bestattungsriten.[38] Die Kenntnis und Handhabung der Schrift war Aufgabe der Priesterinnen. Wie die Schrift, die sich auf Gefäßen und Figurinen fand, aussah, zeigt Abbildung 9. Wahrscheinlich sollten die Götter mit diesen beschrifteten Votivgaben gnädig gestimmt werden.

Die erste Schrift der Menschheit – sie wird Neolithisch-Chalkolithische Sakralschrift genannt – stammt demnach wahrscheinlich von Priesterinnen, und damit von Frauen. Dies ist eine Sensation. Immerhin wurden in Europa – und erst recht in China – Frauen lange Zeit für "zu dumm" gehalten, um lesen und schreiben zu lernen. Die

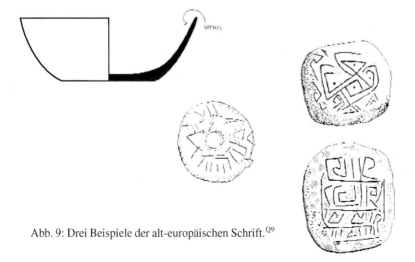

Abb. 9: Drei Beispiele der alt-europäischen Schrift.[Q9]

43

Entdeckung, dass es Frauen waren, die zum ersten Mal in der Welt-geschichte geschrieben haben, wird offenbar als Schönheitsfleck im androzentrischen Weltbild der Wissenschaft empfunden. Also wird diese Tatsache unter gelehrtem Palaver begraben.

In der alteuropäischen Kultur blieb die Schrift eintausendfünfhun-dert Jahre lang in Gebrauch, und zwar von 5300 – 3500 v.Chr. Mit dem Einfall der proto-indogermanischen Kurgan beginnt in Europa wieder das schriftlose Stadium der Vorgeschichte.[39] Die Kurgan waren ein Wandervolk, das ab 4000 v.Chr. aus den Pontischen Step-pen westwärts zog und die alteuropäische Kultur zerstörte. Sie waren betont kriegerisch und bestatteten ihre Toten in Hügel-gräbern, Kurgan genannt.[40]

Das Kulturerbe Alteuropas ging aber nicht ganz unter. Wir finden verwandte Kulturformen an mehreren Plätzen in der Ägäis, im Bal-kan bis nach Moldawien und der Ukraine, an der Adria und an der Donau. Nirgendwo aber ist das Erbe so deutlich sichtbar wie in der frühminoischen Periode von Kreta. In Kreta waren vom dritten bis zweiten Jahrtausend Siedler unbekannter Herkunft eingewandert. Harald Haarmann meint, man könne sich unter ihnen sehr wohl ver-drängte Alteuropäer vorstellen.[41] In jedem Fall lebt bei diesen neuen Bewohnern Kretas, die wir Minoer nennen, die Schrift in Europa wieder auf. Diesmal ist es eine Schrift, die unser eigenes Alphabet mitgeformt hat.

In der minoischen Kultur treten viele Elemente Alteuropas wieder auf. Sensationell ist ein Vergleich der kretischen Linearschrift mit dem Vinça-Alphabet. Die Ähnlichkeit ist optisch auch für den Laien so überwältigend, dass ich einen Vergleich aus dem Buch von Harald Haarmann hier wiedergebe.

Obwohl die Schrift der Alteuropäer schon vor dreißig Jahren ent-deckt wurde, wird sie in der Fachwelt wenig beachtet. Die Vinça-Schrift, wie ich sie vereinfachend nenne, gilt bis heute als bloße Sa-kral- oder Ornamental-Schrift, als Sackgasse in der Schriftentwicklung. Nach wie vor sind die Tempellisten aus Mesopotamien der offizielle Beginn der Schrift. So wurde es von den Fachgelehrten festgelegt, und dabei blieb es bis heute. Eines Tages werden neue Funde auftauchen und eine Revision der alten Ansicht erzwingen.

Abb. 10: Alteuropäisch-altmediterrane Schriftkonvergenzen in Auswahl.[Q10]

Linke Doppelreihe: alteuropäische Schrift; rechte Doppelreihe: Kretische Linear A

Ich möchte noch einen Moment bei **der minoischen Kultur als Erbin der Vinça-Kultur** verweilen, weil für mein Thema nicht die einzelne Hochkultur interessant ist, sondern vielmehr ihr Zusammenhang mit der Geschichte der Partnerschaft zwischen Mann und Frau. In Kreta kann der Altertumsforscher das Erbe Alteuropas noch mit den Fingerspitzen berühren. Kreta ist auch deshalb so interessant, weil es ein Verbindungsglied zwischen den neolithischen Kulturen und der historischen Zeit bildet und damit zwischen den frauenbestimmten Gesellschaften und dem frühen homerischen Patriarchat Griechenlands eine Brücke schlägt. Die wenigen erhaltenen minoischen Relikte strahlen Sinnesfreude, aber auch heitere Geistigkeit aus. Sie lassen vermuten, dass in Kreta der Tod noch nicht die endgültige Verbannung in das Totenreich bedeutet. Dies ist außerordentlich bemerkenswert, weil zur gleichen Zeit in Mesopotamien der Glaube, ein Toter würde in seinen Nachkommen persönlich wiedergeboren, bereits verloren war. Der Tote ging dort viel-

Abb. 11: "Tavrokathapsia" (Stiersprung)[Q11]

mehr in ein Schattenreich ein; "ein Reich, das abscheulich, modrig und den Göttern verhasst war".[42]

Die These, dass erst mit Beginn des Patriarchats Hochkulturen entstanden seien, wird in Kreta widerlegt. Die minoische Kultur entwickelte sich **später** als die Stadtstaaten Mesopotamiens (ab 3100 v.Chr.) und errang ihre Blüte zwischen 2400 – 1500 v.Chr. In dieser Zeit waren die Göttinnen und Frauen Babylons längst Ehefrauen. Im minoischen Kreta dagegen stand nicht nur die Große Göttin mit der Doppelaxt (Labris) unangefochten an der Spitze des Pantheons,[43] sondern auch irdische Frauen hatten einen hohen Rang. Nicht nur junge Männer, sondern auch Mädchen vollzogen das kultische Spiel des Stierspringens, das wir auf dem berühmten Fresko von Knossos noch heute bewundern.

Über das Ende des minoischen Reiches, dessen Kultur zu den Wurzeln der griechischen (und unserer eigenen) gehört, gibt es zahlreiche Geschichten. Theseus, der Achäer, sei mit seinen Gefährten zum Fest des Stierspringens nach Knossos angereist und habe nach dem Fest die Stadt mit Gewalt in seine Hand gebracht – nicht zuletzt mit Hilfe der vielen Griechen, die schon lange in Knossos ansässig waren. "Als es Tag wurde, vollzog sich die Besetzung der Stadt planvoll. In der Arena, in der auch die Stierspiele stattgefunden hatten, verkündeten achäische Herolde die Eingliederung Kretas in den achäischen Staatenbund." So lautet die Geschichte nach Geoffrey Bibby.[44]

Die Sage erzählt es ganz anders. In der Sage ist Liebe bei der Eroberung Kretas im Spiel, die Liebe der berühmten minoischen Prinzessin Ariadne zum griechischen Königssohn Theseus, der doch ihre Heimat eroberte. Aus Liebe lieferte sie ihm den Faden zum Labyrinth und übergab ihm damit nach alter Tradition die Herrschaft über das Land.

Diese Version ist sehr viel schmeichelhafter für die achäischen Griechen. Sie enthält unterschwellig die Botschaft, dass Frauen dem griechischen Mann und Helden die politische Herrschaft freiwillig übergaben. Aus Liebe! Weil der Held so unwiderstehlich war! Wir finden solche Motive in alten europäischen Sagen immer wieder. Sind sie frühe Vorboten der Romantik?

Die minoische Kultur ging ebenso unter, wie die Kultur Alteuropas. Erst seit einigen Jahrzehnten werden diese frauenbestimmten Gesellschaften nach und nach wieder entdeckt. Bisher war die Geschichte "nach hinten" verschlossen. Es gab offiziell seit Beginn der Menschheit nur einen einzigen Gesellschaftstyp: Männer oben – Frauen unten. Durch die neuen Entdeckungen wird der Horizont geöffnet, und andere Dominanzverteilungen zwischen den Geschlechtern werden sichtbar.

5.
Eine ehelose Gesellschaft heute

Die archäologischen Funde, die ich eben beschrieben habe, lassen nur eine relativ abstrakte Vorstellung über die Machtverteilung zwischen Männern und Frauen zu. Außerdem ist die Interpretation der Funde manchmal umstritten. Ich werde deshalb von den zahlreichen, noch heute bestehenden frauenbestimmten Gesellschaften eine näher beschreiben, und zwar die Mosuo in Südchina, die trotz des gewaltigen Druckes der paternalistischen chinesischen Zentralregierung bisher an ihrer Sozialordnung festhalten. Die Mosuo leben an der Grenze zwischen Yünnan und Szetchuan und ähneln physiognomisch eher den Tibetern als den Mongolen oder Chinesen.

„Formelle Ehen sind bei den Mosuo zwar bekannt, aber selten und unbeliebt; die sozial erwünschte Form der Mann-Frau-Bindung ist eine Besuchsbeziehung, die ohne Mitwirkung Dritter aufgenommen und beendet wird", heißt es in einem Bericht. *"Der Mann besucht die Frau nur über Nacht, beide bleiben Vollmitglieder ihres jeweiligen mütterlichen Haushalts. Kinder aus einer solchen Beziehung gehören nur der Mutterseite an, kein Mann muss die Vaterschaft anerkennen, um dem Kind Legitimität zu geben. Ein Mann hat auch keine finanziellen oder sozialen Verpflichtungen gegenüber den Kindern, die er gezeugt hat. Seine Fürsorge richtet sich auf die Kinder seiner Schwester und Cousinen, mit denen er als Onkel in einem Haushalt zusammenlebt, und die ihrerseits für ihn sorgen, wenn er alt geworden ist."* [45]

Aus dem Bericht einer wissenschaftlichen Reisegruppe in Südchina[46] zitiere ich aus einem Interview der deutschen Forscherinnengruppe mit Professor Shaoying He vom Yünnan-Institut für nationa

Abb. 12: Matriarchin, Schwester und Tochter in der Wohnhalle.
Sie tragen denselben Clannamen.[Q12]

le Minderheiten in Kun-Ming: *"Frauen sind wichtiger als Männer. Für die Mosuo ist es wichtiger, Töchter zu haben als Söhne, denn die Töchter setzen die Sippe fort. Töchter gelten mit dreizehn Jahren als erwachsen, ihnen zu Ehren wird ein Initiationsfest veranstaltet. Dieses ist das wichtigste Fest bei den Mosuo. Die Mädchen bekommen bei diesem Fest den Schlüssel zu einem eigenen Zimmer, und sie können von nun an Freunde empfangen, wie sie wollen. Knaben haben kein eigenes Zimmer ..."* *"Solange eine junge Frau einen jungen Mann in ihrer Kammer empfängt, haben sie eine Liebesbeziehung miteinander. Schließt sie ihn jedoch aus ihrer Kammer aus, dann ist die Beziehung zu Ende."* [47] Das Besondere an dieser Form der Liebesbeziehung ist, dass es die Frau ist, die den Freund auswählt, und dass sie diese Beziehung dominiert.

Die Matriarchin oder Familienchefin plant die landwirtschaftliche Arbeit, verteilt die Nahrung und verwaltet das Geld. Es sind diese Merkmale – Kontrolle der Ökonomie –, die die Mosuo als Matriarchat ausweisen könnten. [48] *"Ich bin hier Firmenchefin, und alle, die in der Familie leben, hören auf mich und akzeptieren die Pläne, die ich mache"*, lautet der Ausspruch eines achtundfünfzig Jahre alten weiblichen Sippen-Oberhauptes. [49]

Hören wir, was die Männer zu dieser Lebensform sagen, die so vollständig von den extrem patriarchalischen Zuständen in China abweicht. Wir erfahren dies aus einem Interview mit vier Mosuo-Männern: [50]

Frage: "Ich möchte gerne mehr wissen über das Geld für Freizeit, für Zigaretten, für Alkohol oder auch für Geschenke für ihre Freundinnen."

Mosuo: "Eine Mutter weiß, was ihr Sohn braucht! Und wenn er solche Bedürfnisse hat, gibt sie ihm auch das Geld dafür. Eine Mutter weiß auch, wenn er eine Freundin hat, und dann gibt sie ihm ebenfalls Geld dafür. Natürlich findet das alles unter den ökonomischen Gegebenheiten der Familie statt. Wenn diese es erlauben, dann wird es so sein, ansonsten muss man sich einschränken."

Frage: "Wie ist es mit den Entscheidungsprozessen in eurer Familie? Wir wissen bereits, dass bei großen und wichtigen Angelegenheiten die Familienmitglieder gemeinsam entscheiden. Haben die Männer einen Bereich, in dem sie alleine entscheiden können?"

Mosuo: "Alle Entscheidungen werden entweder von der Familienchefin oder von der Familie gemeinsam getroffen. Unsere Art des

Zusammenlebens in der Großfamilie könnte nicht bestehen, wäre es anders. Keiner trifft eine eigene Entscheidung nur für sich."

Frage: "Kann es vorkommen, dass im Klan die Frauen zu einem Problem der Familien- oder Dorfpolitik einmal anderer Meinung sind als Männer? Und wenn so ein Dissens zwischen Männern und Frauen vorkommt, was passiert dann?"

Mosuo: "Es ist einfach. Wenn es sich um ein Familienproblem oder ein Problem im Dorf handelt, dann übernehmen wir die Meinung der Mutter, denn die Mutter hat das Sagen. Handelt es sich um ein Problem, das die Meinung der Regierung beinhaltet, dann folgen wir der Regierungsmeinung."

Bei dieser letzten Frage muss man berücksichtigen, dass die Mosuo im kantonalen und regionalen Parlament nur eine winzige Minderheit bilden, die von der Stimmenzahl her von den übrigen nationalen Minderheiten oder gar den Chinesen selber stets überstimmt werden kann. Es liest sich zwischen den Zeilen eines Männerinterviews heraus, dass Mosuo-Männer "draußen" in der Stadt mit ihrer frauenbetonten Gesellschaft gehänselt werden. Das kontern sie damit, dass Chinesen ihre Frauen schlagen. Entscheidend ist, dass für die jungen Mosuo-Männer die matrizentrische Lebensweise zu ihrer eigenen nationalen Identität gehört, die sie erhalten wollen.[51]

Während sich Männer über Frauen in keinem Interview beklagt haben, gibt es sehr wohl Klagen der Frauen über die Faulheit der Männer, die für die schwere Arbeit auf dem Feld, den Hausbau und den Lastentransport zuständig sind. Beklagt wird, dass sie im Haus nur ungern helfen – eine kuriose Parallele von matriarchaler Lebensweise in Yünnan und patriarchalischer Lebensform in Deutschland! Die deutschen Forscherinnen trafen einen Mann niemals als Hausherrn an – das hatten sie zwar erwartet, aber es verblüffte dann doch. Der Mann im Haus war höchstens der Mutter-Bruder oder der Bruder, also immer eine Nebenfigur.

Professor Wang Shu, Leiter der Abteilung Ethnologie des Yünnan-

Instituts für nationale Minderheiten in Kun Ming, wurde gefragt, wie die Mosuo auf die zwangsweise Monogamie ab 1970 reagiert hätten:[52] In der Kulturrevolution wurde ganz China von Mao Tsetung und seinen Roten Garden gewaltsam gleichgeschaltet.

Wang Shu: "Als die Zentralregierung eine monogame Ehe unbedingt haben wollte, fand sich schließlich ein Paar, das bereit war. Aber dieses Paar lebte nur drei Jahre zusammen und ging dann in die alte Form des Familienlebens zurück. Die Frau, als man sie nach dem Grund fragte, antwortete: "Ich folgte der Regel, nach welcher Mann und Frau alleine ein Familienleben haben, aber der Mann hatte außerdem noch eine Menge Freundinnen, deshalb haben wir uns getrennt." Daraufhin ging ich zu dem Mann und fragte ihn dasselbe. Der Mann antwortete das Gleiche wie die Frau: Sie hätten sich getrennt, weil auch sie neben der Ehe eine Menge Freunde hatte.

Die Vorteile der Sippe im Zeitalter der Seitensprünge sind hier lapidar beschrieben. Was in der Ehe zu einem Treuebruch führt und Streit verursacht, ist in der Sippe Brauch: immer wieder verschiedene Freunde und Freundinnen haben. Die Mann-Frau-Beziehung ist erotisch, aber es wird von ihr keine dauernde Geborgenheit erwartet.

Frage: "Kommen die Liebhaber (Azhu) nur über Nacht in das Anwesen der Frau, oder bleiben sie manchmal länger da, um mitzuhelfen?"

Wang Shu: "In der Regel kommen sie nur über Nacht. Um länger im Haus der Liebsten zu bleiben, brauchen sie die Erlaubnis der älteren Frauen in der Familie. Die Leute denken, dass eine Frau glücklicher ist, wenn sie viele Töchter hat, denn dann kommen auch mehr Liebhaber, um gelegentlich mitzuhelfen. Denn Männer arbeiten nicht nur im eigenen Mutterhaus, sondern helfen auch im Haus der Liebsten mit, um ihr zu Gefallen zu sein."

Frage: "Wie alt schätzen Sie die Gesellschaft der Mosuo an dem Ort, wo sie heute noch lebt?"

Wang Shu: "Ich nehme an, dass in der Steinzeit ganz Yünnan matriarchal war, denn etliche der hier wohnenden Nationalitäten sind erst
in jüngster Zeit durch äußeren Druck patriarchalisiert worden. Sie
waren vor nicht allzu langer Zeit noch matriarchal." [53]
Matriarchate haben eine besondere Art von Tod- und Jenseitsvor-
stellung, das habe ich schon geschildert. Auf die Frage nach solchen
Vorstellungen zu Tod und Wiedergeburt antwortete Professor Wang
Shu: "Ja, die Mosuo kennen diese Vorstellung von Wiedergeburt.
Achtzehn Jahre, nachdem eine Person verstorben ist, wird sie am
gleichen Ort wiedergeboren, wenn sie ein gutes Leben geführt hat,
sonst nicht." "Nach der Einäscherung, die an einem Berghang stattfindet, tun sie die Asche in einen Behälter und begraben diesen am
Grabplatz der Sippe, das heißt am Ort der mütterlichen Vorfahrin.
Wenn sie die Ahnen anrufen, so handelt es sich immer um mütterliche Ahninnen, nicht um männliche Ahnen, denn diese stellen ja
nicht die Generationsfolge der Sippe her." [54]
Noch anschaulicher wurde der Zusammenhang zwischen Ahnin und
Wiederkunft bei einem Initiationsfest, dem die Forscherinnengruppe beiwohnen konnte. Die Initiation ist wichtiger als die Geburt, weil die Mosuo davon ausgehen, dass in Kindern erst im Alter
von dreizehn Jahren eine Seele herangewachsen ist. Es bedeutet,
dass in dem jungen Menschenkind erst mit dreizehn Jahren die voll-
gültig wiedergeborene Ahnin oder der Ahne erkannt und anerkannt
wird. Erst jetzt erhalten die Jugendlichen den Namen der Ahnin
oder des Ahnen, denen sie zugehören. Das Fest der Initiation ist
gleichzeitig Wiedergeburtsfeier für eine in die Sippe zurückgekehrte
Ahnin oder Ahnen.[55]
Zum Schluss noch ein bemerkenswertes Zitat einer Familienchefin
über den Zusammenhang von Krieg und Männerherrschaft, der uns
später noch beschäftigen wird. Sie wurde gefragt: "Konnten Sie in
der Kindheit, abgesehen von der knappen Versorgung, sonst in Frieden leben?"

Familienchefin: "Damals war es so, dass die Tibeter und auch Yi-Leute **hier einfielen und uns beraubten, und damals dachten wir, dass die Männer wichtiger seien als Frauen,** weil die Männer gegen diese Überfälle gekämpft haben. Das hat sich in der Zwischenzeit aber wieder verändert, denn mittlerweile haben wir ein **friedfertiges Leben** und leben meist in Frieden, **so dass heute die Frauen wieder als wichtiger erachtet werden.**" [56]

Selten wurde der Zusammenhang von Krieg und Frauenentwertung treffender ausgedrückt.

Die Beschreibung der Mosuo gibt uns ein lebhaftes Bild von einer Sozialordnung, die räumlich und zeitlich viele tausend Meilen von uns entfernt und doch zeitgenössisch ist. Die Vermutung, dass es sich bei diesem Volk um Restbestände aus einer universellen jungsteinzeitlichen Gesellschaftsordnung handelt, liegt auf der Hand. Dass sich die Mosuo in einer Nische halten konnten, liegt nach ihrer eigenen Meinung an der Abwesenheit von Krieg. Der Krieg, von dem die Familienchefin sprach, war eher ein sporadischer Raub von Vieh und Hab und Gut, kein Krieg als "beliefsystem", wie ich es später nennen werde. Nur deshalb wurden Männer bei den Mosuo nicht auf Dauer "wichtiger als Frauen".

Die Forscherinnen betonen, dass in frauenbestimmten Gesellschaften grundsätzlich alle Entscheidungen im Konsens der Sippenmitglieder gefällt werden. Dabei seien Männer genauso beteiligt, was Frauen im Patriarchat eben nicht seien. Dies mag so zutreffen. Wenn man jedoch die hier wiedergegebenen Antworten der Mosuo-Männer auf sich wirken lässt, sieht man, dass sie diese Egalität in der Entscheidungsmacht nicht so stark empfinden wie die Familienchefinnen und Forscherinnen. Macht fühlt sich von unten immer anders an als von oben.

6.
Warum ging die Sippe unter?

Die ehelosen Gesellschaften der Vor- und Frühgeschichte – in Nischen existieren sie heute noch, wie wir sahen – hatten sicher sehr unterschiedliche Arbeitsteilungen, Sozialordnungen, Riten und Gebräuche. Immer aber hatten Frauen einen ebenbürtigen Rang, in der frühen Ackerbauperiode sogar einen höheren Rang als Männer. Die wichtigsten gemeinsamen Merkmale waren: keine Ehe – deshalb auch keine Diskriminierung der weiblichen Sexualität; Kinder gehören der Sippe, selbstständige Verfügung über ökonomische Ressourcen.

Bevor wir uns dem Patriarchat zuwenden, möchte ich die Frage stellen: Warum ist die frauenbestimmte Gesellschaftsform heute bis auf Nischen untergegangen?

Es gibt eine Reihe von Thesen und Hypothesen zu diesem Thema. Eine besonders weit verbreitete These stützt sich auf die Evolutionslehre Darwins. Das Patriarchat sei eine Weiterentwicklung und vor allem eine Höherentwicklung des alten "Mutterrechts". Gerade die frühen Forscher, die von einer matriarchalen Phase der Menschheit in der Steinzeit ausgehen (wie Johann Jakob Bachofen, Robert Briffault, Erich Neumann etc.) vertreten diese These von der Höherentwicklung. Das Patriarchat habe sich durchgesetzt, weil es für die Menschheit einen Fortschritt darstellte. Dieser Satz gehört zu den akzeptierten Selbstverständlichkeiten in der heutigen Gesellschaft. Er kann, wie alle historischen Theorien, nicht bewiesen und auch nicht widerlegt werden – jedenfalls für die Vergangenheit. Für die Gegenwart allerdings ist eine Widerlegung möglich. Heute koinzidieren patriarchalische Systeme nicht mit Fortschritt – gleichgültig welchen Aspekt des Fortschrittes man in den Blick nimmt: Ökonomie, Menschenrechte oder Kultur. Die strikt patriarchalischen Länder sind ökonomisch und kulturell rückständiger als die Länder, in denen Frauen wenigstens teilweise selbstständig sein können, weil Rechtsstaat und Demokratie ihre Lage – und damit die allgemeine Wohlfahrt – verbessert haben. Was immer für eine Höherentwicklung der menschlichen Rasse in der Vergangenheit durch die patriarchalische Macht bewirkt worden sein mag: Für die voraussehbare Zukunft ist eher mit einer anhaltenden Unterlegenheit strikt patriarchalischer Systeme zu rechnen.

Eine zweite Gruppe von Thesen geht von psychologischen Theorien aus. Danach soll der Mann nach einer eigenen männlichen Identität verlangt und der Frau ihre Gebärfähigkeit geneidet haben.[57] Aus diesen Motiven heraus habe der Mann nach der Herrschaft gestrebt und die Sippe schließlich beseitigt.

Es kann durchaus sein, dass Männer in frauenbestimmten Gesellschaften mit ihrer Rolle unzufrieden wurden, weil sie nicht zur Elite gehörten, sondern sich hauptsächlich in den Jagdgebieten und nicht im Siedlungszentrum aufhielten. Solche Motive sind Spekulation. Keine Spekulation ist, dass diese Unzufriedenheit – worauf sie auch immer gründet – eine neue Interessenlage schuf. Diese Interessenlage ließ Männer die durch Wanderung und Krieg neu entstehende Chance ergreifen. Wanderung, Not oder Krieg rufen allein niemals eine fundamentale Veränderung der sozialen Ordnung und der ökonomischen Zuständigkeiten hervor. Immer müssen der Wille und die Absicht hinzukommen, die neu entstandene Lage in eine schon lange gewünschte Richtung zu lenken – in diesem Fall in die Neuordnung der Machtverteilung.

Eine dritte These kreist um den Schutz. Der Ackerbau machte die Stämme allmählich wohlhabend, und Wohlstand bedeutete gleichzeitig die Notwendigkeit der Verteidigung. Die Frau brauchte männlichen Schutz vor männlicher Gewalt (der Räuber). Allerdings sagt Thompson prophetisch: *"Jede Kultur, die jemals eine Klasse zu ihrem Schutz schuf, endete damit, dass sie sich vor ihren Beschützern schützen musste.*" [58] Nach dieser Hypothese bewirkte die Erfindung des Ackerbaus den Reichtum und dieser Reichtum die Entdeckung der Kriegskunst.

Während der bedeutende Patriarchatsforscher W. J. Thompson die Wohlhabenheit als Ursache sieht, nimmt die amerikanische Assyriologin Gerda Lerner eher Versorgungsmängel an, aus denen der Krieg entstanden sei.[59]

Krieg, das ist mein Stichwort. Ich selbst halte Wanderungen, Notlagen und vor allem Krieg für den wahrscheinlichsten Anlass der Beseitigung der Sippenordnung und Geschlechtersymmetrie. Not und Krieg fegen auch heute oft die Konsensordnungen einer Gesellschaft zugunsten einer straffen Führung beiseite. In der Not wollen wir, dass der Starke führen soll. Wir sollten uns daran erinnern, wie leicht wir selbst in kritischen Lagen – zum Beispiel bei Überfall, Unfall, Finanzkrisen – unsere eigene Führungskompetenz einem "Starken" übertragen.

Wir wenden uns jetzt dem Krieg zu, der das Patriarchat auslöste. Krieg konnte die Gesellschaft auf Dauer nur darum revolutionieren, weil die alten Zustände schon lange nicht mehr im Interesse der männlichen Führer lagen. Wenn ich also in den folgenden Kapiteln als "Grund" für die patriarchalische Revolution die Wanderung und vor allem den Krieg nenne, so sollte es statt Grund eher "Anlass" heißen. Als Grund sehe ich einen prinzipiellen Wandel in den Werten und den Weltbildern. Krieg, warum auch immer er begonnen wurde, erwies sich schnell als phantastische Gelegenheit, um den Männern der Sippe ein hohes Ansehen zu geben und Frauen von Gleichrangigen in Gefolgsfrauen zu verwandeln. Von nun an war die Elite männlich.

Der Begriff Elite taucht im 19. Jahrhundert als Gegenbegriff zur Aristokratie auf. Ich verwende ihn hier für Personen und Personengruppen, die sich durch Leistungsfähigkeit und Leistungswillen auszeichnen, die ihren Willen auch gegen Widerstände durchsetzen können und deren Vorbild das Verhalten anderer mitbestimmt. Die Zugehörigkeit zur Elite wird manchmal auf die Familie mit übertragen, aber ohne eigene Leistung geht sie nach spätestens einer Generation verloren.

Einige Leser könnten beanstanden, dass ich die edleren Ziele von Kriegen – zum Beispiel Eroberung, Vermehrung von Reichtum und die Möglichkeit, Weltreiche zu schaffen – hier nicht deutlich genug geschildert habe. Die Ziele mögen groß sein – für den Sieger. Für den Besiegten bedeuten sie den Untergang seiner Zivilisation, wie zum Beispiel die der Alteuropäer. Die heilsame Wirkung von Krieg – das Schwache wird ausgetilgt – mag Darwinisten einleuchten, historisch lässt sie sich nicht nachweisen. Warum entstand der erste Krieg? Ein Grund war, dass Männer durch Krieg hohes Ansehen gewannen und sich dadurch von der Bevormundung durch die Sippenältesten emanzipieren konnten. Sie gewannen Ruhm, weil sie das Volk aus einer Notlage befreiten, gleichgültig ob sie durch Armut oder durch Wanderungen ausgelöst wurde.

II. Beginn der Ehe

7.
Krieg, Vater aller Dinge

Der Philosoph Heraklit aus Ephesos, der um 500 v.Chr. lebte, nannte den Krieg den Vater aller Dinge. *"Der Krieg ist der Vater aller Dinge und der König aller. Die einen macht er zu Göttern, die anderen zu Menschen, die einen zu Sklaven, die anderen zu Freien."* [60] Heraklit trifft den Nagel auf den Kopf. Krieg ist die wichtigste Wurzel der männlichen Vorherrschaft und damit der Vater aller Dinge in der heutigen Welt, der Welt des Mannes.

Im Krieg nämlich wurden Fähigkeiten, die vorwiegend Männer hatten, sozial wertvoll: physische Stärke, Kampfkraft, räumliche Orientierung, Lust am Wettbewerb. Diese Fähigkeiten waren es, die Männer schon immer für den Schutz der Gruppe und für die Jagd auszeichneten. Aber erst der Krieg machte aus diesen männlichen Fähigkeiten sozial bevorzugte Eigenschaften. Krieg brachte die Männergruppe ins Zentrum der Aufmerksamkeit von Sippe und Stamm.

Abb. 13: Held in der Schlacht. – Die Schlacht bei Issos, Sieg Alexander des Großen über Perserkönig Darius III. 333 v.Chr. [Q13]

Wenn wir heute "Krieg" sagen, ist unsere spontane emotionale Reaktion von der unserer Urgroßeltern sehr verschieden. Sie haben noch 1914 das Aufblitzen im Auge des Bruders erlebt. Wenn das Wort Krieg fiel, kam gleichzeitig Erregung und Angst auf, die sich letztendlich in Begeisterung entlud. Gewiss, es waren vor allem Männer, denen beim Wort Krieg das Herz zuckte. Aber auch viele Frauen ergriff der Schall der Fanfaren. Der helle Klang in der kalten Morgenluft beschleunigte den Puls, aus Angst, aber auch aus einer animalischen Vorfreude. Der amerikanische Psychologe Eric Berne spricht von dem großen Bedürfnis des Menschen nach Spannung und Abwechslung, er nennt dies das Bedürfnis nach Strukturierung der Zeit. Während wir heute eine Fülle von Möglichkeiten haben, unsere Zeit zu strukturieren, unterbrach für einen Landarbeiter des Jahres 1914 nur der Krieg die Eintönigkeit des Lebens. Krieg schaffte aber noch mehr als Spannung – er schaffte Eintracht im Inneren des Volkes. Soziale Gegensätze, Bruderkonflikte, Klassenkämpfe, Neurosen, all dies ist plötzlich ausgeblendet. Sorgen und Neid werden nach außen verlagert, sie finden ein legitimes, kollektives Ziel: den Feind.

Heute ist Krieg in Europa unerwünscht. Es fällt uns schwer, die Leidenschaft und Begeisterung zu verstehen, die jedwedes Kriegsgeschrei und besonders das für die "gerechte Sache" im Herzen unserer Vorfahren auslöste. Sehr weit liegt die Kriegsbegeisterung von 1914 allerdings noch nicht zurück – neunzig Jahre ist sie erst her. Keiner kann garantieren, dass sie sich nicht wiederholt.

Vor etwa sechstausend Jahren könnte "Krieg" begonnen haben. Feindliche Auseinandersetzungen zwischen Stämmen um Wasser und Nahrung und günstige Weideplätze wird es schon früher gegeben haben – zum Krieg wurden sie erst durch **Glaubenssätze**, die sich später zu einem ganzen System von Werten und Überzeugungen verdichteten. Der Amerikaner Karl H. Pribram spricht in diesem Zusammenhang von "belief-systems", die bei allen Kriegen die ausschlaggebende Rolle spielen.[61] Entscheidend sei, dass die Glaubenssätze vertikal auf ein höchstes Gut hin orientiert und deshalb zum **Ausgrenzen der Anderen** geeignet sind.

Männer hatten und haben an der Herausarbeitung solcher "beliefsystems" ein **herausragendes Interesse, Frauen weniger.** Männer waren für die Organisation der Sippenverbände und die Sicherung der Existenzgrundlagen in den steinzeitlichen Hochkulturen zwar notwendig, aber ihre kreative Potenz wurde weder so beachtet noch so ausgenützt wie die der Frauen. Ich bin zwar im Unterschied zu einigen Forschern der Meinung, dass die Funktion der Besamung für die Fruchtbarkeit damals schon lange bekannt war – sonst könnte es nicht so viele Phallusdarstellungen in den Höhlen und Kultstätten geben –, aber dieses Wissen erhielt lange Zeit keine gesellschaftsstrukturierende Bedeutung.[62]

Männer standen in der Jungsteinzeit nicht an der Spitze des Sozialverbandes, das haben wir oben beschrieben. In den ersten Raubzügen aber verfestigte sich die männliche Hierarchie um den Anführer herum, seine Heldenrolle für und im Namen des Stammes begann zu wachsen. Jeder der ursprünglich nur gelegentlichen Raubzüge erwies sich für Männer als eine rundherum befriedigende Tätigkeit. Dadurch standen sie plötzlich im Zentrum der Aufmerksamkeit. Dort wollten sie bleiben. Es lag also in ihrem ureigenen Interesse, als Geschlecht ihre schöpferische Kreativität auf die Entwicklung von "belief-systems" zu richten, die allein Kriege rechtfertigen und erzwingen. In dem Moment, wo ein Muster kulturellreligiöser Werte in **Abgrenzung** zu denen der fremden Nachbarn entsteht, wurde und wird Krieg unvermeidlich.

Aber dies ist Spekulation, wir wissen nicht genau, wie es war. Immerhin sind Glaubenssätze, die Krieg unvermeidlich machten, schon für die ersten bronzezeitlichen Städte Mesopotamiens bekannt geworden. Sie machen deutlich, dass **Krieg kein Kind der Not** war, etwa um den Stamm oder das Dorf vor Hunger zu bewahren. Die Kriegsberichte der sumerischen und akkadschen Städte sind auf Siegesstelen festgehalten, und viele wurden ausgegraben. Sie zeigen oft den eigenen Stadtgott als Sieger. Er verkörpert das Glaubenssystem, die "Sache", für die es sich zu kämpfen und zu sterben lohnt.[63]

Gewiss gab es auch wirtschaftliche Kriegsanlässe. Immer wieder werden Streitigkeiten um Ackerland und Bewässerungsanlagen genannt. Diese hätten sich vielleicht auch auf dem Verhandlungswege lösen lassen, wie früher. Entscheidend war, dass jetzt neu geschaffene Stadtgötter die "belief-systems" mobilisierten, dem Krieg Weihe gaben und den Männern Ehre.

Krieg, nachdem er einmal "erfunden" war, erzwang hierarchische Über- und Unterordnung. Außerdem wurde durch den Krieg eine neue Form sozialer Bindung notwendig, die es in der Sippe der Blutsverwandten nicht gab: die Gefolgschaftstreue. Aus Catalhöyük wissen wir, dass die matrizentrische Stammestreue erfolgreich in die Treuebindung an ein größeres Gemeinwesen verwandelt worden war, sogar mit kultureller Verschmelzung verschiedener Rassen. Diese alte **Stammestreue**, bei der jeder mit jedem über die Große Mutter verwandt war, kannte bereits die Hierarchie von Berufen, kannte Dienerinnen und Herrinnen. Sie kannte aber **nicht die Gefolgschaftstreue** einem Herrn und Anführer gegenüber. Um diese Gefolgschaftstreue im Kriegszug zu festigen, bekam der Führer oder der Häuptling eine Weihe: Er wurde Fürst oder König. Die Umlenkung der alten Stammestreue – jeder zu jedem – in Gefolgschaftstreue einem einzigen Führer gegenüber, war für die neue Lebensform "kriegerische Wanderbewegung" von Vorteil. Deshalb musste der Führer das Gemeinwesen verkörpern.

Gefolgschaftstreue unter Nichtverwandten ist eine Bindungsform, die sich in der männlichen Jagdbande vielleicht schon länger herausgebildet hatte. Für die Sozialgruppe als Ganzes ist sie nach 3500 v.Chr. ein Novum. Ein noch größeres Novum ist der durchschlagende Erfolg dieses Führungsstils, bei dem die Treuebindung des Mannes auf den Führer, erst in zweiter Linie auf den Kampfgefährten und erst dann auf die Verwandten gerichtet ist.

Keineswegs gehörten die besiegten Leute zwingend zu den "Menschen zweiter Klasse" wie etwa zivilisatorisch unterlegene Ureinwohner oder Fremde aus fernem Land. Bei den zahllosen Kriegen zwischen den Stadtstaaten Mesopotamiens und später Griechenlands, um nur diese als Beispiel zu nennen, handelt es sich um Nachbarschaftskriege zwischen Leuten der gleichen Zunge und Kultur. Hier würde man eher Rangkämpfe erwarten, die mit einem gewissen Sportsgeist ausgeführt werden. Diese Annahme ist falsch. Die Männer von Mari werden von den Männern von Uruk gnadenlos getötet, die Frauen versklavt, die Städte vernichtet.

Durch den Krieg eroberte der Männerbund nicht nur neues Land und nicht nur Ruhm und Rang, sondern er **eroberte** zum ersten Mal in der Geschichte **die Gemeinschaft** – dies ist der Dreh- und Angelpunkt in der patriarchalischen Revolution. Die Gemeinschaft wurde männlich. Die Übertragung der **hierarchischen Prinzipien** der Männergruppe auf die Gesamtgesellschaft ist die durchschlagende Neuerung. Die Treue zum Herrn wird **Eckpfeiler der feudale Ordnung.** Ihre erste Entfaltung sehen wir bei den Eroberern, die etwa um 3300 v.Chr. in Sumer eindringen,[64] die dort sesshaften Ackerbauern unterwerfen, aber **nicht** auslöschen. Die Sesshaften verehrten die Eroberer als Götter und Herren. **Die wesensgemäße Ungleichheit** tritt zum ersten Mal auf den Plan der Geschichte. Sie reicht weiter als der uns geläufige Begriff der Standesschranken und ist von Anfang an nicht etwa nur materiell, sondern auch spirituell begründet. Die Ungleichheit wird von nun an ein konstitutiver Bestandteil der Gesellschaft, ihrer Ordnungsprinzipien und dann ihrer Weltbilder.

Niemand wird behaupten, dass der Krieg von der Männergruppe erfunden wurde, um Herrschaft und Ungleichheit zu konstituieren.

Wir kennen nicht die Absichten, wohl aber die Folgen. **Herrschaft war eine Folge des Krieges.** Herrschaft bedeutet legitime Machtausübung; sie bedeutet Zuständigkeit und Kontrolle über das Handeln der anderen, zunächst nur, bis das Kriegsziel erreicht war. Herrschaft wurde um des Krieges willen notwendig, und sie bezog sich anfangs nur auf die Männergruppe. Aber dabei blieb es nicht. So wie die kämpferisch-heroischen Wertgefühle des Männerbundes allmählich zum stilprägenden Element der Gesamtgesellschaft wurden, erging es auch mit der Herrschaft. Es mussten nicht nur "die Anderen" kontrolliert werden, sondern auch die eigenen Reihen, um abweichende Meinungen, die die neu gefundene Einheit gefährden könnten, zum Schweigen zu bringen.

Herrschaft hat **Elitebewusstsein** zur Voraussetzung. In der früheren Männergruppe hatte sich wahrscheinlich eine Rangreihe herausgebildet, wie sie sich heute noch in Internaten, Militäreinheiten, Gefängnissen oder Banden spontan herausbildet. Dabei entstehen Abhängigkeitsverhältnisse und Treuebündnisse, die auch den Schwächeren ein gesteigertes Selbstbewusstsein verleihen können. Krieg und Eroberungen schaffen eine völlig neue Lage, und zwar nicht nur im Bewusstsein der Krieger untereinander, sondern auch zwischen Kriegern und Nicht-Kriegern. Die Krieger werden zur Wert-Elite. Gleichzeitig werden alle anderen zur Nicht-Elite, gleichgültig ob sie dem eigenen oder dem eroberten Volk angehören. Die Betonung von Unterschieden vertieft sich zu hierarchischen Rangunterschieden.

Damit jedoch die Nicht-Elite, das einfache Volk, die im Krieg entstandene Elite erträgt, **muss diese große Ziele entwerfen und große Feinde** signalisieren, die auch von der Nicht-Elite als Ziel oder als Feinde akzeptiert werden. Große Feinde gilt es zu bekämpfen, und dies macht einen weiteren Krieg notwendig. Auch gestern und heute laufen solche Prozesse vor unseren Augen ab. So zum Beispiel schuf sich die deutsche militärische Elite der Kaiserzeit

Frankreich zum Feind – und es gelang ihr, diese Feindschaft im allgemeinen Bewusstsein zu verankern, so dass zahlreiche deutsche Soldaten im Jahre 1914 begeistert in den Kampf zogen. Ähnliche Vorgänge fanden in Europa zuletzt im Balkan statt, sowohl bei den Serben als auch bei den Kroaten. *"Die Methoden, das Feindschaftsdenken der Eliten ins allgemeine Bewusstsein zu transportieren, gehören zum Herrschafts-Wissen nahezu aller Institutionen."* [65]

Diese großen Ziele – zu denen auch die Angst vor dem Nachbarn gehören kann – verdichten sich zu Glaubenssätzen, in die hohe kulturelle und moralische Werte einfließen. Wenn man der Propaganda folgt, die sich auf Stelen und Tempelwänden der Bronzezeit wieder findet, wurden Kriege selten deshalb geführt, um ein Reich zu vergrößern oder um Ruhm oder Reichtum zu vermehren. Schon die Hethiter, die Ägypter und erst recht die Römer hatten viel "edlere" Ziele. Ihre Kriegszüge dienten viel mehr der **Sicherung** der Grenzen des Imperiums; oder der Krieg diente überhaupt **dem Frieden**, der pax romana. Die späteren römischen Kaiser fügten ein weiteres edles Kriegsmotiv hinzu: Die Völker an der Peripherie würden einander bis aufs Messer bekämpfen, wenn Rom sie nicht beherrschen und befrieden würde. Darüber hinaus wird den Barbaren der Anschluss an die Zivilisation gestattet: an Technik, universale Sprache, Religion und Sitte – auch diesen kulturellen Zielen dient und diente der Krieg!

Solche "Glaubenssätze", die wir in unseren Geschichtsbüchern lesen, klingen heute einerseits makaber in unseren Ohren, andererseits sind sie uns unheimlich vertraut. Welche Ideale zum Kern des männlichen "belief-systems" gehören, will ich an einem Beispiel aus der Tagespolitik klarmachen. Im Januar 1995 war in der Zeitung ein Ausspruch des damaligen russischen Verteidigungsministers zu lesen: *"Die Ereignisse im Kaukasus zeigen, dass dort ohne Russland der Bürgerkrieg ausbricht. Armenien gegen Aserbeidschan, Georgien gegen Abchasien und Ossetien. ... Usbeken, Tadschiken, Kasa-*

chen, alle werden gegeneinander kämpfen. Wir wollen kein neues Afghanistan. ... Die ganze Region wird untergehen. ... Es wird ein Inferno geben wie in Libanon oder Nordirland. Und dann, nach zwanzig bis dreißig Jahren, werden sie ankommen, mit Tränen in den Augen, und uns bitten, Frieden zu stiften." [66] Dieses Zitat zeigt, aus welch edlen Motiven auch heute immer noch Kriege geführt werden!

Trotzdem gehört in vielen demokratischen Ländern der Krieg als heroische Pflicht nicht mehr zu den Glaubenssätzen. Krieg gilt eher als Zeichen der Rückständigkeit, es sind nur arme Länder, die Krieg führen. Jedenfalls spiegelt sich das so im Bewusstsein unserer Zeitgenossen. Allerdings könnte sich das ändern, wenn die demokratischen Länder in einen lang anhaltenden Krieg gegen den Terrorismus verwickelt würden, wie sich das im Angriff vom 11. September 2002 und den Reaktionen darauf andeutet.

Immer wieder betonen Anthropologinnen und einige Anthropologen, dass frauenbestimmte Gesellschaften viel friedlicher gewesen seien als die späteren männer-beherrschten Gesellschaften, von denen jetzt die Rede ist. Das ist richtig. Allerdings sollte man eher von unkriegerischen Gesellschaften sprechen. "Friedlicher" suggeriert persönliche Eigenschaften oder gar eine moralische Überlegenheit, die keiner für sich in Anspruch nehmen sollte.

Historiker können auf ein beachtliches kriegerisches Potential von Frauen hinweisen, für das sich sowohl aus der frühen Geschichte als auch aus der Jetztzeit beliebige Beispiele aufzählen lassen: Lyder(innen), Skythinnen, Keltinnen, Indianerinnen, Germaninnen, Sarazeninnen, Nazi-Anhängerinnen, RAF-Terroristinnen. Der Schluss, Frauen seien von Natur aus friedlich, weil sie zum Leben geben und nicht zum Leben nehmen geschaffen seien, ist in dieser Form sicher ein Kurzschluss. Es ist nicht so sehr ihre psycho-biologische Veranlagung, sondern es ist ihre **Interessenlage**, die Frauen seltener zum Krieg geneigt sein lässt. Frauen haben vom Krieg keine Vorteile, sie können keinen Ruhm erwerben, und die materielle Beute wird meistens von den Kriegern beansprucht und bereichert nicht den Sippenverband. Die Interessenlage war nur dann anders, wenn Frauen selbst Krieger wurden. Zum Beispiel haben Frauen in Staatsämtern manchmal sehr wohl Interesse am Krieg, wie wir von Katharina der Großen oder Margret Thatcher wissen.

Wir fassen zusammen:

Krieg als "belief-system" – und nicht nur als Raubzug – entsteht etwa um 4000 v.Chr. Im Krieg errangen Männer eine herausragende Stellung in Sippe und Stamm, die es ihnen ermöglichte, immer mehr Kompetenz an sich zu ziehen und auf Dauer innerhalb des Gemeinwesens die Macht zu ergreifen.

Krieg wird durch Glaubenssätze gerechtfertigt. Diese Glaubenssätze schaffen gleichzeitig kollektive Identitäten nach innen, nach außen schaffen sie immer neue Feinde.

Krieg macht die Ausrichtung auf einen Anführer notwendig – die Treue zum Herrn ersetzt die Stammestreue.

Die Hierarchie von Kriegern und Nicht-Kriegern wird mit Wesensunterschieden gerechtfertigt, durch die sich zum Beispiel die Leute von Mari von den Leuten von Uruk unterscheiden. Aber auch innerhalb des eigenen Staates muss die Hierarchie immer wieder plausibel begründet werden. Zu diesem Zweck wurden Rangordnungen geschaffen und besonders Frauen als "wesensverschieden" abgegrenzt, weil die Sippenordnung für die männlichen Anführer eine Konkurrenz war.

Der Krieg und das Patriarchat entstanden vermutlich gleichzeitig – so gleichzeitig, dass man auch sagen kann, der Krieg bereitete dem Patriarchat den Weg. Dieser Zusammenhang ist universell: Je potentiell kriegerischer eine Gesellschaft, desto strikter das Patriarchat. Die Mosuo-Frau, von der ich berichtet habe, drückte diesen Zusammenhang so aus: *"Damals, als die Yi-Leute hier einfielen, dachten wir, dass Männer wichtiger seien als Frauen."* [67]

8.
Die patriarchalische Revolution
und der Frauentausch

Im Schatten des Krieges konnte sich die patriarchalische Revolution ausbreiten. Wir verwenden das Wort "Revolution", weil das Patriarchat tatsächlich einen totalen Umsturz aller Lebensbezüge hervorrief. Die Durchsetzung des Patriarchats dauerte im mittleren Osten etwa von 3500 – 600 v.Chr.[68] In Nordwesteuropa wurde das strikte Patriarchat (Frau wird Mündel des Mannes) wesentlich später, nämlich ab 700 n.Chr., endgültig durchgesetzt.

Einen Bericht über diesen Umsturz in der Machtverteilung zwischen Frauensippe und Männerbund gibt es bisher nicht. Die einzigen literarischen Zeugnisse über diesen Wandel finden sich in Mythen und Sagen, in denen Göttinnen plötzlich entwertet und geschmäht werden. Schon Sagen über die Götterdämmerung, in denen die alten Götter von ihren Söhnen gestürzt und getötet werden (Chronos, Uranos, Zeus) enthalten meines Erachtens Hinweise, dass im Gestürzten nicht der alte Vater, sondern die alte Mutter entmachtet wurde. Als die Sagen später aufgeschrieben wurden, konnten sich die Schreiber eine Große Göttin gar nicht mehr vorstellen und verwandelten sie in einen alten Gott. Nur in Mesopotamien wird das weibliche Ungeheuer Tiamat noch als Große Göttin und besiegte Urkraft der Götterdämmerung ausdrücklich genannt. Es wird erzählt, dass ihr gespaltener Leib das Material war, aus dem der neue Gott Marduk Himmel und Erde formen konnte.[69]

Die patriarchalische Revolution war mehr als nur der Umsturz der männlich/weiblichen Machtverteilung, die hier unser Thema ist. Sie bedeutet genauso die Einführung eines Wertgefälles zwischen Männern. Das Denken und Fühlen in Über- und Unterordnung, zum Beispiel im Verhältnis Herr/Sklave oder Häuptling/Gefolgsmann, prägt alle Beziehungen in der Gesellschaft, nicht nur die zu Frauen. Später werden diese Unterschiede zu "Wesensunterschieden", die Rangunterschiede rechtfertigen.

Wir nennen das Jahr 3500 v.Chr. mit Gerda Lerner[70] als Ausgangspunkt der patriarchalischen Revolution. Sie begann im Gefolge der Kriege. Der Krieg wurde bei einigen Stämmen zur lebensbestimmenden Daseinsform, sei es als Eroberungskrieg oder zur Verteidigung. Durch den Krieg wurde die Organisation des Männerbundes für die ganze Stammesgesellschaft maßgebend. Das beharrliche Gleichmaß der Tradition, das James Mellaart als Charakteristikum der Catalhöyük-Gesellschaft beschrieben hat, wurde aufgebrochen. Krieg – das war Spannung, Abenteuer, Wandel! **Krieg änderte das Dasein und das Bewusstsein.** Andere Interessen setzen sich durch. Wie lange die Frauensippe auf den kriegerischen Wanderungen erhalten blieb, wissen wir nicht. – In jedem Fall erhielten Männer in der Sippe bestimmenden Einfluss, und benutzten diesen Einfluss, um die Sippe zu sprengen. Das entscheidende Stichwort hierzu heißt Frauentausch oder Frauenraub.

Die Sitte, mit dem Nachbarstamm Frauen zu tauschen, ist der eigentliche Paukenschlag, mit dem die patriarchalische Revolution in unseren fernen Ohren vernehmbar wird. Er stellt die Exogamieregel der alten Zeit auf den Kopf: Nicht mehr die Männer müssen zu der Nachbarsippe wandern, sondern die Frauen "werden gewandert". Damit sind alle "heiligen Gesetze" der Arterhaltung und der kultischen Einheit des Stammes gebrochen. Die Ahnen lebten ja nur durch die Frauen und deren Kinder fort. Sie "weggeben" bedeutete Verzicht auf das eigene Weiterleben nach dem Tode. Es wird sich zeigen, dass die Hoffnung auf Wiederkehr nach dem Tode tatsächlich bald dahinschwand.

Welches Motiv könnte stark genug gewesen sein, um die Exogamieregeln umzudrehen? Ich vermute ein mächtiges politisches Motiv, nämlich das **Bündnis**. Sippe war als Basis für den Krieg zu klein.

Bündnisse zwischen Sippen und Stämmen bekamen in der früh-kriegerischen Epoche plötzlich eine enorme Bedeutung. Der Einfall der späteren Sumerer in Uruk (Mesopotamien) etwa 3300 v.Chr. war nur möglich, weil "viele" Sippen sich verbündeten. Hierzu mussten sie durch "Blutbande" verbunden werden, und solche Blutbande konnten nur die Frauen stiften, weil Frauen Trägerinnen der Erbfolgelinie waren. Wurde eine Frau der Sippe A jetzt vertauscht, dann blieben ihre Kinder weiterhin Blutsverwandte von A, selbst wenn sie mitsamt ihrer vertauschten Mutter in der Sippe B lebten. Die Kinder und die Mutter wurden also Faustpfänder in der Hand der B-Männer. Die Sippe A würde ihre Nachkommen nicht im Stich lassen und immer auf der Seite von B kämpfen.

Das "im Stich lassen" war im Krieg besonders fatal. Darum ist meiner Meinung nach die Lebensform "krie-gerische Wanderung" Auslöser des Frauentausches. Allerdings hat die "Erweiterung der Blutsverwandt-schaft" als Ziel auch ökonomisch eine enorme und noch viel älte-re Bedeutung. Dies wird deutlich, wenn man sich die Existenz-sicherungsgebote vor Augen hält, die in

Abb. 14: Frauenraub in Nicolas Poussins ...

72

Stammesgesellschaften hunderttausend Jahre galten: Jeder musste jeden Stammesangehörigen materiell unterstützen, solange er selbst noch etwas hatte. Deshalb war es lebenswichtig, möglichst viele Stammesgenossen zu haben, an die man sich in der Not wenden konnte. Der Frauentausch ermöglichte eine Ausweitung dieser Existenzsicherungskette durch Verwandtschaft über die Sippe hinaus.

Der Frauentausch könnte also durch die exklusive weibliche Verwandtschaftszählung mit ausgelöst worden sein. Mit dem Frauentausch ist die Frauensippe zerbrochen. Er verlangt von der Frau einen radikalen Verhaltenswandel. Robert Briffault beschreibt diesen Verhaltenswandel so: *"For the woman to separate herself from her home, from the group which her instincts have founded, is as abhorrent and unnatural as it is natural for the man to wander and explore."* [71]

… "Der Raub der Sabinerinnen." [Q14]

Seit undenklichen Zeiten war es der Mann, der die Frau an ihrem Wohnort besuchen musste. Sie empfing ihn dort gleichsam als Herrin im eigenen Reich. Jetzt bekam der Mann die Frau ins eigene Haus geliefert, er hatte sie jederzeit zur Verfügung. Nichts kann die Machtverschiebung zwischen den Geschlechtern deutlicher machen als dieser radikale Wechsel des Territorialen.

Aber nicht nur gegenüber dem Mann veränderte sich ihr Rang. Die getauschte Frau kam in einen Haushalt, der ihr fremd gegenüberstand. Die einheimische Frauengruppe hatte längst ihre eigene Hierarchie gebildet. Die Fremde hatte in ihr keinen Platz. Sie musste sich hochdienen, wobei die Geburt von Kindern wahrscheinlich ein obligates Mittel war. Ihr Überleben hing davon ab, ob es ihr gelang, in dem fremden Frauenklan Sympathie zu erwecken, die Hausgeister und die Ahnen zu versöhnen.

Welche Folgen hatte der Frauentausch? Bleiben wir zunächst bei der einzelnen Frau. In der frühen Übergangszeit und später in der frühfeudalen Zeit Mesopotamiens wird sie vermutlich von der Empfängersippe gut behandelt worden sein – darüber wachte schon ihre Muttersippe. Wir können dies auch bei den frühfeudalen Familien des europäischen Frühmittelalters beobachten. Sobald aber Sippen und Familie kein Machtfaktor im Gemeinwesen mehr waren, sondern der Männerbund-Staat bürokratisch herrschte, könnten die Folgen des Frauentausches, der in die patrilokale Sozialverfassung überging, für die Frau katastrophal werden. In Indien zum Beispiel kann die in den Machtbereich der Mannesfamilie übergegangene Ehefrau noch heute heftig tyrannisiert und manchmal verbrannt werden, wenn ihre Familie keine zusätzliche Mitgift zahlt. Nach dem Tod der ersten Frau kann der Mann erneut heiraten und Mitgift verlangen. Dies sind gewiss Extremfälle, aber sie zeigen die prekäre Lage von Frauen, die in fremden Sippen leben müssen.[72]

Die Auflösung der Frauensippe durch den Frauentausch ist das wichtigste politische Anfangsereignis der patriarchalischen Revolution. Es beinhaltet nämlich gleichzeitig die **Enteignung**. Äcker, Gärten, Haustiere, Gerätschaften und Häuser gehörten vordem der Frauensippe – auf der kriegerischen Wanderung gingen sie verloren.

Im eroberten Territorium waren andere Sippen Eigentümer des Landes. Diese wurden oft nicht zugunsten der Frauen enteignet, sondern die alten Besitzer wurden Hörige der neuen Herren – und das war der Männerbund. Dies ist die erste Enteignung durch Eroberung. Allerdings trat diese erste Enteignung durch die Wanderung nicht immer ein. Zum Beispiel finden wir bei den Achäern, aber auch bei den Dorern Griechenlands, dass das Land auch nach der Einwanderung noch den Frauen gehörte, und bei den Kelten war dies ebenso. Vermutlich hing dies damit zusammen, dass manchmal keine Eingeborenen in den eroberten Gebieten zurückblieben, die jetzt die Feldarbeit für die Herren hätten verrichten können. In diesen Fällen blieben die eigenen Frauen weiterhin für die Feldbestellung zuständig.

Abb. 15: Emil Nolde, "Die Rechnung" [Q15]

75

Die zweite Enteignung ist eine direkte Folge des Frauentausches. Die vereinzelte Frau gerät in die ökonomische Abhängigkeit der Männersippe, an deren Land sie keinen Anteil hatte und dessen Geister ihr – metaphorisch gesprochen – fremd waren. Gegen diese zweite Enteignung wurden von früh an Vorkehrungen getroffen, die wir als Brautpreis, Mitgift, Frauengabe kennen lernen werden. Diese Einrichtung kann einen erheblichen Einfluss auf die Ebenbürtigkeit bewirken, aber nur, wenn Institutionen da sind, die die Aneignung dieser Güter für andere Zwecke verhindern.

Über die spannende Frage, warum sich die Frauen dem Frauentausch nicht von Anfang an widersetzt haben, lässt sich nur spekulieren. Tatsächlich war der Frauentausch und die spätere Ehe lange Zeit auf die Oberschicht beschränkt, das muss immer wieder betont werden. Es ist daran zu erinnern, dass in Deutschland vermögenslose Männer erst seit 1918 heiraten durften.[73] Es mag anfangs als Privileg und Herausforderung gegolten haben, als Botschafterin der eigenen Sippe plötzlich allein an der Seite eines Mannes zu leben. Schließlich gehört der Mann jetzt zur aufregenden Gruppe der "Helden", die wichtiger sind als Frauen. Vielleicht war die Sippe schon vor Einführung der Ehe machtloser geworden. Ganz plausibel klingt das alles nicht. Aber leider wissen wir nicht, wie es wirklich war. Was wir wissen ist, dass Frauen sich der neuen Unterordnung durch zähen anhaltenden Widerstand widersetzt haben müssen, sonst könnte das Patriarchat nicht mehrere Jahrtausende gebraucht haben, um sich durchzusetzen. Dass es lange dauerte, zeigt sich an der Geschichte der klassischen Hochkulturen, denen wir uns jetzt zuwenden.

9.
Göttin und Heros

Die Kultur der Sumerer im Zweistromland zwischen Euphrat und Tigris – die erste Hochkultur der offiziellen Geschichtsschreibung – zeigt uns den Wandel von der frauenbestimmten Gesellschaft zum Patriarchat besonders farbig. Die wichtigsten Hinweise über das Zusammenspiel von Mann und Frau verdanken wir jetzt Inschriften und Urkunden über Götter und Helden.

In Sumer, wie das Land nach seiner Eroberung durch bisher nicht bekannte nomadische Stämme heißt, entsteht nicht ein Staat, sondern viele Stadtstaaten. Zwischen ihnen gibt es von Anfang an Krieg. Krieg führten die Männer sogar schon "vor der Flut", dem gewaltigen Ereignis, das wir aus der Bibel als Sintflut kennen, und das um 3000 v.Chr. stattgefunden haben soll.

Mit diesen Kriegen ist die sumerische Zivilisation eindeutig auf dem Weg in die kriegerische und männerbeherrschte Gesellschaft. Noch gehört das Land der Göttin und damit den Frauen. Nur eine Frau kann den Anspruch auf die Herrschaft über das Land rechtmäßig auf den Mann übertragen. Bei den Fürsten geschieht dies durch eine Zeremonie, die "Heilige Hochzeit" genannt wird und in den Mythen vieler Völker eine Rolle spielt. Mit "Hochzeit" ist nicht die uns heute geläufige Eheschließung gemeint, sondern die feierliche Beischlafzeremonie der Göttin mit dem Fürsten. Die "Heilige Hochzeit" ist ein Schlüsselmythos. Ich stelle deshalb zwei Protagonisten dieses Kultdramas vor, Inanna und Dumuzi.

Der bisher früheste Fund im Sumererland ist ein aus Stein geschnitzter Kopf Inannas, der Großen Göttin aus der Uruk-Periode um 3150 v.Chr. Ein Alabastergefäß aus der gleichen Periode zeigt als Relief in besonders schöner Weise das damalige Weltbild: unten das Wasser, darüber Schafe, und getrennt davon neun nackte schreitende Männer, die Brot und Fleisch zum Opfer herantragen. Ganz oben steht Inanna und nimmt von einem nackten Priester Opfergaben entgegen.[74]

Dumuzi ist der Sohn und Geliebte der Großen Göttin Inanna. Sein Kult datiert von etwa 3500 v.Chr. und reicht bis ins Mittelalter. Auf akkadisch heißt er Tammuz, so wie Inanna dort Ischtar heißt. Das so genannte "göttliche Kind" – das Marija Gimbutas[75] in der Spätphase Alteuropas ausgemacht hat – könnte ein geistiger Vorfahre jenes

Abb. 16: Inanna, die Göttin von Uruk.[Q16]
Marmorkopf, Anfang 3. Jahrtausend. Nationalmuseum Bagdad.

Göttertypus sein, der als Vegetationsgott und Heros der Göttin in weiten Gebieten Eurasiens verbreitet war. In seiner frühen Form ist Dumuzi ein sterbender und wiederauferstehender Gott der Fruchtbarkeit. Dumuzi ist ein Hirte, er wurde von Inanna als Gefährte erwählt und dem Ackerbauer Enkidu vorgezogen.

Es ist erstaunlich, dass alle Götter – von Inanna bis zu dem so viel späteren und ganz und gar patriarchalischen Jehova – den Hirten den Ackerbauern vorziehen. Jehova zieht den Hirten Abel vor, Inanna den Hirten Dumuzi. Ich vermute, das hängt mit der Bewertung der Feldarbeit als Sklaven- oder Frauenarbeit zusammen.

Im Frühling feierten Göttin und Heros ihr ekstatisches Fest der Vereinigung, die Fruchtbarkeit für das ganze Land bewirkte. Dumuzi muss sterben und wird von Göttern und Menschen beweint und beklagt. Inanna sucht ihn schließlich selbst in der Unterwelt, aber sie erstarrt im Angesicht ihrer Schwester Ereshigal, der Königin des Todes. Unterdessen verdorrt oben die Erde. Alarmiert senden die anderen Götter Lebenswasser hinab, und erst dies ruft Inanna aus ihrer Erstarrung zurück: Die Natur blüht wieder auf.[76] Diese sumerische Version des Heros-Mythos zeigt deutlich, dass die Große Göttin keine Macht und keine Kraft mehr hat. Sie, die für die Wiederbelebung der Toten zuständig war, wird selbst ein Opfer der Totenstarre.

Nicht nur bei den Sumerern und Kelten,[77] auch bei vielen anderen Völkern ist die Vereinigung der Göttin mit einem Jüngling Gegenstand eines weit verbreiteten Kultes. Wir erinnern an Isis und Osiris, Kybele und Attis, Shakti und Shiva, Artemis und Altaion, Hera und Herakles. Die unsterbliche kosmische Kraft, die Göttin, vermählt sich mit dem Mann, der das Menschengeschlecht darstellt. Der Heros wird anschließend feierlich geopfert und stirbt. Durch seinen Samen im Schoß der Göttin wird er im Frühjahr wiedergeboren. Hier klingt noch der alte Glaube an das Weiterleben nach dem Tode an, der in der sumerischen Version schon zweifelhaft ist.

Mit fortschreitendem Patriarchat wird die "Heilige Hochzeit" (Hieros Gamos) routinierter und politischer. Der König in seiner Rolle als Dumuzi vollzieht den Beischlaf mit der Oberpriesterin als Stellvertreterin der Göttin. Durch diese Zeremonie wird er in seiner Führerrolle für das ganze Volk – nicht nur für die Krieger – bestätigt. James Frazer hat in seinem berühmten Buch "Der Goldene Zweig" [78] von Königen berichtet, die noch in historischer Zeit die Heros-Tradition fortsetzen. Der alte König muss sterben, allerdings stirbt manchmal auch sein Sohn an seiner Stelle oder ein anderer Stellvertreter. In einer anderen Variante dieser Geschichten tötet ein Held den alten König und heiratet die Königin. Der zu Grunde liegende Gedanke ist: Die Priesterin oder Königin **ist selbst** das Land

Abb. 17: "Inanna, im Stufenkleid, mit Flügeln und Hörnerkrone, hilft ihrem Heros aus dem Berg-Grab. Neben der Göttin der Lebensbaum. Der Heros trägt auf den Schultern Sonnenstrahlen, in der Hand den Himmelsschlüssel." [Q17]

und das Volk, mit dem der neue König sich vermählen muss. Später wird er durch diese Vereinigung selbst vergöttlicht und damit zum Sakralkönig. Der Heiligung des Königs entspricht übrigens bald eine Feudalisierung der Götter: Sie werden zu großen und kleinen Königen im Götterhimmel, der die Rangreihe der weltlichen Fürsten widerspiegelt.

Bei Frazer wird deutlich, dass die "Heilige Hochzeit" kultisch den Übergang zum Patriarchat darstellt. Es ist ein Übergang, der von einer großartigen, fast möchte ich sagen "romantischen" Inszenierung begleitet wird. In der "Heiligen Hochzeit" wird zum ersten Mal aus dem Beischlaf von Mann und Frau ein feierlicher, ja heiliger Akt: Die Göttin muss das Land der Frauen an ihren Geliebten, manchmal ihren Sohngeliebten, übergeben; sie handelt als Stellvertreterin des ganzen Volkes – aller Frauen und Männer. Sie überträgt diese Macht durch einen Geschlechtsakt und **bricht damit das Tabu** der alten Ordnung, das Tabu der Trennung von Sex und Macht.

Wir haben hier zum ersten Mal eine **Machtübergabe durch einen sexuellen Akt** vor uns. Diese Machtübergabe ist auch für Männer keineswegs problemlos. Ihr Repräsentant, der Heros, muss leiden und sterben. Am Ende aber ist er der Herr. Als Kulthandlung signalisiert die Göttin-Heros-Struktur den Übergang zum Patriarchat. Als Mythos und Sage lässt sich das Hieros-Gamos-Motiv aber bis weit in die hellenistische Zeit verfolgen. Selbst in mittelalterlichen Ritterromanen und noch später in den Märchen finden sich entsprechende Motive, so zum Beispiel bei Morgane, Ginevra und Lancelot oder bei Tristan und Isolde. Göttner-Abendroth nennt dies die "*matriarchale Opposition*", die wie ein starker unterirdischer Strom die offiziellen patriarchalischen Legenden begleitet.[79]

Wir haben in Sumer jetzt eine hierarchisch gegliederte Adelsgesellschaft vor uns. Ein prinzipieller Wandel in der Konstitution der Gesellschaft hat eingesetzt, der die Veränderung der Geschlechterbeziehung verursacht. Der Führer des Männerbundes führt nicht nur in die Schlacht, er befiehlt auch im Frieden – erst nur den Männern, später auch den Frauen.

Das auffallendste Zeichen der Vermännlichung der ganzen Gesellschaft ist der Zerfall des Glaubens an die eine Göttin, den ich schon im Zusammenhang mit dem Verlust der Unsterblichkeit erwähnt habe. Erst sehr viel später wurde der Götterhimmel durch die großen Weltreligionen wieder vereinheitlicht, und es entstanden neue Vorstellungen über ein Weiterleben nach dem Tode. In Sumer allerdings werden die Götter zunächst außerordentlich zahlreich. In den etwa vierhundertfünfzig Jahren seit Beginn der sumerischen Kultur war ein Pantheon von eintausendsechshundert Göttern entstanden! Dies ist ein deutliches Beispiel dafür, wie die Vermännlichung der Götterwelt die Androzentrik im Sozialen begleitet. Sie verändert das kulturelle Klima. Es ist nicht schwer, sich vorzustellen, wie es zu den vielen Göttern kam: Jeder Häuptling wollte einen eigenen Gott, der ihn verkörperte und den er verkörpern konnte. Selbstredend bekam auch die Göttin in jeder Stadt einen anderen Namen und ein anderes Wesen. Jeder Gott stand jetzt für ein Glaubenssystem, das der Abgrenzung zum Nachbarstaat diente. Die Götter sind von nun an ethnisch exklusiv!

Von Ehe hören wir zum ersten Mal in den Erlassen des Kriegsherrn und Usurpators Urukagina (um 2460 v.Chr.) in der Stadt Lagasch. Er nennt sich selbst einen Sozialreformer, der die alten Sitten wieder herstellen will. In seinen Erlassen heißt es: *"In der früheren Zeit heiratete jede Frau zwei Männer, aber jetzt sind Frauen veranlasst worden, dieses Verbrechen zu unterlassen."* Urukagina senkte dafür die Scheidungssteuern. Ein weiterer Passus besagt, dass *"wenn eine Frau respektlos zu einem Mann spricht, der Mund dieser Frau mit einem glühenden Ziegel zerstört wird."* [80]

Diese Edikte hatten vielleicht noch nicht Gesetzeskraft im heutigen Sinne, aber sie deuten bereits eine Richtung an, die sich später verstärken sollte: Die Frau soll den Mann wie eine höhergestellte Person behandeln. Er soll sie nicht nur sexuell beherrschen, sondern ihr auch durch die Ehe "den Mund verbieten", und zwar nicht nur sich selbst, sondern allen Männern gegenüber. Der Mann wird für die Gemeinde zum Wächter seiner Frau.

Ein weiteres Indiz für den Wandel ist die so genannte "Göttinnenschelte". Wenn eine Stadt von der anderen besiegt und gebrandschatzt wird, ist in den Augen der Besiegten nicht der Sieger schuld, sondern die Göttin des Siegers.[81] Solche Schuldzuweisungen sind in der Geschichte häufig. In christlicher Zeit sind Eva oder die Hexen an allem schuld.

Was hatte die Frau davon, dass sie Ehefrau geworden war? Welche Karriere oder soziale Position stand ihr **als Ehefrau** offen? Dies lässt sich an einigen Beispielen zeigen:

Sargon I, König von Akkad (2414 – 2356 v.Chr.), ein bedeutender Herrscher, machte seine Tochter Enheduanna – die erste bekannte Dichterin der Weltgeschichte – zur Hohenpriesterin des Tempels in Ur. Daraus wurde eine Tradition, die sumerische und akkadische Könige fünfhundert Jahre lang bis 1800 v.Chr. beibehielten.[82] Der Tempel, der zu jener Zeit eine enorme Wirtschaftsmacht darstellte, wurde zum Lehen des jeweiligen Königs an die Königin. In dieser frühfeudalen Periode Mesopotamiens ist die Ehefrau üblicherweise noch die Stellvertreterin des Mannes. Auch bei den anderen adeligen Frauen könnte man die Stellvertreterposition als "Karriere" ansehen. Stellvertreter sind zwar minderwertiger als die Selbstständigen in der Sippenordnung, aber immerhin kann man sich vorstellen, dass einige Frauen dies als Herausforderung ansahen. Die "Musik" des gesellschaftlichen Lebens spielte jetzt bei den Männern!

Die Stellvertreterposition ging allerdings verloren – und dies in kleinen Schritten. Je komplexer der Staatsapparat später wurde, je mehr "Professionelle" die Familienherrschaft verdrängten, umso mehr wurde die Rolle der Ehefrau eingeschränkt. Bis heute ist in westlichen Demokratien die Stellvertreterrolle der Ehefrau verpönt – von Hillary Clinton bis zu Ingrid Biedenkopf.

Seit der Zeit der Muttergöttin Inanna um 3300 v.Chr. hat sich Folgendes verändert:

1. Die erste große Veränderung betrifft die **Gesellschaftsstruktur**. Sie wandelte sich von einer nur lose hierarchisch gegliederten Stammesgesellschaft in eine Feudalgesellschaft, mit Kriegern als Elite. Feudale sind hier noch nicht immer Edelgeborene, sondern erfolgreiche Kriegsmänner. Die insgesamt viel größere Kriegslust im Vergleich zum zeitlich parallelen Alten Reich in Ägypten ist auffällig: Zwischen der kriegerischen und der frauenentwertenden Haltung besteht eine Korrelation.

2. Im Krieg erlebten Männer erstens nicht nur eine große Selbstbestätigung – sie waren durch die Veränderung der politischen Lage jetzt auch, zweitens, von der ökonomischen Versorgung durch Frauen unabhängig. Das wirtschaftliche Monopol der Frauengruppe für die Landwirtschaft war geschwunden. Männer brauchten Frauen nicht mehr, sie konnten "selbst ihr Brot backen", wie wir Gilgamesch im nächsten Kapitel sagen hören werden. Männer der Oberschicht hatten jetzt Diener und Bauern als Untergebene, die ihnen ein zivilisiertes Leben bereiteten.

3. Neben den sozialen und ökonomischen Faktoren erfolgte, drittens, ein hoch bedeutsamer Wandel im Weltbild, ohne den die patriarchalische Revolution nicht zu verstehen ist: Die Große Mutter verlor zwischen 3300 – 2400 v.Chr. in Mesopotamien endgültig ihre Glaubwürdigkeit als Garant der Wiedergeburt und des Ewigen Lebens. Wir wissen nicht, wie dies geschah. Wir beobachten nur, dass die Unsterblichkeit seit der sumerischen Zeit zu einem Vorrecht der Götter wird, von der die Menschen und selbst die Helden ausgeschlossen sind. Diese völlig veränderte Haltung zum Jenseits zeigen zwei frühe sumerische Mythen von der Erschaffung der Menschen und das Gilgamesch-Epos.

10.
Suche nach Unsterblichkeit: Gilgamesch

Der erste sumerische Mythos schildert die Götter als mächtige, aber unzivilisierte Wesen, die weder Brot zu essen noch sich zu kleiden verstanden hätten. *"Sie fraßen Kraut mit ihrem Munde wie Schafe, Wasser schlürften sie aus den Tümpeln."*[83] Schließlich riefen sie Menschen ins Dasein, um sich bekleiden und mit guten Dingen versorgen zu lassen. Menschen nämlich verstanden es, Brot zu machen und Kleider herzustellen.

Nirgendwo in der Weltgeschichte ist der Einfall siegreicher aber unzivilisierter Eroberer in eine Ackerbaukultur listenreicher beschrieben worden! Es sind ganz offensichtlich die neuen Herren Sumers, die erst durch die Dienste der hier vorher ansässigen Ackerbauern ein standesgemäßes Leben führen können. Die Rezitation des Weltschöpfungsmythos war ein fester Bestandteil des Neujahrsrituals und erinnerte die Herrschenden an ihre klägliche Existenz **vor der Eroberung**. Vielleicht sollte die Rezitation die Herren mahnen, freundlich mit den Dienern umzugehen. Sie erinnert aber auch die Menschen daran, dass sie **ausschließlich als Diener der Götter von diesen geschaffen wurden**. Vom Kind der Großen Mutter zum Dienstpersonal für Götter – dies ist für den Menschen ein deutlicher Abstieg im kosmischen Rang.

Der zweite Mythos zur Menschenerschaffung aus späterer Zeit erzählt, wie die Götter dem Sohn der Göttermutter Nammu, Enki, ihr Leid klagen: Sie müssten sich ganz allein versorgen und ihn deshalb bitten, er solle ihnen doch eine Dienerschaft machen. Enki weist seine Mutter daraufhin an, sie solle aus dem Urschlamm des Weltozeans Menschen formen, Leben wolle er, Enki, ihnen durch seinen Odem geben. **Die Erschaffung des Menschen aus Lehm, der**

durch einen Hauch belebt wird, ist die archetypische Verdichtung der Vermännlichung des Schöpfungsvorgangs. In einigen Schriften leisten die Götter für die Menschenschöpfung eine göttliche Blutspende. Das Blut wird entweder mit Lehm vermischt, oder es tritt an die Stelle des Lehms. Diese Blutopfer erinnern an eine Imitation des Geburtsvorganges.[84]

Die späteren sumerischen Mythen zur Menschenerschaffung beschreiben die Götter sehr viel ehrfürchtiger als der zuerst genannte ungeschmückte Bericht. Durch den sumerischen Himmel geistern inzwischen dreitausendsechshundert Götter[85] und eine ziemliche Unruhe. Wirkliche Macht haben weder An noch Enlil oder Enki, noch gar Inanna. Die Götter sind außerdem ganz und gar unberechenbar. In die Klagelieder über die Untaten eines feindlichen Gottes stimmen die Götter selbst mit ein.[86] Sie sind machtlos, ebenso wie ihre Spiegelbilder auf Erden, die Könige, die ihren Untertanen nicht helfen können, wenn sie besiegt werden. Dass auch Könige sterblich sind, wird das Volk bald gemerkt haben, aber was hielt es von den ohnmächtig klagenden Göttern, die so offensichtlich bloße Spiegelbilder ihrer irdischen Herrschaft waren?

Der Glaube, dass der Tod nicht endgültig ist, hatte die Menschheit seit der Eiszeit begleitet. Der Ahnenkult, von dem die matrizentrischen Minoer Kretas – immerhin noch weit über eintausend Jahre später als die Sumerer – so durchdrungen waren, dass Sir Arthur Evans den Palast von Knossos einen Totentempel nannte, war ein konstitutives Element des religiösen und sozialen Lebens. Dieser Glaube an die Wiederkehr erlischt in Sumer etwa ab 3000 v.Chr. – nicht auf einen Schlag, aber allmählich. Er erlischt nicht nur bei den Sumerern, sondern auch anderswo, allerdings viel später und nirgendwo so nachhaltig wie in Griechenland und bei den Hebräern. In Ägypten erlischt er lange nicht.

Die Trauer und Sehnsucht nach Unsterblichkeit koinzidiert mit der patriarchalischen Revolution. Die Suche nach Unsterblichkeit

Abb. 18: "Gilgamesch, einen Löwen bändigend."
Relief einer Thronsaalfassade aus dem Palast
Sargons II. in Dur-Scharinkin.[Q18]

wird ein Leitmotiv der sumerischen Dichtung und später der Antike. Die einzige Hoffnung, die dem Manne bleibt, heißt Ruhm erringen. **Ruhm erhält eine heilsgeschichtliche Bedeutung.** Das Gilgamesch-Lied[87], von dem ich jetzt einige Aspekte vorstellen möchte, ist das früheste Epos der Weltliteratur. Für das soziale Zusammenspiel von Männern und Frauen zeigt diese Dichtung exemplarisch die Entmachtung der Frau in Gestalt der Göttin, die Gründe, die eine solche Entmachtung rechtfertigen, und die Folgen, die diese Entmachtung hatte: Der Tod ist endgültig. Das Epos zeigt auch, dass Ruhm die einzige Möglichkeit wird, um dem Vergessen, wenn schon nicht dem Tode, zu entgehen. Ruhm aber gewinnt der Mann im Krieg.

Gilgamesch nimmt einen Mann aus der Steppe zum Freund, der

nicht Vater und Mutter hat, Enkidu, der Gras mit den Gazellen verzehrt[88] und mit dem Wild an der Tränke trinkt. Er lehrt ihn, Brot zu essen und seinen haarigen Leib zu ölen.

Dies klingt, als gehöre Enkidu zu den göttlichen Eroberern, "die Kraut mit ihrem Munde fraßen". Gemeinsam ziehen die Freunde aus, den Wächter des Zedernberges zu töten. Der Zedernberg ist der Weihesitz der Großen Göttin Irminis (Inanna) und wird "das Land der Lebenden" genannt. Dies ist der erste Hinweis darauf, dass es sich beim Gilgamesch-Lied auch um den Sturz der alten Muttergöttin handelt. Als Ziel der Fahrt gibt Gilgamesch an, er wolle sich durch den Kampf "einen Namen machen", also Ruhm erwerben.

Der Wächter des Zedernwaldes wird erschlagen, die Zedern werden gespalten. Enkidu wird aus dem Holz eine Tür für sein Haus in Nippur machen, obwohl (oder weil?) der Gott Enlil geboten hatte, *"zu bewahren die Zeder als Schrecknis bestimmt für die Leute"*.[89] Der strahlende Sieger Gilgamesch wird von Ischtar, die in dieser Zeit nur noch die Funktion einer Liebesgöttin hatte, zur Vereinigung eingeladen. Gilgamesch schmäht jedoch die Ischtar, weil sie nicht einem einzigen Mann gehört, sondern viele Liebhaber hatte. Sie sei außerdem mit ihren Geliebten in der Vergangenheit sehr unsanft umgegangen. Dumuzi sei gestorben, dem bunten Vogel habe sie die Flügel gebrochen, den Löwen in die Grube gestoßen, das Pferd zum Reiten gezähmt, den Hirten in einen Wolf und den Gärtner, der nicht mit ihr schlafen wollte, "in einen Verkümmerten verwandelt". *"Liebst du mich"*, fährt Gilgamesch fort, *"so machst du mich jenen gleich."*[90] Gilgamesch enthüllt in seiner Schmährede gegen Ischtar deutlich den Grund für sein tiefes Ressentiment gegen die Frau der matrizentrischen Zeit, die in Ischtar noch lebendig ist: **Sie wählt und wechselt ihre Partner frei, wie es in der Sippenordnung Brauch war.** Jetzt, in der Zeit der Männerherrschaft, wird dieses Verhalten zu einer schmachvollen Provokation des männlichen Egos, die durch die Ehe beseitigt werden muss.

Dass Ischtar als Hure bezeichnet wird (*"An der Straße, da sei dein Sitz, ... mit einem Mantel magst du bekleidet sein, dann wird dich nehmen, wer immer Lust hat"* [91]) genügt aber nicht. Es werden ihr noch eine Fülle anderer Frevel vorgeworfen. Gilgameschs Argumentation ist ein Musterbeispiel für die Rechtfertigung der Entmachtung und Unterordnung der Frau.

Es ist notwendig, der Göttin – egal unter welchem Namen sie auftritt – immer von neuem Schuld zuzuweisen, damit ihre Absetzung durch andere Götter nicht als Frevel gewertet werden kann. Es ist nicht ganz eindeutig, ob Ischtar an der großen Flut schuld ist. Immer wieder aber wird später das Weibliche mit dem Wasser assoziiert, besonders mit seiner dunklen, wilden, überschwemmenden Kraft. Wir finden diesen Gedanken gleichfalls im assyrischen Schöpfungslied, in dem der Gott Assur die Urmutter und Wasserschlange Thiamat tötet.

Ausschlaggebend könnte meines Erachtens eine noch ganz andere "Schuld" sein, die der Göttin in jedweder Gestalt zugewiesen wurde: Ihr Unvermögen, Wiedergeburt und ewiges Leben zu gewährleisten. Die Große Göttin hatte das "Mandat des Himmels" verloren, weil ihren Vertreterinnen, den Frauen auf Erden, niemand mehr die Macht zutraute, ein Leben nach dem Tode zu garantieren. Soziale Veränderungen und Gottesbild wirken ja immer und überall wechselseitig aufeinander ein.

Gilgamesch will sich unter keinen Umständen mit seiner Sterblichkeit abfinden. Dass Ruhm zu einem gewissen Ersatz für Unsterblichkeit in der feudalen patrizentrischen Welt wird, zeigen folgende Verszeilen:

"Wer, mein Freund, könnte zum Himmel aufsteigen?
Ich will Hand anlegen, die Zeder abhaun,
Einen Namen, der dauert – mir will ich ihn setzen!" [92]

Wie wenig der ganze Ruhm dem Helden nützt, zeigt sich, als sein Freund Enkidu von den Göttern zum Tode verurteilt wird, weil er die Zedern entweihte. Gilgamesch beweint den Leib des toten Freundes sechs Tage und sieben Nächte:

"Ich gab nicht zu, dass man ihn begrübe ...,
bis dass der Wurm sein Gesicht befiel." [93]

Das Festhalten am Leibe ist in Sumer ungewöhnlich, in Ägypten wäre es normal. Hier zeigt es an, dass der Held außer sich ist. Sein größter Schrecken ist nämlich, dass er seinen eigenen Tod angezeigt sieht.

"Werd ich nicht auch wie er mich betten,
Und nicht aufstehen in der Dauer der Ewigkeit?" [94]

Gilgamesch macht sich auf und sucht das Tor zur Unterwelt. Am Meeresufer trifft er auf das Haus der Schenkin Sidwi. Er klagt ihr sein Leid und zählt ihr alle seine Heldentaten auf, als ob er sagen wolle: "Schau, macht mich so viel Ruhm nicht unsterblich? Hab' ich nicht ein Anrecht auf Ewiges Leben?" Sidwi aber spricht die berühmten Worte:

"Gilgamesch, wohin läufst du?
Das Leben, das du suchst, wirst du sicher nicht finden!
Als die Götter die Menschheit erschufen,
Teilten den Tod sie der Menschheit zu,
Nahmen das Leben für sich in die Hand." [95]

Gilgamesch gibt dennoch keine Ruhe und gelangt schließlich zu Utnapischtim, dem Hüter der Unterwelt. (Diese Figur heißt übrigens später bei den Juden Noah und bei den Griechen Deukalion.) Auch ihm erzählt Gilgamesch seine Ruhmestaten. Aber Utnapischtim lässt sich von diesem Ruhm nicht beeindrucken. Er kann die Frage nach der Unsterblichkeit nicht beantworten und sagt:

"Ein Antlitz, das die Sonne sehen könnte,
Gibt es seit jeher nicht." [96]

"Gilgamesch kehrte zurück nach Uruk, der Stadt mit den hohen Mauern. Hoch erhebt sich der Tempel des heiligen Berges. Gilga-

mesch legte sich nieder zum Schlafen, und ihn packte der Tod in der schimmernden Halle seines Palastes." [97]

Die einzigartige Dichtung des Gilgamesch-Epos kann hier nicht gewürdigt werden. Ich habe lediglich einige Aspekte, die für unseren Zusammenhang "Wandel zum Patriarchat" von Bedeutung sind, herausgegriffen. Es wird deutlich, dass mit dem Absetzen oder Entwerten der Großen Göttin auch die Hoffnung auf eine persönliche Wiederkehr nach dem Tode unterging; nicht nur in Mesopotamien, sondern später auch bei den Hebräern und Griechen, die für die Toten lediglich Schattenreiche kennen. Die Jenseitshoffnung taucht erst mit den Erlösungsreligionen wieder auf.

Wann die sumerische Gilgamesch-Sage entstand, ist nicht bekannt. Von 2100 v.Chr. datieren die ersten schriftlichen Funde. Akkadische und altbabylonische Schriften bilden den Übergang zu dem Werk eines Dichters aus dem 12. Jh. v.Chr., das wir heute als Gilgamesch-Epos bezeichnen. Die größten Teile der noch erhaltenen Abschriften stammen aus einer viel jüngeren Zeit, in Gestalt von Tontafeln, die der Assyrerkönig Assurbanipal (669 – 627 v.Chr.) in Ninive aufgestellt hatte. [98]

11.
Hammurabi – die Ehe in Babylon

Dreitausendsechshundert Götter und Göttinnen be-
völkern inzwischen den babylonischen Olymp und zeigen die
differenzierende Kraft der neuen "belief-systems". Durch die
Abgrenzung und Ausgrenzung von Stadt zu Stadt **schafft sich der
Männerbund immer neue Feinde.** In den Mythen benehmen
sich die zahlreichen Götter wie Mitglieder einer frühfeudalen
Sippe: Sie sind parteiisch und unberechenbar, streiten untereinander, haben Günstlinge und lassen sich durch Opfergaben beste-
chen. Dies wird im Zweistromland sichtbar und erst recht später in
Griechenland.

Hammurabi von Babylon (1793 – 1750 v.Chr.), Erbe eines kleinen
Staates, eint die Städte Babyloniens, wie das Zweistromland von
nun an genannt wird. Er tut dies mit List, Verhandlungsgeschick und
Gewalt. 1959 v.Chr. macht er die Stadt Mari, in der der Palast des
Königs Zimrilin für seine Größe berühmt war, dem Erdboden gleich
und leitet damit die kulturelle Zerstörung des Euphrat-Tales ein.[99]
Andere Eroberungen werden mit Umsicht vorbereitet. So ließ Ham-
murabi schon vor seinen Eroberungszügen in vielen anderen
Städten Tempel für Marduk, den Stadtgott Babylons, errichten und
finanzierte dort Festzüge zu Ehren dieses Gottes.

Hammurabi von Babylon ist in unseren Geschichtsbüchern zu un-
sterblichem Ruhm gekommen, weil er Mesopotamien ohne allzu
viel Blutvergießen eroberte und vereinte, weil er den ersten Ver-
waltungsapparat der Weltgeschichte und eine gut geschulte Armee
schuf; am allermeisten aber, weil er den Archäologen steinerne Ge-
setzestafeln hinterließ, in denen auch die Ehe geregelt war. In den
eroberten Städten ließ der König nämlich überall Obelisken auf den

Marktplätzen aufstellen, in die der Kodex Hammurabi eingemeißelt war. Einer davon wurde im Jahre 1902 gefunden.

Seine Kriege führte auch Hammurabi nur nach der Erntezeit. Die jungen Leute empfanden die Feldzüge als spannende Abwechslung. Dass sie Waffen trugen, war ein sichtbares Zeichen ihrer Würde und wies sie als Angehörige der Landbesitzer aus. Nur Landbesitzer waren *"offiziell zur Führung des Namen ‚Mensch' berechtigt"*.[100] Ich erwähne dies hier, weil der Gedanke, nur Soldaten sind Menschen, bis ins wilhelminische Deutschland verbreitet war.[101] Hier wird die Männerbund-Idee auf den Punkt gebracht. Solange nur Soldaten Menschen sind, sind Frauen keine Menschen.

Ehe ist nach dem Kodex Hammurabi ein Rechtsinstitut, das eine Frau einem Manne exklusiv zuordnet und die Ungleichheit des weiblichen Status besiegelt. Erst dieses Rechtsinstitut, die Ehe, machte aus der freien Partnerwahl ein Delikt, und aus der Jungfräulichkeit ein Gebot. Und erst diese Kriminalisierung des außerehelichen Umgangs gab dem Mann die rechtliche Verfügung über die eigenen Kinder. Die Aneignung der Kinder hatte im vorfeudalen Leben nie eine Rolle gespielt. Jetzt wurde sie wichtig, weil Kinder und Erben eine strategisch-politische Bedeutung für die Männer der herrschenden Schicht bekamen.

Die Ehe ist eine Einrichtung, die zur Auflösung der Frauensippe, zur Aneignung der Kinder und zur Unterordnung der Frau geschaffen wurde. Nach dem ursprünglichen Ideal war diese Unterordnung möglicherweise eher mit der eines Vasallen vergleichbar. Deshalb ist es kein Widerspruch, dass wir auch zu Hammurabis Zeiten und später von der selbstständigen Geschäftigkeit von Frauen des Adelsstandes hören. Ihre eigenständige ökonomische Betätigung auf Rechnung des Mannes blieb weit länger erhalten, als es die Einschränkung der sexuellen Rechte erwarten lässt.[102] Das babylonische Erbrecht, das Töchter über die Mitgift, an der sie lebenslangen Nießbrauch behielten, am Wohlstand des Vaters teilhaben ließ, begünstigte ihre ökonomische Tätigkeit. Sie diente jedoch eigentlich zur Mehrung des Mannesvermögens, denn die Frau wurde nie Eigentümerin ihrer Mitgift. Der Transfer erfolgte von Mann zu Mann, das heißt vom Vater zum Bräutigam und später zu den Söhnen des Ehepaares. Den Brautpreis, den der Bräutigam zu entrichten hatte, erhielt der Brautvater, der ihn in ärmeren Schichten verwendete, um wiederum seinem Sohn eine Braut zu kaufen.

Die **Ungleichwertigkeit**, die durch das Institut der Ehe entstand, spiegelt sich in den Scheidungsbestimmungen des Kodex Hammurabi. Schon die Anschuldigung, Ehebruch begangen zu haben, konnte eine Frau das Leben kosten. Wollte sie den Mann verlassen, so konnte er dies leicht verhindern. Der Ehemann dagegen brauchte nur einen Scheidebrief auszustellen und die Mitgift herauszugeben, um frei zu werden. Der Ehebruch des Mannes blieb ohne Folgen,

Abb. 19: "Gesetzesstele des Hammurabi, König von Babylon."[019]

94

allerdings sagt der Kodex Hammurabi, dass die Ehefrau ihn, wenn er es zu schlimm treibt, verlassen darf.[103] Diese fundamentale rechtliche Ungleichheit setzte sich später im Mosaischen Recht fort und beeinflusste damit die Sitten der gesamten späteren christlichen Ökumene.

Dass die Ehe als Institution geschaffen wurde, um die Unterordnung der Frau zu erreichen, ist nirgendwo so deutlich abzulesen wie an diesen Scheidungsgesetzen. Sie unterstellen nämlich, **dass die Frau nicht freiwillig in die Ehe geht** und deshalb durch besondere Gesetze daran gehindert werden muss, die Ehe zu verlassen. Dieses Scheidungsverbot des Kodex Hammurabi, dessen Grundgedanken wir bereits siebenhundert Jahre früher bei Urukagina angedeutet finden, zeigt, dass drakonische Gesetze die Ehe schon in ihrer Frühzeit mit einem besonderen Schutz gegen selbstständige Tendenzen der Frauen zu verteidigen suchten.

Immerhin befassen sich von den 282 Gesetzen des Kodex Hammurabi 73 Gesetze mit Ehe und Sexualverhalten. Bei den bisher aufgefundenen 112 mittelassyrischen Gesetzen aus dem 15. – 11. Jh. v.Chr. gelten 59 diesen beiden Themen.[104] Dies zeigt, mit welchem Eifer die Könige auf die Einführung der strikten patriarchalischen Ehe drangen. Einige Assyriologen vermuten, dass Hammurabis Kodex eher die Wunschvorstellung des Königs als die Praxis des babylonischen Alltags schildert, in dem man durchaus noch älteren Sitten folgte. Aber gerade wenn der Kodex eher eine allgemeine Wertvorstellung als einen praktisch angewendeten Gesetzeskatalog darstellt, gibt dies einen Hinweis auf meine Vermutung, dass es weniger der einzelne Mann, sondern eher die Anführer des Männerbundes waren, die an der Durchsetzung der Ehe interessiert waren.

Der Mann als Mann und Mensch war mit Sicherheit auf die Ehe nicht sonderlich scharf, weil sie seine Freiheit einschränkte und ihn vor Ort festhielt. Der Mann als Krieger und Gefolgsmann gehorchte dem Befehl von oben, vielleicht der Karriere zuliebe. Ehe war ein

politisches Instrument der Führer, um den Krieger auch in Friedens-
zeiten in eine hierarchische Struktur einzubetten, in der er selber der
Herr sein konnte, aber auch für die Gefolgschaftstreue seiner Frau
bürgte: Ein weiterer Pferdefuß aus der Sicht des einzelnen Mannes.
So wie früher die Frauensippe das Zentrum des Gemeinwesens war,
ist dies jetzt das männliche Kollektiv. Freie Frauen sind für den
inneren Zusammenhalt dieses männlichen Kollektivs eine starke
Bedrohung, weil sie die Autorität der alten Sippenverfassung vertreten. Die politische Rivalität von Frauensippe und Männerbund
entsteht durch grundverschiedene soziale Konzeptionen: Führung
durch das Brauchtum und Beratung versus Führung durch abstrakte
Kommandos, Sippe versus Staat, Blutsverwandtschaft versus Gefolgschaft. Mit dem Institut Ehe ist daher nicht nur ein Wandel in
den Geschlechterbeziehungen eingetreten, sondern auch ein Wandel
im Stil und Selbstverständnis der Gesellschaft, wenn auch zunächst
nur in einem begrenzten geographischen Raum. Dies war den Beteiligten durchaus bewusst. Die Rivalität zwischen weiblicher, an
der Blutsverwandtschaft orientierter Loyalität und männlichen
Glaubenssystemen ("belief-systems") wurde noch von Sophokles
(496 – 406 v.Chr.) in seine „Antigone" thematisiert. König Kreon
verbietet Antigone, den Leichnam ihres Bruders zu bergen, weil
dieser als Rebell und Landesverräter gestorben sei. Sippenrecht und
Staatsraison schließen sich aus.
Die Unterordnung der Frau unter einen Mann – so lautet meine
These – war eher ein **Staatsziel** als ein individuelles Ziel. Dies erklärt auch, warum die Stellung der Frau in den kleinen Feudalstaaten
der des Mannes weit ebenbürtiger war als in späteren Gemeinwesen
mit komplexem Staatsapparat. Solange der Staat noch auf dem
Bündnis von Sippen oder Familien beruht, ist die Frau ein konstituti-
ves Element der Machtbalance, sie wird gleichsam **Mitglied des
Männerbundes**. Dies ist dem Inhaber der Zentralgewalt – sei er ein
Häuptling, ein König oder ein Priester – ein Dorn im Auge. Feudale

Familien lassen sich schlechter regieren als vereinzelte Untertanen, selbst wenn sie wohlhabend sind. Frauen der Aristokratie sind aus der Sicht der zentralen Herrscher unberechenbarere Vasallen als Männer, da ihre Treue und Loyalität anderen Gesetzen folgt als dem jeweiligen "männlichen" Staatsziel. Um sie sicher aus allen Stellvertreterpositionen zu entfernen, wird der Herrscher bestrebt sein, ihre Rechtsstellung immer weiter zu reduzieren.

Wir finden eine parallele Entwicklung später in Ostrom, bei den Merowingern und Franken, Sachsen und Saliern. Um "Familieneinflüsse" auszuschalten, verschärfte die jeweilige Zentralgewalt die Ehegebote und reduzierte die Selbstständigkeit von Ehefrauen, wie sie zum Beispiel der Kaiserin Theodora von Byzanz (497 – 548 n.Chr.) oder der Kaiserin Adelheid (931 – 999 n.Chr.) als Witwe des Sachsenkaisers Otto I. noch zugestanden wurden.

Die Ehe ist kein singuläres Ereignis zwischen Mann und Frau, sondern Bestandteil der Hierarchiebildung in den ersten vom Krieg geprägten Gesellschaften. Die feudalen Muster, die sich aus der Kriegerhierarchie entwickelten, hatten die Funktion, Ordnung zwischen Ungleichen zu stiften, in erster Linie zwischen Siegern und Besiegten. Der Sieger war der Herr, der Besiegte Knecht oder Sklave. Auch der Sieger hatte einen Anführer über sich, der ihn bezahlte, dem er Gefolgschaft leisten musste, und dem er treu sein sollte. Er erwartete die gleiche Treue von seinem Knecht, den er dafür beschützte und ernährte. In dieser Kette von Dienst und Lohn gerieten Frauen auf die Seite der Knechte.

Bis zum heutigen Tage ist die **Ungleichwertigkeit** von Belang, die durch Hierarchie und Feudalismus entstand. Die Sippenordnung kam ohne wesenhafte Ungleichheit aus. Männer haben die Ungleichwertigkeit erfunden, sie strategisch angewendet und später zum kosmischen Gesetz erklärt. Wir sprechen hier von einer Ungleichheit, die nichts mit Leistung, Begabung oder Reichtum zu tun hat, sondern mit den Interessen der Führer, denen es gelang, dieser

Ungleichheit eine schicksalhafte, "karmische" Bedeutung zu verleihen: Götter – Männer, Frauen – Sklaven, Schwarze – Weiße.

Das Gemeinwesen, der Stamm und die Ahnen, hatten immer schon sakrale Bedeutung. Die neue Metaphysik des Staates geht weit über diese Funktion hinaus. Die Stadt oder der Staat bekam eine spirituelle Qualität, der Krieger starb mit dem Wort "Uruk", "Mari", "Karthago" oder "Rom" auf den Lippen. Die Spiritualisierung des Gemeinwesens ist uns heute keineswegs fremd. In Europa war sie mit dem Begriff "Nation" oder "Vaterland" verknüpft. Das Recht des Stärkeren hat dadurch eine Weihe bekommen, und dies ist bis heute so geblieben.

Eine der wichtigsten Folgen der Ehe ist, dass Ehefrauen nicht nur sozial abhängig werden, sondern dass gleichzeitig bei allen Frauen die Sexualität latent kriminell wird. Der Verdacht, sexuell "untreu" und damit "unrein" zu sein, wird zum mächtigsten "Beweis" dafür, dass die Frau von Natur aus minderwertig ist.

Mit Leibfeindlichkeit und Prüderie bezahlten nicht nur Frauen, sondern auf Dauer die ganze Gesellschaft einschließlich der Männer mit ihrer notorischen Angst vor dem weiblichen Sex. Unvermeidlich war diese Phobie nicht, nicht einmal zur Errichtung der männlichen Dominanz. Dies zeigt sich an der anderen großen Hochkultur neben Babylon, Ägypten. Ägypten ging einen anderen Weg, auf dem Frauen nicht zu minderwertigen Wesen degenerierten. Wie war es in Ägypten?

III. Frühfeudale Ehe

12.
Frauenfreundliches Ägypten

War die Entmündigung der Frau "geschichtsnotwendig", das heißt ein Preis, den alle Völker für die Entwicklung zur Hochkultur zahlen mussten? In Babylon scheint es so. Nach Darwin und seinen Schülern ist die Vorherrschaft des Mannes eine notwendige Voraussetzung der Evolution der Menschheit. Uns muss allerdings die kritische Frage erlaubt sein: Welchen Teil der Menschheit hat man bei dieser Evolution im Auge? Ägypten, die zweite große Hochkultur neben Babylon, hat das **Gleichgewicht zwischen den Geschlechtern** in entscheidenden Punkten bewahrt. Man kann in Ägypten von einer anderen Lösung sprechen. Diese Lösung hat die Qualität seiner Kultur nicht beeinträchtigt, wie dies nach dem Diktum der Evolutionsbiologen der Fall sein müsste.

Ägypten ist im Unterschied zu den sumerischen und babylonischen Staaten nicht aus einer kriegerischen Eroberung hervorgegangen, sondern aus einem allmählichen Zusammenschluss der Einwohner, die dort seit der Steinzeit als Wildbeuter und Ackerbauern lebten. Es gab kriegerische Verwicklungen, aber keine Unterwerfung eines Volkes durch ein anderes. Unter- und Oberägypten blieben oftmals im Verlauf der Geschichte getrennt. Die Trockenlegung der Nilsümpfe und der Bau der Bewässerungsanlagen waren die großen Gemeinschaftsaufgaben, die die Entstehung eines Gesamtstaates förderten. Die frühe ägyptische Gesellschaft (das Alte Reich Ägyptens umfasst die Zeit von 2900 – 2150 v.Chr.) ist nicht von einer Kriegerkaste geschaffen worden, sondern von Bauern, Handwerkern, kleinen Gaufürsten und Priestern. Natürlich gab es Hierarchien und Rangunterschiede, aber keinen **Wesensunterschied** zwischen Kasten oder zwischen siegreichen und besiegten Stäm-

Abb. 20: Ehefrau als Jenseitshelferin
"Grab des Sennefer (etwa 1420 v.Chr.), Sargkammer. "[Q20]

men. Frauen mussten also nicht vor dem Umgang mit dem Fremden "beschützt" oder eingesperrt werden. Das Jenseits ist nicht nur dem Adel oder den Männern vorbehalten, und die Menschen wurden auch nicht als Diener der Götter geschaffen wie in Babylon.

Im Verlauf der ägyptischen Geschichte – besonders seit dem Neuen Reich (1580 – 1075 v.Chr.) – wird allerdings die kriegerische Betätigung stärker. Kämpferische Pharaonen kommen auf den Thron, ein Weltreich von Syrien bis zum Lande Kusch wird errichtet und muss immer wieder verteidigt werden. Wenn zum Angriff und zur Verteidigung oft nubische Söldner und sogar Feldherren aus den Einwandererschichten herangezogen wurden, so deutet das nicht gerade auf eine große Kampfeslust bei der staatstragenden Elite. Ägyptens große Übermacht in der alten Welt beruhte eher auf seinem Reichtum und seiner überlegenen Zivilisation als auf seiner Kriegslust.[105]

Eine für griechische und römische Historiker erstaunliche Besonderheit der ägyptischen Kultur ist die Ehe oder vielmehr die Abwesenheit der gesetzlich geregelten Ehe. Nirgendwo gibt es Hinweise auf eine offizielle Ehezeremonie. Erst ab dem 9. Jh. v.Chr., also einer für die Ägyptische Geschichte sehr späten Zeit, finden wir schriftliche Eheverträge.[106] Erstaunt fragten sich die Wissenschaftler, wie es denn Frauen und Kinder so ganz ohne die schützende Hand einer formellen Ehe ausgehalten haben können.[107] Tatsächlich lebten Frauen und Kinder in Ägypten im Schutz des matrizentrischen Sippenrechtes besser und sicherer als sonst irgendwo. Eine kodifizierte Ehe hätte, wie sich in Babylonien zeigt, ihre rechtliche und faktische Lage verschlechtert.

Ägyptische Ehe hat eine prinzipiell andere Qualität als die babylonische, nämlich eine gewisse Ausgewogenheit in der Machtverteilung, besonders im Ökonomischen. Bevor wir uns diesen Einzelheiten der Machtverteilung zuwenden, muss klargestellt werden, dass Ägypten ein männerbestimmtes Land war. Auf vielen Wandbildern sitzt die Frau hinter dem Mann, manchmal ist sie kleiner dargestellt als er. Dies deutet auf eine Art von Gefolgschaft hin, wie wir sie für die Ehe beschrieben haben. Erstaunlich im Vergleich zur babylonischen Welt und auch zum späteren Athen ist aber, dass Frauen überhaupt so häufig neben den Männern dargestellt sind – als Sterbliche, als große Königsgemahlinnen oder als Göttinnen.

Die relative Ebenbürtigkeit hat ein altes Fundament: Das Land ist Eigentum der Frauensippe. Diese neolithische Tradition wurde nie abrupt – etwa durch Invasion – beendet. Sie galt für Bauern und Pharaonen gleichermaßen. Nicht durch den Sohn, sondern durch die Königstochter wurde das Land – Ober- und Unterägypten – an den nachfolgenden König vererbt. Aus diesem Grund heirateten in den Pharaonenfamilien die Thronanwärter oft ihre Schwestern. Im Volk und im Adel ist Geschwisterehe nicht üblich.

Die Männer übernahmen die Macht im Staat vermutlich schon mit Beginn des Alten Reiches.[108] Sehr viele Traditionen aus der Sippenzeit bestehen aber weiter. So verblieben Besitz und Titelrechte bei der Mutter und wurden durch sie vererbt. Der Mann wurde Statthalter und Amtsinhaber dieser Rechte. Auf den Grabstelen erschien immer der Name der Mutter. Der Name des Vaters kann – zumindest in der Frühzeit – fehlen.[109]

Noch andere Regeln des sozialen Lebens zeigen das Gleichgewicht zwischen Weiblich und Männlich:

Jedes Mädchen war frei in der Wahl seines Partners. **Jungfräulichkeit war keine Voraussetzung für die Ehe.** Mädchen aus vornehmen Familien konnten einfache Bürger heiraten. Ihre Kinder behielten den Rang der Mutter[110] – das ist ein fundamentaler Unterschied zum patriarchalischen Recht, in dem das Mädchen aller Familienrechte verlustig ging, wenn sie "unter ihrem Stand" oder einen Fremdländer heiratete.

Die Sitte des Frauentausches bleibt in Ägypten unbekannt. Die ägyptische Ehe hat nicht das Ziel, zwischen zwei Familien ein Schutz-

und Trutzbündnis zu stiften, bei dem die nur mit dem Mutterklan blutsverwandten Kinder Eigentum des Vaterklans werden und dort zu Garanten der Bündnistreue des Mutterklans heranwachsen.

Eine Ausnahme bildet der Pharao, dessen Ehebündnisse politischen Zwecken dienen. Er heiratet die Töchter wichtiger Gaufürsten oder ausländischer Bündnispartner. Ägyptische Prinzessinnen wurden nie ins Ausland vertauscht. Der Pharao hat als Einziger einen Harem, ansonsten sind mehrere Frauen in Ägypten die Ausnahme.

Die Ehe ist matrilokal, der Mann zieht in das Haus seiner Frau. Er ist dort wie "ein Gast" – wie man noch in den Zeiten der 19. Dynastie (1330 – 1195 v.Chr.) lesen kann,[111] also fünfhundert Jahre später, als Hammurabi seinen Kodex in Stein meißeln ließ. Kinder gehören der Frau. Uneheliche Kinder gibt es nicht! Kinder konnten sogar gegen die Eltern – zum Beispiel auf Herausgabe des mütterlichen Erbes – klagen, wie eine Prozessakte zeigt. Die Klage war erfolgreich!

Für die Stellung der Frau war die Rechtsprechung von großer Bedeutung, das lässt sich an den zahlreichen Prozessakten ablesen, die erhalten sind. Es ist erstaunlich, dass Ägypter vor viertausend Jahren ihre Zuversicht **weniger auf die Gunst von Feudalherren** oder das Kriegsglück **als auf die korrekt bezeugten Urkunden** ihrer Gerichtsbeamten gründeten. Aus diesen Urkunden konnten sie Rechte ableiten. Bewegt klagt ein Gelehrter um 2150 v.Chr., als Revolutionen das Alte Reich beendeten, *"die Akten des Hohen Gerichtes sind weggeschleppt, die Geheimarchive sind bloßgelegt."* [112] Es zeigt sich eine für diese Zeit ungewöhnlich "abstrakt" geordnete Gesellschaft, denn auch der gewöhnliche Bürger testiert bei Gericht seine Anliegen. In Babylon und später in Europa herrschte dagegen das Standesrecht. Der Rechtsungleichheit der Stände entspricht dort die Rechtsunfähigkeit der Frau, die des Vormunds bedarf. **In Ägypten blieb die Frau rechtsfähig.**

Die Ökonomie ist fast überall ein besonders untrügliches Zeichen des Machtgleichgewichts oder Ungleichgewichts. In Ägypten erbten die Töchter in der Zeit des Alten Reiches das Land allein, später erbten sie alle Güter gleichberechtigt mit ihren Brüdern. Ihr Erbe blieb ihr persönliches Eigentum, das sie in der Regel selbst verwalteten. In Babylon war, wie wir sahen, das Erbteil eine Mitgift und galt als Geschenk des Vaters an den Ehemann, an dem die Frau lediglich den Nießbrauch hatte. Die Ägypterin verfügt frei über ihr Eigentum und vererbt es in gesonderter Urkunde. Mütter bringen oft aus eigenem Vermögen die Frauengabe für ihre Söhne auf, die diese ihrerseits der Braut (nicht deren Vater) geben mussten.

Es spricht einiges dafür, dass es schon im Alten Reich Eheverträge gegeben hat. Aufgefunden wurden Eheverträge erst aus der Zeit ab 900 v.Chr. Alle Schichten und Berufe sind dabei vertreten: Schiffer und Hirten, Bauern und Handwerker, Hohepriester, Beamte, Händler und Fürsten. In mehreren Fällen ist die Ehefrau **allein** die beurkundende Person, was einer Deutschen erst seit 1918, also zweitausendachthundert Jahre später, wieder zusteht. In den Verträgen werden die Güter, die jeder Partner dem anderen gibt, genau aufgezeichnet, und jeder Partner verpflichtet sich bei einer Scheidung zu bestimmten Handlungen, je nachdem, von wem der Wunsch nach Scheidung ausgeht.

"Wenn du es bist, die geht, indem du mich als Ehemann entlässt, so wirst du geben mir Silberkite 2 ... aus diesen Silberkite 5, die ich dir gegeben habe als deine Frauengabe ...", heißt es in einem Vertrag aus dem Jahre 363 v.Chr.[113] Wenn die Frau den Mann entlässt, muss sie ihm meistens die halbe (manchmal die ganze) Frauengabe zurückgeben. Während der Ehe kann sie damit selbstständig Geschäfte machen. Der Mann muss einen zusätzlichen Preis zahlen, wenn er die Frau verlässt, die die Frauengabe in diesem Fall ganz behält.

Die Frauengabe erinnert materiell an den Brautpreis in Babylon, aber sie steht rechtlich in einem anderen Kontext. Brautpreis und Kaufehe gibt es in Ägypten nicht, **weil Väter kein Verfügungsrecht über**

ihre Töchter haben. Die Vorstellung, dass Kinder nur mit der Mutter wirklich verwandt sind, hat sich lange gehalten. Aus Theben, wo die Eheleute öfter getrennt wohnen bleiben, ist ein Ehevertrag gefunden worden, in dem der Mann seine eigenen Güter seiner Frau schenkt und sie dafür verpflichtet, ihn bis ans Lebensende zu versorgen und sein Begräbnis zu bezahlen. Dadurch sollten die gemeinsamen Kinder sein ganzes Erbe erhalten, nicht die Kinder seiner Schwester.[114] Hier ist der Bezug zur Sippe noch deutlich.

Sensationell klingt ein weiterer Ehevertrag aus der Ptolemäerzeit (332 – 30 v.Chr.): ”... *vor jedermann anerkenne ich dich als meine Frau, aber ich habe nicht die Macht, zu dir zu sagen: du bist meine Frau. Ich, der Mann, bin es, der dein Ehemann ist. Von dem Tag an, da ich dein Ehemann werde, kann ich mich nicht gegen dich wenden – wohin du auch immer gehst. Ich gebe dir ... (folgt Liste der Güter). Ich habe von heute an kein Recht, mich in irgendeines deiner Geschäfte einzumischen.*“ [115]

Abb. 21: ”Ma'at“, das schlichte Mädchen mit der Feder, Sinnbild des rechten Handelns.[Q21]

Dass der Mann in diesem Falle sagt, er habe kein Recht, die Partnerin als ”meine Frau“ anzureden, zeigt die weibliche Position wie durch ein Brennglas. Die ägyptische Ehe war kein Instrument des Männerbundes, um Frauen unschädlich zu machen. Ein wichtiger Grund hierfür könnte das Prinzip der ”Ma'at“ gewesen sein.

Ma'at wird oft in Gestalt einer knienden jungen Frau dargestellt, die eine Feder im Haar trägt. Die Idee der Ma'at ist so alt wie Ägypten selbst, *"von Beginn der Schöpfung an."* [116] Sie stellt in etwa das - aktive Prinzip des rechten Handelns des Menschen dem Mitmenschen gegenüber dar. Solange Ma'at galt, konnte auch ein Mensch von niedrigem Rang gegen einen Höhergestellten klagen und sein Recht erkämpfen.

Die Bedeutung von Ma'at hängt mit dem Jenseitsglauben zusammen. Im Totengericht wird jeder Verstorbene geprüft, bevor er ins Jenseits reisen darf. Auf einer großen Waage liegt in der einen Schale Ma'at in Gestalt einer Feder, in der anderen das Herz des Verstorbenen. Der Wägevorgang wird "Aufrechnung des Charakters" genannt. Das Fortleben nach dem Tode spielte für die Ägypter eine zentrale Rolle, wie wir wissen. Von daher lässt sich die Bedeutung von Ma'at für das tägliche Leben erschließen: "Ma'at getan haben" hieß Zugang zum Jenseits zu haben.

Abb. 22: "Totengericht. Aufrechnung des Charakters." – Beim Totengericht wird das Herz des Verstorbenen gegen seine "Ma'at" gewogen.[Q22]

Ma'at steht nicht nur für die Gerechtigkeit eines Systems oder die abstrakte Pflicht, die Tradition zu erhalten, sondern auch für die konkrete Tat einem anderen gegenüber. Die Zwecke des Verstandes und des Willens sind nach ägyptischem Verständnis im Herzen angesiedelt – Machtgier ebenso wie Fanatismen der selbst erdachten Rechtsgläubigkeit. Verstand und Wille werden gegen das rechte Tun im konkreten Fall aufgewogen. Nur wenn auf der Waagschale die Feder der Ma'at schwerer ist als sein Herz, darf der Tote ins Jenseits eingehen. *"Sein Ka wird mit ihm und seine Opfergaben werden vor ihm sein, und seine Rede wird als wahr erwiesen sein."* [117]

Im Laufe der Zeit suchten die Leute nach weniger mühsamen Wegen, um ins Jenseits zu kommen. Priester entwickelten Riten und Zeremonien, mit deren Hilfe Höflinge, Beamte und Handwerker mögliche Mängel in der rechten Lebensführung ausbessern konnten. Ins Jenseits gelangte deshalb auch in Ägypten nicht jeder Gerechte. Bauern und Bürger mussten schon die beschrifteten Särge und die ausgiebigen Totenfeiern finanzieren können. Andererseits waren dadurch auch Leute von einfachem Stand nicht vom Jenseits ausgeschlossen, sobald sie Geld gespart hatten.

Die Gesellschaft war eher durch Ämter und Reichtümer als durch Geburtskasten oder Geburtshierarchien geteilt. Aus keinem anderen Reich oder Kulturzentrum dieser Zeit sind uns so viele Namen von einfachen Leuten überliefert, seien sie von Fischern, Bauern oder Handwerkern, von Richtern, Schreibern, Gelehrten, Ärzten und vor allem Künstlern, wie aus Ägypten. Außerdem verdanken wir Ägypten den Bericht des ersten Streiks der Weltgeschichte aus dem Jahre 1170 v.Chr. durch die Arbeiter der Totenstadt von Theben. Die Bauleute wollten allerdings nicht **mehr** Lohn, sondern überhaupt die rückständigen Deputate von der Stadtverwaltung, und erzwangen dies durch den disziplinierten, aber dennoch skandalösen Einmarsch in den Totentempel Ramses II. [118]

Und Sex?

In den Liebesliedern ist es das Mädchen, das den Mann verführt. Der Umgang mit der Leiblichkeit ist in Ägypten weniger von Tabus umstellt als anderswo, bemerken die Gelehrten. Kein Wunder, dass die Hebräer, die sich nach den "Fleischtöpfen Ägyptens" sehnten, zugleich vor der Sinnenlust dieses Landes warnten. Die andere Haltung zur Erotik – neben Zärtlichkeit auch Humor – fällt dem Betrachter ägyptischer Malereien sofort ins Auge; erst recht, wenn er zusätzlich die Liebesgedichte liest.

Frauen behielten Rang und Eigenleben, allein schon deshalb, **weil ihre Sexualität nicht als kriminell galt und von den Männern nicht als Provokation aufgefasst wurde.** Die phallokratische Erotik und die Abwertung des weiblichen Körpers als "Hure" oder als sexlose Matrone sind immer ein Produkt der Kriegerkultur, ihrer Interessen und Bedürfnisse. Der Mann darf zum Beispiel nie zu lange und zu oft in die verführerische Frauengesellschaft eintauchen, sonst verliert er seine Kampfkraft. Er verweichlicht, er wird eine Memme. Er wird dem Männerbund untreu, wobei "Männerbund" heute ein Fußballverein oder ein Arbeitskollektiv sein kann. Früher war es die Ritterrunde oder die Räuberbande.

Die Angst vor der weiblichen Sexualität – jene Angst, die Frau könne dem Mann Kraft und Potenz rauben – nahm in Ägypten nie die gleiche Dimension an wie in Babylon, Griechenland und Israel. Dies könnte damit zusammenhängen, dass Sexualität auch eine Rolle im Jenseitsglauben spielte. Die Fortpflanzungskraft musste für Mann und Frau auch im Grab gesichert werden. Es gibt Bilder aus dem Neuen Reich (1580 – 1075 v.Chr.), die die Wiederherstellung des Toten und seines Ichs genau beschreiben. Hierbei vollzieht die Ehefrau die notwendigen Riten, von denen viele der Wiederherstellung der Sexualkraft dienen. Die Frau empfängt vom toten Mann schließlich die "göttliche Flüssigkeit", aus der sie ihn für das Jenseits neu gebiert.[119] Die Frau ist als Jenseitshelferin unerlässlich; siehe Abb. 20, Seite 102

Mythen zu Geburt und Tod

Die Sumerer hatten die Hoffnung auf Unsterblichkeit aufgegeben, wie das Gilgamesch-Lied zeigt. Mit dieser Haltung infizierten sie ihre späteren westlichen Nachbarn bis zu den Griechen und Römern. In Ägypten dagegen blühte der Toten- und Gräberkult bis in die Ptolemäerzeit kurz vor der Zeitwende. Der tote Osiris gibt seinen Samen an seine Schwestergemahlin Isis, und diese gebiert den Sohn Horus, in dem Osiris weiterlebt. Leibliche Nachkommen waren für das Weiterleben nach dem Tode aber auch ganz praktisch, "überlebenswichtig", denn sie mussten ja die Ausführung der hoch komplizierten Totenrituale veranlassen und überwachen. Das Geld dafür war übrigens oft bereits beim Tempel als Stiftung hinterlegt.

In Mesopotamien dagegen findet eine Verlagerung des Geburtsvorganges vom Mutterschoß auf den Phallus statt, der durch eine Blutspende besiegelt wird.[120] Bei den Griechen wird die einzige Funktion der Frau die einer Leihmutter, in deren Schoß der Mann ein aus seinem Blut stammendes Menschenei legte. Dieser Mythos, der später von Aristoteles einen wissenschaftlichen Anstrich erhielt, soll – sagen heutige Psychologen – dem Neid des Mannes auf die Gebärfähigkeit der Frau entspringen. In jedem Fall stellt dieser Geburtsmythos klar, dass der Mann allein kreiert, und dass die Sexualität der Frau weder für das Leben noch für das Weiterleben nach dem Tode gebraucht wird. Damit werden Frauen nicht nur als minderwertig, sondern auch als nutzlos definiert.

In Ägypten hat die Sexualität eine ganz andere "heilsgeschichtliche" Bedeutung: nämlich als Weg zur Jenseitsreise und Wiedergeburt. Der früheste Schöpfungsmythos, der der memphistischen Theologie[121] aus den Anfängen des Alten Reiches entstammt, erzählt, dass Ptah, der Gott von Memphis, "Zunge und Herz" aller Götter wird und damit die Schöpfung ins Leben ruft. "Herz" bedeutet: Geist – Wille, "Zunge" bedeutet: Sprache – Wort. Dass die Götter die Welt mit Geist und Wort, das heißt in vernünftiger Absicht schufen, unterscheidet sie stark von den göttlichen Lehmknetern Mesopotamiens, die sich Diener machen wollten.

Die andere Lösung

Die beiden zeitgleichen Hochkulturen Babylon und Ägypten zeigen grundsätzliche Unterschiede in der Weltsicht und in der sozialen Ordnung, von denen wir einige hier beschrieben haben. Für unser Thema „Musste die Ehe die Frauen entmündigen?" ergibt sich hier eine sehr aufschlussreiche andere Lösung. Der Männerbund in Ägypten hatte es nicht nötig, Frauen zu entwerten. Dies kann man bis heute "sehen". Es gibt kaum ein Bild in den Grabkammern, wo nicht neben oder hinter dem Mann eine Frau zu sehen ist. Wir wissen alle, wie eine Ägypterin aussah oder aussehen sollte. Wie eine Babylonierin aussah, wissen wir kaum.

Die Treuepflicht des Mannes galt auch in Ägypten dem Pharao, dem Gott und dem Staat, aber daneben genauso der Sitte, Ma'at, der etwas von der weiblichen Seite der Ordnung anhaftet. Dadurch hat die Loyalität zwei Pole, das heißt, die Männerbund-Ideale besetzen nicht die ganze Gesellschaftsordnung, auch nicht für Männer. **Nicht Ruhm verschaffte Unsterblichkeit**, wie Gilgamesch so sehnlichst hoffte, und nach ihm die Griechen Homers, **sondern Ma'at.**

Bei den anderen Völkern im Mittelmeerraum stießen die ägyptischen Sitten auf Unglauben und Schrecken. Schon um 500 v.Chr. schreibt Herodot: *"Fast alle Sitten und Gebräuche der Ägypter sind der Lebensweise der anderen Menschen entgegengesetzt. Bei ihnen sitzen die Weiber zu Markt und handeln, die Männer aber bleiben zu Hause und weben."* [122] Dass Herodot seine Landsleute mit solchen

Beschreibungen erschreckte, erklärt sich mit seinem ehrlichen Entsetzen. Daheim in Athen durften Frauen inzwischen nicht einmal mehr auf die Straße, geschweige denn auf den Markt, zu Banketten oder in den Tempel.

Eine Entmündigung der Frauen war in Ägypten zur Entwicklung einer Hochkultur ganz offensichtlich nicht notwendig. Hier gelang die kulturelle "Höherentwicklung" mit einer relativ ausgeglichenen Rechtsstellung. Heute streben wir die Ebenbürtigkeit der Geschlechter an. Auf diesem Weg ist die früheste und glänzendste Hochkultur, das Alte Ägypten, ein Meilenstein.

13.
Frauenfeindliches Griechenland

Ägypten, die frühe Hochkultur im fernen Afrika, hatte trotz Ehe ein gewisses Gleichgewicht zwischen den Geschlechtern bewahrt. Anders in Griechenland, der Wiege der europäischen Kultur. Von Gleichgewicht kann hier keine Rede sein – eher von Angst. Griechenland war das Land der größten Frauenentwertung. *"Es bleibt immer noch ein Rätsel, wie ein Volk von solcher Begabung, das durch sein Geistesleben die ganze Welt beeinflusste, in seiner Behandlung des weiblichen Geschlechts auf der Höhe seiner Zivilisation dem Wesen nach barbarisch bleiben konnte"*, schrieb H. L. Morgan bereits im Jahre 1891.[123] Dabei begann die griechische Geschichte für Frauen durchaus verheißungsvoll mit der minoischen Kultur auf Kreta, die dem Vorgriechischen zugerechnet wird.

In Kreta entstand das erste politische Zentrum der vorgriechischen Frühzeit. Der Aufstieg der minoischen Kultur begann etwa 2100 v.Chr., als das Alte Reich in Ägypten zu Ende ging. Während der Zeit des Mittleren Reiches und des Neuen Reiches waren die Beziehungen zwischen Ägypten und Kreta vielfältig und eng. Minoische Facharbeiter wirkten bei der Errichtung der Pyramiden mit, der Austausch von Gesandtschaften ist in den ägyptischen Annalen belegt.

Die minoische Schrift hat eine deutlich erkennbare Verwandtschaft mit der Sakralschrift Alteuropas, woraus sich mit einiger Wahrscheinlichkeit auf Verbindungen dieser Kulturkreise schließen lässt. Kreta steht religiös unter der Herrschaft der Großen Göttin mit dem dreifachen Mond und der Doppelaxt.

Die Doppelaxt ist eine Waffe, mit der die Göttin ihren Sohngeliebten jedes Jahr nach dem Beischlaf tötet, damit er im Frühjahr wiedergeboren werden kann. Zuvor soll sie ihn vor seinem Vater gerettet haben, der den Sohn fressen wollte, aber diese Variante ist vielleicht eine spätere Verknüpfung mit dem Göttervater Kronos. (Kulte mit Rhea oder Hera als Große Göttin und Zeus als Sohn, Isis und ihr Sohn Horus, Astarte und Adonis waren im ganzen Mittelmeerraum verbreitet.) Die Doppelaxt ist das Symbol weiblicher Herrschaft über Leben und Tod.

Kretas soziale Ordnung gilt selbst bei konservativen Historikern als Matriarchat.[125] Kult- und Tempeldienst verrichteten ausschließlich Frauen, Frauen waren für die Staatsgeschäfte verantwortlich. Einen König gab es nicht; Könige wurden erst nach der Machtübernahme durch die Festland-Griechen eingesetzt. Die Männer Kretas waren professionelle Seefahrer. Die minoischen Stadtstaaten verdankten ihren Reichtum vor allem der Seeherrschaft und damit der Kontrolle des Fernhandels im Ägäischen Meer.

Kretas Palastbauten sind die ersten einzeln stehenden Großbauten auf europäischem Boden. Diese Bauwerke verraten einen feudalen, hierarchisch-elitären Lebensstil der Palastbewohner, wie er bei den älteren frauenbestimmten Gesellschaften nicht so ausgeprägt zu finden ist. An den berühmten Stierspringerinnen und Stierspringern bewundern wir noch heute Grazie und athletische Meisterschaft.

Abb. 23: Hera von Knossos als dreifaltige Mondgöttin mit der doppelten Labrys.[124] [Q23]

113

Eine Verherrlichung des kriegerischen Elements fehlt dagegen ebenso wie Verteidigungsanlagen für die Paläste.

Um 1900 v.chr., etwa einhundertfünfzig Jahre vor Hammurabi von Babylon, begann in Griechenland die Einwanderung der so genannten Achäer (deren Herkunft die Phantasie der an Ariern interessierten Historikern beflügelt hat). Sie gelten als erster indoeuropäischer Volksstamm, der das griechische Festland besiedelte. Wie weit dieses Eindringen von kriegerischer Unterwerfung der Ureinwohner, in denen man auch Reste der jungsteinzeitlichen Alteuropäer vermutet, begleitet war, ist nicht bekannt. Die Fachleute nehmen eine sukzessive Besiedlung und Vermischung der Bevölkerung an, aus der später das Volk der Griechen hervorgegangen sei. Ein erstes Zentrum dieser Siedlungen bildet sich um Mykene auf dem Peloponnes.

Der erste Vulkanausbruch des Santorin um 1700 v.Chr. zerstörte wichtige kretische Städte und vor allem die Flotte, auf der die Seeherrschaft der Minoer beruhte. Nach weiteren Erdstößen, zuletzt um 1400 v.Chr., traten zwei Ereignisse ein, die offensichtlich in direktem Zusammenhang stehen: Knossos auf Kreta wird um 1375 v.Chr. geplündert – und die griechische Stadt Mykene auf dem Peloponnes gewinnt Reichtum.

Von der Last der kretischen Seeherrschaft befreit, erfuhren die mykenischen Griechen einen großen ökonomischen Aufschwung. Mykenische Prinzen erobern in kretischen Städten nicht nur Gold, sondern sie heiraten auch die Erbprinzessinnen. Sie regierten dort jedoch zuerst nur als Statthalter, wie dies der alten Sitte entspricht, nach der das Land den Frauen gehört. Allerdings haben die Griechen später viele Minoer getötet.

Die Theseussage beschreibt in der Sprache des Mythos eine ergreifende Rechtfertigungsgeschichte für die Eroberung des minoischen Kretas. Theseus gilt als vom Gotte Poseidon gezeugt und damit als "muttergeboren". Sein irdischer Vater ist Aigeus von Athen.

Ariadne, Mondgöttin und Erbprinzessin des minoischen Knossos, hilft Theseus mit Hilfe des berühmten Fadens, den schrecklichen Minotaurus, Symbol von Kretas Macht, zu besiegen. Als Theseus nach Athen zurückkehrt, flieht Ariadne mit ihm – aus Liebe, sagen die Romantiker –, weil sie den Zorn ihrer Landsleute wegen ihres Verrates fürchten musste, vermute ich. Durch die Flucht verlor Ariadne ihr Erbrecht an Knossos: Theseus jedenfalls schien genau dies zu glauben – ohne Erbanspruch konnte er Ariadne nicht brauchen –, und so ließ er sie schnöde auf der Insel Naxos zurück. Theseus selbst folgt seinem leiblichen Vater Aigeus auf den Thron Athens. Dem Vater auf den Thron zu folgen, ist ein Signal für das Patriarchat.

Abb. 24: "Ödipus vor der Sphinx."
Vasenbild auf einer Pelike (450 – 440 v.Chr.)[Q24]

115

Das traurige Schicksal der Erbprinzessinnen setzt sich fort. Phädra, eine jüngere Schwester der Ariadne, heiratet Theseus und verliebt sich – blutschänderisch, wie es heißt – in dessen Sohn Hippolytos, dessen Mutter eine Amazone war, die Theseus bei seiner Hochzeit mit Phädra tötete. Hippolytos erwidert Phädras Liebe nicht, sie erhängt sich, und auch er stirbt, weil seine scheuenden Pferde ihn zu Tode schleifen.[126] Dass Phädra "blutschänderisch" gehandelt habe, ist ein erstaunlicher Vorwurf. Sie ist mit Hippolytos nicht blutsverwandt. Allerdings hätte die Minoerin die patriarchalische Verwandtenrechnung der Eroberer beachten müssen. Von der matriarchalischen Sozialverfassung der Minoer blieb bei den Athenern wenig erhalten. Möglicherweise brachten sie viele Minoer auch deshalb um, weil sie Angst hatten, die frauenfreundlichen Sitten könnten ansteckend sein!

Mit der so genannten dorischen Einwanderung um 1200 v.Chr. beginnt ein neues Kapitel der griechischen Geschichte. Die Dorer mit ihrem Heerkönigtum besiegten die ganze peloponnesische Halbinsel. In den kommenden Jahrhunderten zeigen sich die Folgen der kriegerischen Eroberung, die wir schon in Mesopotamien kennen gelernt haben. Die Unterwerfung der Ackerbäuerinnen, Handwerker und Händler hat eine neue soziale Ordnung zur Folge: Sie werden Hörige der Einwanderer. Neben den berühmten Heloten Spartas gibt es Hörige in Thessalien, auf Kreta, bei den Lokrern und vielleicht auf der Argolis.[127] Die Geburtshierarchie verfestigt sich, und die Wesensverschiedenheit, die sich später auch auf Frauen auswirkt, nimmt zu. Wer nicht zur männlichen Elite gehört, ist kein Mensch. Das Wort Sklave heißt auf Griechisch: Tier mit Menschenfüßen.

Der Adelsschicht gehört an, wer einen Stammbaum, der bis zu den Göttern oder wenigstens zu den Helden reicht, nachweisen kann. Die Bezeichnung Sohn der Hera, Sohn der Medea, der Almene, der Leda wird durch die Bezeichnung Sohn des Atreus (von Mykene), des Daidalos (von Kreta), des Erechtheus (von Athen) ersetzt. Die

Vornehmen wollten jetzt einen **Vater** haben. Wir werden später zeigen, dass im westeuropäischen Frühmittelalter, das in der Sozialverfassung viele Ähnlichkeiten mit der frühfeudalen Periode in Griechenland aufweist, **ein Held keinen Vater brauchte**, um anerkannt zu werden. Ein besonders berühmtes Beispiel hierfür ist König Artus. Einen Vater haben müssen, ist ein Indikator für die Verfestigung der patriarchalischen Ordnung. Das gleiche gilt für die Übertragung der irdischen Familienverhältnisse auf Götter und Göttinnen, die jetzt ebenfalls Ehemänner und Ehefrauen wurden. Nur wenige entgingen diesem Verdickt, wie zum Beispiel Athene oder Apollon.

Während die Männerbünde in Athen Frauen entmündigten – nur als Seherinnen hatten sie noch ein gewisses Ansehen – hielt ausgerechnet der kriegerischste Stamm der Hellenen an dem alten Sippenrecht fest; und dies bis weit in die klassische Zeit hinein: In Sparta gründeten die Dorer ihren Staat. Ausgerechnet in dieser extrem kriegerischen, straff organisierten und elitären Gesellschaft haben sich Teile der weiblichen Ebenbürtigkeit länger gehalten als im übrigen Griechenland. **Frauen** sind dort in ihren sozialen und **sexuellen Beziehungen frei**, Jungfräulichkeit ist unwichtig. Uneheliche Kinder sind den ehelichen gleichgestellt. Die verheiratete Frau gehört nicht dem Mann, er hat nur das Recht, sie zu besuchen. Die Ehe ist matrilokal, das heißt der Mann zieht in das Haus seiner Frau, soweit er nicht kaserniert leben muss. Eine berühmte Spartanerin, Penelope, folgte ihrem Ehemann Odysseus nach Ithaka. Aus der Sicht der Spartaner verstieß sie damit gegen die Sitte. Sie musste es büßen: Viele Jahre wurde sie von "Freiern" bedrängt, während der Ehemann auf seiner von Homer besungenen "Odyssee" unterwegs war und ihr keinen Schutz gab. Vielleicht hat sie sich manchmal nach dem Schutz der Sippe gesehnt.

Der griechische Schriftsteller Plutarch, der von 45 – 125 n.Chr. lebte, beschrieb die Zustände so: *"Die Frauen von Sparta sind die ein-*

zigen Frauen, die über die Männer herrschen." [128] Sie können selbst erben und weitervererben, fast alles Land befindet sich in ihren Händen. Dies kann nur bedeuten: Bei der dorischen Einwanderung (ab 1100 v.Chr.) wurde das Land der Besiegten nicht dem Männerbund, sondern den Sippen und damit den Frauen gegeben.

Wie kommt diese eigenartige Symbiose eines extrem kriegerischen Volksstammes – der zum Beispiel zu jedem Jahresanfang den eigenen Heloten in aller Form den Krieg erklärt [129] – mit dem matrizentrischen Recht zustande? Ein Grund kann die Aufgabenverteilung gewesen sein. Die Männer blieben das ganze Leben lang Soldaten, und die Könige Heerführer. Mit Hab und Gut dürfen sich Spartaner nicht befassen, das war eines Kriegers unwürdig. Ökonomisches Handeln und wirtschaftliche Verantwortung oblag den Frauen, die dafür weitgehende Selbstständigkeit behielten. [130]

Aber nicht nur in Sparta, auch im übrigen Griechenland sind die Frauen noch lange nicht so bedeutungslos und ohnmächtig wie später. Dies zeigt die Ilias [131] mit den gewaltigen, herzergreifenden Geschichten über den Trojanischen Krieg. Der Krieg war ein Handelskrieg, genauso wie die Eroberung des minoischen Kretas. In Troja ging es um den Zugang zum Schwarzen Meer, den die Trojaner beherrschten und den die Griechen haben wollten. Ein Handelskrieg hätte alle kalt gelassen, die Zeitgenossen aber erst recht uns, die Nachfahren. Erst die Dichter machten aus dem Trojanischen Krieg ein Heldendrama, das uns bis heute bewegt. Liebe ist der Ausgangspunkt des Dramas, Liebe hochpolitisch.

Helena, Königin von Sparta, wird von dem Königssohn Paris nach Troja entführt, keineswegs wider Willen. Diese Entführung ist Anlass des trojanischen Krieges. Helena musste aus politischen, nicht aus emotionalen Gründen zurückerobert werden. Ohne sie, der das Land gehörte, hatte ihr Ehemann Menelaos keinen Anspruch auf die Herrschaft in Sparta. Auch Agamemnon, der Bruder des Menelaos, herrschte im benachbarten Mykene durch die ihm von seiner Frau

Klytämnestra übertragenen Rechte. Dass er deren Tochter Iphigenie auf der Fahrt nach Troja dem Kriegsglück zuliebe opferte, verstieß gegen altes Recht: Kinder, insbesondere **Töchter, gehören dem Vater nicht.** Klytämnestra blieb als Herrscherin in Mykene, während Agamemnon viele Jahre vor Troja Krieg führte. Es war nach altem Recht durchaus legitim, dass sie einen anderen Mann als Liebhaber und Regenten nahm. Klytämnestra war ja nicht Stellvertreterin ihres Mannes, sondern das Land und das Volk gehörten ihrer Sippe. Bei seiner Rückkehr erschlug sie Agamemnon als Rache für den Mord an ihrer Tochter. Soweit folgt die Geschichte der alten Moral. Am Fortgang zeigt sich der Wandel zum neuen Vaterrecht: Orest, der Sohn der Klytämnestra, erschlägt die Mutter, um den Vater zu rächen. Muttermord ist ein so schreckliches Verbrechen, dass Orest zur Strafe bis zum Ende seiner Tage von den Erynnien gejagt werden müsste. Plötzlich aber stehen die neuen Götter des Vaterrechts an seiner Seite – Apollon und Athene – sie verteidigen ihn und sprechen ihn frei. Diesem Urteil schließen sich alle Dichter an, von Aischylos bis Goethe. Für die Geschichtsschreibung ist Klytämnestra eine böse Buhle, Orest ein braver Sohn und ein Held.

Schrittweise wird altes Sippen- und Mutterrecht beseitigt – am nachdrücklichsten in Athen. Eines Tages werden dort Frauen **ausgebürgert.** Wie dies geschah, erzählt eine Sage: vom Wettkampf zwischen Athene und Poseidon um den Besitz der Stadt Athen.[132] Der Kampf wurde durch die Abstimmung der Bürger der Stadt entschieden, zu denen damals Frauen genauso gehörten wie Männer. In der Ratsversammlung stimmten alle Frauen für Athene, die Männer für Poseidon. Athene erhielt eine Stimme mehr! Daraufhin ergrimmte Poseidon und überflutete in seinem Zorn die Stadt. Um ihn zu beschwichtigen, beschlossen die Männer, die Frauen zu bestrafen: Sie sollten von nun an unfrei und nicht mehr Bürgerinnen Athens sein. Die Sage illustriert, wie Männer und Frauen sich in der Ratsversammlung als "Parteien" gegenüberstanden. Die männliche Partei entfernte die weibliche, indem sie Frauen zu Ehefrauen machte, die kein Stimmrecht mehr hatten.

Diese bemerkenswerte Geschichte, ganz offensichtlich nicht nur eine Sage sondern auch eine politische Rechtfertigungsparabel, wurde von Varro aufgezeichnet und später ausgerechnet vom großen Frauenfeind, dem Hl. Augustinus, überliefert.[133] Die Athener, die bei den Dichtern immer auf ein gutes Ansehen bedacht waren, konnten ihre Entscheidung, Frauen auszubürgern, mit der schönen Sage von Poseidon und Athene rechtfertigen. Nicht die Männer selbst, Poseidon war dafür verantwortlich! Allerdings kam ihre eigene Schutzpatronin Athene dabei schlecht weg, weil sie ihre weiblichen Wählerinnen im Stich gelassen hatte.

In Athen waren die Frauen jetzt durch die Ehe entmündigt und aus der Bürgerschaft ausgestoßen. Vor diesem Hintergrund ist die Nachricht interessant, dass die Athener so ungern heirateten, dass Solon von Athen (640 – 560 v.Chr.) die Ehe zur Bürgerpflicht erklärte. Entscheidend für die Ehescheu der Männer könnte gewesen sein, dass Solon die Ehe auch dem gewöhnlichen Bürger (nicht jedem Einwohner, aber dem Mann mit Bürgerrecht) auferlegte, während bisher nur Adlige eine Frau nahmen und sich dadurch dynastische und finanzielle Vorteile einhandelten.

Soweit sie Städter und Handwerker waren, konnten die Athener ihre Ehefrauen nicht einmal zur Feldarbeit einsetzen. In der Stadt durften Frauen sich nicht außerhalb des Hauses bewegen und waren daher ökonomisch nutzloser als je zuvor. Die Heiratsscheu der Männer von Athen hing auch damit zusammen, dass sie nach der Ehe nicht nur für die eigenen Kinder, sondern auch für die Ehefrau finanziell verantwortlich waren, sobald die Mitgift aufgebraucht war. Sie mussten nun arbeiten, statt nach Abenteuern Ausschau zu halten oder auf der Agora vom Ruhm zu reden. Die alte Frauensippe, die sich und die Kinder selbst versorgte, und in der der Mann ein gern gesehener Besucher war, bot ihnen mehr Vorteile, ebenso wie die matrilokale Ehe, die im vorklassischen Griechenland üblich gewesen war.[134] Bei dieser Eheform zog der Mann an den Wohnort der Frau und wurde dort versorgt.

Wann und in welchen Etappen die Ehe für die Stämme, die wir heute Griechen nennen, zur Regel wurde, ist nur sehr ungefähr zu sagen. Die Ureinwohner Griechenlands waren in Sippen mit dominanten Frauen organisiert. Überall taucht im Sagengut der Griechen die Erinnerung an Führerinnen oder Königinnen auf. Im Verlauf der frühfeudalen Zeit, ab 1200 v.Chr., verloren Frauen an Ansehen. Immerhin sind Frauen bei Homer (um 800 v.Chr.) noch keine Heimchen am Herde, sondern sie werden als aktive mächtige Ratgeberinnen, Politikerinnen und Liebhaberinnen geschildert. Während dieser Zeit sind Frauen noch erbberechtigt, aber sie geben das Erbe zur Statthalterschaft an den Mann weiter.

Irgendwann zwischen 1000 – 500 v.Chr. fand die endgültige Ausbürgerung und Entmachtung der Frauen statt. Der mythische König Krekops soll um das Jahr 1000 v.Chr. in Athen das erste Eherecht erlassen haben.[135] Ein anderes, diesmal authentisches historisches Datum sei erwähnt: 776 v.Chr. wurden Frauen als Zuschauer von den Olympischen Spielen ausgeschlossen.[136] – Die Institution der patriarchalischen Ehe, deren Beginn ich hier bei Hammurabi von Babylon (1793 – 1750 v.Chr.) angesiedelt habe, hat damit etwa eintausend Jahre gebraucht, um im heutigen Europa Fuß zu fassen. Allerdings keineswegs überall. In Sparta zum Beispiel hielt sich das alte Recht der Sippenordnung bis etwa 360 v.Chr., als dieser Stadtstaat von den Mazedonen vereinnahmt wurde.

Außerhalb Athens waren auch griechische Frauen noch nicht mundtot, sondern gaben ihrer eigenen Geisteswelt lebendig Ausdruck. Sappho, Dichterin und Philosophin, geboren 600 v.Chr. – einhundert Jahre vor Sokrates – ist für diese Periode ein besonders berühmtes Beispiel. Auf die Frage, was das Schönste sei, antwortet sie: *"Einer sagt, Reiter sind schön, ein anderer findet große Kriegsschiffe oder marschierendes Fußvolk schön. – Ich aber nenne schön, wonach einer sich sehnt.*" [137] Die Wendung "Ich nenne" ist neu in der Philosophie. Bisher ließen Philosophen Götter sprechen.[138]

Es ist aus unserer modernen Sicht ein Rätsel, warum in Athen die Entmündigung der Frau nur wenige hundert Jahre vor der Einführung der Demokratie auftrat (510 v.Chr.). Wir sind es überall sonst auf der Welt gewohnt, Demokratie mit der rechtlichen Besserstellung für Frauen und andere Nicht-Eliten zu assoziieren. Tatsächlich war die attische Demokratie aber eine reine Adelsherrschaft, feudal und elitär. Demos war nicht das Volk, sondern eine Verwaltungseinheit. In Athen hatte die Demokratie keineswegs das Ziel, Klassenschranken zu beseitigen.

Ich habe bisher keinen Grund genannt, warum die Athener als erste in der Ökumene Frauen so gründlich verabscheut und eingeschränkt haben. Hatten sie Angst? Und wenn ja, warum? Meine verwegene Spekulation lässt mich vermuten, dass der Frauenhass der Athener etwas mit ihren großen Feindinnen, den Amazonen, zu tun haben könnte. Tatsächlich wurde Athen der Sage nach nur einmal in seiner Geschichte erobert, und das ausgerechnet von Kriegerinnen.

Kriegerische Frauenstaaten

Die kriegerischen Frauenstaaten in der hellenisch-persischen Welt runden das Bild vom frauenfeindlichen Griechenland ab. Diese Staaten sind ungewöhnlich, nicht nur weil hier Frauen über Männer herrschen, sondern vor allem, weil sie dies mit einem feudalen System tun, das zum Kriegführen geschaffen wurde. Diese Frauenstaaten sollten uns vor dem Irrtum bewahren, Frauen für friedlich oder auch nur unkriegerisch zu halten. Die Geschichtsschreibung rückt diese Staaten gern in den Bereich der Sage. Allerdings gibt es sogar für die Amazonen genügend historische Belege und Funde, die zeigen, dass hier Geschichte widergespiegelt wird.

Rund um das Mittelmeer finden wir um 1500 v.chr., also zu der Zeit, da Eroberung und kriegerische Lebensführung sich von Mesopotamien aus in der ganzen Welt verbreitet hatte, eine Reihe kriegerischer Frauenstaaten, die historisch eindeutig belegt sind. An erster Stelle sind die Lykier, Mysier und Karer zu nennen, die in Ionien, der heutigen West-Türkei, beheimatet waren. Lykien war ursprünglich eine kretische Kolonie, die um 2000 v.chr. gegründet wurde. Um 1500 v.chr. taucht dieser Frauenstaat erstmals als zivilisiertes Stadt- und Handelsvolk in den ägyptischen Annalen der XVIII. Dynastie auf. Noch bis zur Zeit Herodots um 450 v.chr. war Lykien ein Matriarchat im engeren Sinne,[139] das heißt eines der seltenen Staatswesen, in dem Frauen herrschten wie sonst Männer. Alle Merkmale der matriarchalischen Sozialverfassung sind in Lykien versammelt. Töchter erben das Vermögen, Mütter herrschen im Staat. Zusätzlich beherrschen die Frauen die Kriegsführung. In Lykien sind Männer dominanten Frauen untertan.

Wenn man den ägyptischen Annalen folgt, müssen zur Zeit Ramses II. (etwa um 1250 v.Chr.) in Kleinasien und Syrien bis zum Sinai unter der Leitung ihrer Königin viele junge Kriegerinnen unterwegs gewesen sein. Und tatsächlich soll die königliche Familie Lykiens von der Amazone Omphale gegründet worden sein. Dieses Haus geht auf eine Heldin zurück, wie andere Dynastien auf einen Helden. Nicht nur die matriarchalische Sozialverfassung setzt sich in Lykien bis in historische Zeit fort, sondern auch die Amazonentradition in Gestalt einer weiblichen Armee. Hier hatten Frauen gelernt, ihren Anführerinnen Gefolgschaft zu leisten. Befehl und Gehorsam statt matrizentrische Konsensordnung gehörten zum Alltag.

Die karische Königin Artemisia führt einen Teil der Armee des persischen Großkönigs Xerxes (486 – 465 v.Chr.) in Ionien gegen die Griechen. Eine spätere Königin, ebenfalls Artemisia genannt, errichtete das erste Mausoleum der Welt für ihren Bruder Mausolos.

Abb. 25: "Artemis von Ephesos." [Q25]

Lykien ist berühmt für seine Grabdenkmäler, die von Frauen geplant und gebaut worden sind. Gefolgschaft leisten und Treue zum Herrn – diese feudalen Verhaltensmuster galten hier für Frauen.

Die Amazonen sind zu jener Zeit (um 1500 v.Chr.)*140* als kriegerisches Frauenvolk nicht so singulär, wie es uns aus heutiger Sicht erscheint, denn es gab Vorbilder in regulären, sesshaften Frauenstaaten. Die Existenz der Amazonen ist besonders durch die Athener bezeugt, deren Akropolis sie erobert hatten. Die königliche Heerführerin in diesem Feldzug war Oreithyia. Nur mit Hilfe von Theseus konnten die Amazonen vertrieben werden – so die Sage. Dass die Athener die Amazonen als Erzfeinde betrachteten, ist keine Sage. Viele Einzelheiten sind in ihren Annalen festgehalten, und dabei passierte etwas Einmaliges: *"In Attika beginnt gleich nach der Befreiung Athens etwas, was nach Siegen ohne Beispiel ist, die Vergottung der Besiegten. Tempel wurden ihnen erbaut, Opfer gespendet, Priesterdynastien eingesetzt, Feste gestiftet."* *141* – ganz so, als seien die Amazonen Ahnen der Athener.

Der römische Schriftsteller Plinius hielt die Amazonen für einen „kriegerischen Weiberhaufen mit Selbstverwaltung". Tatsächlich aber waren sie – ursprünglich vielleicht Kriegerinnen der Skythen – eine in ständiger Kriegsbereitschaft lebende weibliche Armee, vergleichbar in dieser Gesinnung nur den Spartanern. Von der sarmatischen Tiefebene aus, in Südrussland am Don, haben die Amazonen ein eigenes Reich gegründet, mit dem Kerngebiet am Südostufer des Schwarzen Meeres. Auch am Mittelmeer dehnten sie sich aus und gründeten Städte, Handelsplätze (Smyrna, Sinope) und Tempel. Das berühmteste Kultbild Kleinasiens, die Artemis von Ephesos, ist eine Stiftung der Amazonen, *"mit Schnüren von Rubinen und Schnüren geopferter Amazonenbrüste behängt."* *142* Vor diesem Standbild führten sie ihre Reigen-, Schwert- und Schildtänze auf. Amazonen hinterließen in der ganzen antiken Welt ihre farbige, wilde, poetische Spur. Zum letzten Mal hört man von einer Amazonenkönigin zur Zeit Alexanders des Großen.

Weniger berühmt, dafür bis noch in historischer Zeit bezeugt, sind die libyschen Amazonen. Dieser Teil der kaukasischen Amazonen hatte sich zu den afrikanischen Küsten des Mittelmeeres aufgemacht. Die libyschen Amazonen sind durch die "Gorgonenschlacht" – einem Kampf zwischen zwei Amazonenheeren – in der griechischen Sagenwelt verewigt. Das fürchterliche Haupt der Gorgonenkönigin Medusa – wer es ansah, erstarrte zu Stein – schlug schließlich Perseus, Sohn des Zeus und der sterblichen Danoe, mit Hilfe der Göttin Athene ab. Perseus gilt als Begründer von Mykene. Auch die lybischen Amazonen sind fester Bestandteil der in Sagen überlieferten griechischen Frühgeschichte.

Das weibliche Reitervolk lebte weiter und breitet sich in ganz Nordafrika aus. Wie bei den kaukasischen Amazonen besteht allgemeine Wehrpflicht für alle Mädchen und die Pflicht zur Jungfräulichkeit während des Kriegsdienstes.[143] Dann traten sie in die "Landwehr" und konnten mit Männern verkehren. Im Unterschied zu den Kaukasierinnen, die gar keine Männer im Lager duldeten, lebten unter den libyschen Amazonen einige Männer. Allerdings nahmen sie weder am Staatsdienst noch an den Feldzügen teil. Sie zogen die Säuglinge mit Stutenmilch auf. Die meisten Berichte verdanken wir Dioderus Siculus (1. Jh. n.Chr.), der sich auf alte Geschichten beruft. Herodot, der alles selbst sehen wollte, findet noch zu seinen Lebzeiten im 6. Jh. v.Chr. am Tritonsee, dem Kernland der libyschen Amazonen, ähnliche Zustände wie oben beschrieben, wobei aus den früheren Kriegen jetzt Kriegsspiele geworden waren. Die gynaikokratische Sozialverfassung hat in Nordafrika hier und da (trotz des Druckes der Islamisierung) Spuren hinterlassen. Und zwar sowohl bei den Berbern als auch bei den Tuaregs, bei denen nur Frauen lesen und schreiben lernen und über die materiellen Ressourcen befinden.[144]

Amazonen verstoßen gegen alle Gesetze. Gegen das Mutterrecht wegen ihrer kriegerischen Ruhmsucht, und gegen das Männerrecht, weil sie sämtliche irrationalen Ängste wecken, die von Freud, Jung und Adler beschrieben wurden, nicht zu reden von den realen Gefahren, physisch besiegt zu werden. Ich habe sie hier geschildert, um in Erinnerung zu rufen, dass zu unseren Ahninnen nicht nur die Führerinnen friedlicher Frauenstaaten gehören, sondern auch kampfeslustige Frauen, deren Erbe wir fast ganz vergessen haben. Die Antike behielt das Wort "Amazone" als Ehrentitel bei. *Ein Jahrtausend lang gab es keine größere Schmeichelei, als einen Mann ‚Amazone' zu nennen.*" [145]

Die kriegerischen Frauenstaaten, die wir hier ganz kurz vorgestellt haben, sind meines Erachtens neben den neolithischen Stadtkulturen, in denen Frauen das Gemeinwesen beherrschten, die einzigen echten Matriarchate,[146] wenn man dieses Wort in Parallele zu den Patriarchaten oder Männerherrschaften verwendet. Hier haben wir Frauenherrschaften vor uns: Sie kreisen um den Krieg, die Gesinnung ist heroisch, das soziale Leben ist auf Befehl und Gehorsam ausgerichtet, die Organisation ist hierarchisch und elitär und wird von einer Königin angeführt.

14.
Die Manus-Ehe in Rom

Als die Etrusker im 6. Jh. v.Chr. Rom gründeten – Roma ist ein etruskischer Name – brachten sie ihre zwar patriarchalischen, aber im Vergleich zu Griechenland sehr viel frauenfreundlicheren Sozialgesetze mit. Dieser Umstand trug dazu bei, dass in Rom das Patriarchat in der Praxis maßvoller ausfiel als in Athen. Um 503 v.Chr. verlieren die etruskischen Tarquiner zwar die Stadt Rom[147], aber es bleiben enge Verbindungen zwischen Etruskern und Latinern. Noch in der Kaiserzeit besannen sich die römischen Adelsfamilien stolz auf ihre etruskischen Ahnen. Zur Zeit der Flavier sind fünfzehn aus Etrurien stammende Familien in Rom tonangebend. Kaiser Claudius gilt als Ahnenforscher und erster Etruskologe.[148]

Dass wir die Römer, auf die das Wort Patriarchat zurückgeht, hier nur kurz beschreiben, hängt damit zusammen, dass sie zum Thema Ehe nichts Neues beitrugen – wenn man von den frühen etruskischen Einflüssen absieht. Rom entwickelte sich zum Prototyp des Staates als Versorger und Beschützer, der sich vom hellenischen Helden- und Philosophen-Staat unterscheidet. Die Kriegsführung und besonders das Friedenschließen der Römer gilt als weise – ob dies stimmt, wissen wir nicht, denn noch nie wurde in unseren Schulbüchern die Besetzung Galliens oder Syriens oder Britanniens anders als aus der Perspektive der siegreichen Römer wahrgenommen, mit denen sich alle Geschichtsschreiber identifizieren. Rom war und ist für alle Staatsmänner Europas das Vorbild. Der Männerbund, der zur Zeit Roms schon seit etwa zwei- bis dreitausend Jahren die Herrschaft im Gemeinwesen übernommen hatte, änderte seine Farbe. Er wird vom Bündnisstaat zum Staat der Patriarchen.

Die Stellung der römischen Frau ist selbstständiger als die der griechischen. Die römische Frau ist in die Gesellschaft integriert, sie nimmt am Kult teil, an Festen und an Gastmahlen. Von politischen Aktivitäten wird sie offiziell ferngehalten, inoffiziell beteiligen sich Patrizierfrauen lebhaft an der Wahl der Staatsämter. Grundsätzlich gab es in Rom zwei Formen der Ehe: die Manus-Ehe und die manusfreie Ehe. Bei der Manus-Ehe schied die Frau aus der väterlichen Sippe aus und wurde Angehörige der Sippe ihres Mannes, was sich äußerlich darin ausdrückte, dass sie von da an seine Hausgötter verehrte statt die ihrer väterlichen Familie. Bei der Manus-Ehe wird die Braut dem Bräutigam als Mündel übergeben, der Bräutigam zahlt einen Muntschatz an den Brautvater und besiegelt damit seine Vormundschaft. Der Brautvater zahlt seinerseits dem Bräutigam eine Mitgift. Der Vertrag über diese Transaktion stiftet die Ehe. Bei der manusfreien Ehe blieb die Frau Mitglied der väterlichen Sippe. Sie war nicht ihrem Gatten, sondern weiterhin ihrem Vater als Vormund unterstellt, was de facto auf eine größere Freiheit hinauslief. Die manusfreie Ehe hatte nicht nur für die Frau Vorteile, sondern auch für ihre väterliche Sippe, die bei dieser Ehevariante den Zugriff auf die Mitgift behielt. Mit der Zeit setzte sich die manusfreie Ehe durch.

Die hohe Scheidungshäufigkeit in der späten Republik und der frühen Kaiserzeit ist auf dem Hintergrund unserer heutigen Diskussion über die Krise der Ehe besonders interessant. Eine Scheidung war leicht zu erreichen. Mann oder Frau konnten sie beantragen. Erst Kaiser Augustus (63 v.Chr. – 14 n.Chr.) verschärfte die Ehegesetzgebung und erklärte den Ehebruch zu einem Verstoß gegen die öffentliche Ordnung. Er verhängte schwere Strafen über die ehebrecherische Frau und ihren Liebhaber. Nach seinen Ehegesetzen machten sich auch männliche Römer strafbar, wenn sie eine Geliebte hatten, die nicht ihre Leibeigene oder eine Prostituierte war. Eine dritte inoffizielle Form der Ehe war das Konkubinat, ursprünglich eine Lebensgemeinschaft ohne rechtliche Auswirkungen. Die Kinder der Konkubine galten als nichtehelich. Später erhielten jedoch die Kinder aus Konkubinaten einen Unterhaltsanspruch gegenüber dem Vater.

Die drei Eheformen Manus-Ehe, manusfreie Ehe und Konkubinat entsprechen im Germanischen der Muntehe, der Friedelehe und Kebsehe. Die Kebsehe musste nicht nach außen sichtbar gemacht werden, sie galt anderen Eheformen gegenüber nicht als ebenbürtig. Wie wir noch sehen werden, sind die Regeln zur Muntehe bei den **germanischen** Stämmen in der Bevormundung von Frauen **strenger** als die der Manus-Ehe im römischen Kaiserreich.[149]

Ich möchte auf die Friedelehe eingehen, weil sie nicht so sehr die Oberschicht, sondern mehr die mittlere Schicht betrifft, Bauern und Handwerker. (Die Unterschicht galt bis ins 19. Jahrhundert nicht als ehefähig.) Die Friedelehe ist nach althochdeutschem Recht die **lösbare** Ehe mit einer freien Frau, die dabei nicht unter die Munt (Vormundschaft) des Mannes tritt. Auch das Eingehen der Friedelehe konnte mit Zeremonien und Gastmählern verbunden sein, soweit hierbei Germanen von gewissem Wohlstand beteiligt waren.[150]

Der Friedelehe lag *"das Prinzip der Gleichberechtigung und der freien Zuneigung"* zwischen den Partnern zugrunde.[151] Ich vermute, dass die Friedelehe ohne Beteiligung der Kirche im Mittelalter verbreitet war. Frauen aus dem Volke benehmen sich in aller Welt durchaus nicht wie Mündel. Diese Frauen stellten für die feudale Obrigkeit keine Gefahr der politischen Mitsprache dar – also war die Munt-Ehe politisch nicht notwendig.

Die Friedelehe ist der Vorläufer unserer nichtehelichen Lebensgemeinschaft, die ja inzwischen in den Augen der Obrigkeit keinen Verstoß gegen die öffentliche Ordnung darstellt. Der Begriff "Friedel" kommt von "friudiea", was so viel heißt wie "Geliebte". Mit einiger Vorsicht könnte man sagen, dass die Friedelehe eine Liebesehe war (wenn man darunter nicht Romantik im heutigen

Sinne versteht). In jedem Fall beruhte sie auf der reinen Willens-
übereinkunft von Mann und Frau. In einer Friedelehe konnte die
Frau nicht gegen ihren Willen festgehalten werden; ihr stand das
einseitige Scheidungsrecht zu.

Die Kirche war eine Gegnerin der Friedelehe, einmal weil Mann
und Frau hier gleichberechtigt waren, und zum zweiten, weil Männer mehrere Friedelehen eingehen konnten. Seit dem 9. Jahrhundert
wurde diese Eheform nach und nach für illegitim erklärt. Beim Adel
blieb sie in Form der Morganatischen Ehe erhalten, "im Volk" blieb
– im Gegenteil – die Munt-Ehe noch lange die Ausnahme.

15.
Spuren weiblicher Souveränität
bei den Kelten

Ebenbürtigkeit, das Recht auf die Verfügung über den eigenen Körper und die ökonomische Selbstversorgung waren für Frauen in Babylon, Athen und Rom beseitigt worden. Um 500 v.Chr. herrschten die Männer unangefochten in Staat und Gesellschaft, gleichzeitig waren die Frauen sozial entwertet. Nur die ägyptische Hochkultur, die uns bis heute besonders fasziniert, hatte an einer „anderen Lösung" festgehalten. Aber Ägypten war weit – zeitlich und räumlich. Doch siehe da, auch anderswo gab es "andere Lösungen", mitten in Europa, und zwar bei einem kriegerischen Volk, dessen Männer politisch das Heft fest in der Hand hielten, aber die Frauen nicht entwertet waren – die Kelten ...

Es ist nicht auszuschließen, dass unter den vielen Einflüssen, die ausgerechnet Europa zum ersten Kulturkreis mit einer egalitären Werthaltung machten, auch die Kelten gehören. Die Kelten, Träger der letzten Frühkultur auf unserem Boden, haben nicht nur für die Ehe- und Familiensitten Europas weitreichende Bedeutung, sondern sie haben auch mit ihren Gedanken über Leben und Tod und mit ihrer Idee von der natürlichen Güte des Kosmos in der geistigen Landschaft Europas ihre Spuren hinterlassen.

Der relativ kurze Zeitraum der offiziellen keltischen Geschichte – von 650 v.Chr. bis etwa 50 v.Chr. – würde ihren tief greifenden Einfluss auf Europa, besonders aber auf Gallien, Irland und die britischen Inseln, kaum erklären.[152] Sprachforscher unterscheiden denn auch wenigstens zwei keltische Einwanderungswellen in Westeuropa: eine erste Welle in der späten Bronzezeit, zwischen 1500 – 900 v.Chr., und eine zweite, sozusagen offizielle Welle ab 450 v.Chr. In Gallien und Spanien trafen diese keltischen Wanderer der zweiten

Welle auf eine Kultur, die sich aus einer Vermischung ihrer Verwandten mit den dort ursprünglich ansässigen Völkern, darunter auch Megalith-Leuten, herausgebildet hatte. Die Megalith-Kultur[153] hat die keltische Gesellschaft bis in die Grundstruktur beeinflusst.[154] Dieser Einfluss setzte sich auch nach der zweiten Einwanderungswelle fort: Die neu zugewanderten Kelten nahmen das kulturelle Erbe der Megalith-Leute auf und verwenden deren Kultstätten, etwa Stonehenge und Orkney weiter. Auch die Sippenordnung dieser Ureinwohner beeinflusste die Kelten.

Um etwa 450 v.Chr. endet die früh-keltische Periode, die allgemein mit mächtigen Adelssitzen und reichen Grabfunden assoziiert wird. Die spätkeltische Periode ab 450 v.Chr. wird La-Tène-Zeit genannt. Diese neue Epoche ist vor allem durch eine geradezu unglaublich explosive, kriegerische Wanderbewegung gekennzeichnet, die von Spanien im Westen bis Ionien im Osten Spuren hinterlassen hat. Im 4. Jahrhundert sind Kelten in Gallien, Britannien und Spanien verwurzelt. Andere Stämme wandern an die Donau, wo sie die Illyrer, die Träger der Ost-Hallstattkultur, als Fürstenschicht beherrschen. 290 v.Chr. plündern Kelten Delphi und gründen anschließend in Kleinasien das Königreich der "Galater", in dem noch lange nach Christi Geburt keltisch gesprochen worden sein soll.[155] 387 v.Chr. kommt es zum Kampf um Rom. Das Capitol wurde gerettet, angeblich dank der Gänse, die mit ihrem Geschnatter die Wächter warnten, wie die berühmte Legende erzählt. Die Römer mussten Lösegeld zahlen, um ihre Stadt frei zu bekommen. Erst Cäsar gelang es, die Kelten endgültig zu besiegen und zu unterwerfen. Gallien, das wichtigste Kernland der Kelten, wird ab 52 v.Chr. Provinz des Römischen Reiches.

Es ist eine Eigenart der Kelten, sich gegen die in ihrem Siedlungsgebiet Ansässigen nicht abzugrenzen. Cäsar bescheinigt ihnen einen "nach Neuem begierigen Geist". In der Gegend um Hallstatt verschmelzen die Kelten zum Beispiel restlos mit den Illyrern. In

Italien gehen sie unter dem Einfluss der Etrusker – wieder – zur Körperbestattung über, und in Frankreich und Spanien vermischen sie sich mit den Megalith-Leuten. Ob es mit diesem Charakterzug der Neugier und Experimentierfreude zusammenhängt, dass die Kelten nie ein geschlossenes Reich gegründet haben? Es gab keine politische Einheit zwischen den keltischen Stämmen, sondern nur eine Gemeinsamkeit in Sprache und Religion. Deshalb, so vermuten die Historiker, blieb von ihren großen Eroberungen kein politischer Einfluss zurück. Deutsche Geschichtswissenschaftler vermerken in vorwurfsvollem Ton, dass die Kelten sich *"in Italien nicht halten"* und *"den unterworfenen Völkern nicht in geschlossener Front widerstehen"* können. Gipfel der Rüge: *"Nirgendwo konnte sich das Keltentum rein erhalten."*[156] Die Kelten dachten ganz offenbar eher in Sippen und Stämmen und nicht so sehr in den Kate-

Abb. 26: Der "Krieger von Capestrano", Provinz L'Aquila. [Q26]

gorien des Staates. Sie waren androzentrisch und kriegerisch, aber folgten weniger den hierarchischen Ordnungsmustern.

Die Kelten sind für unsere Geschichte der Liebe und der Ehe deshalb ein besonders spannender Kulturkreis, weil hier der Mann – auch als Ehemann – weder Eigentümer noch Vorgesetzter der Frau wurde.

Es ist davon auszugehen, dass die lange Periode kriegerischer Wanderung auch bei den Kelten zu einer Vorherrschaft des Männerbundes und des einzelnen Mannes geführt hatte. Entscheidend ist aber offenbar, ob die Wandernden eine ebenbürtige Kultur antreffen, mit der sie sich mischen, oder ob sie die Ansässigen unterjochen und als "Wesensfremde" vom eigenen Sozialverband fernhalten. Je elitärer und kasten-bewusster die "belief-systems" der Einwanderer sind, umso schneller muss ein striktes patriarchalisches Gesetz erlassen werden, um die Sexualität der Frau auf einen einzigen Mann zu beschränken. Nur dadurch kann verhindert werden, dass die eigenen Frauen mit den unterworfenen Männern Kinder haben, die dann, nach altem matrizentrischen Recht, zwangsläufig Stammesangehörige der Sieger wären. Dem kasten-bewussten Wanderertyp entsprechen die so genannten Arier in Indien oder die Dorer in Griechenland. Die nicht kasten-bewusste Variante stellen die Kelten dar, die eher zum Vermischen und Assimilieren neigen, und deren Gemeinschaftsgeist mehr auf Sprache und Religion und weniger auf biologische Reinheit des eigenen Volksstammes gerichtet ist.

Keltische Ehe

Die Heiratssitten der Kelten sind höchst prosaisch. Bis weit in die christliche Zeit hinein war Ehe zwanglos und Scheidung einfach. Die Ehe war ein ökonomischer Vertrag. Der Mann zog zur Frau, in der Spätzeit nur noch dann, wenn sie höherrangig war als er. Verträge über die keltische Ehe der Frühzeit kennen wir nicht. Die ersten schriftlichen Zeugnisse stammen von Römern und reichlicher

von den christianisierten Iren (ca. 700 n.Chr.). Nach den irischen Er-
zählungen ist die Ehe matrilokal, das heißt die Eheleute wohnen im
Haus der Brautmutter. Die Frau sucht den Mann selbst aus, ja sie
lockt ihn an. Das typische Thema aller Sagen ist der Held, der in die
Welt hinauszieht, zahllose Abenteuer besteht und schließlich die
Gunst einer Frau erringt – am besten einer Erbin. Dieses Sagen-
Muster fanden wir schon in der vorklassischen frühfeudalen Zeit
Griechenlands.

In den Keltenländern haben sich der lockere Charakter der Ehe und
die Ebenbürtigkeit der Frau bis etwa 500 n.Chr. gehalten. Das sind
immerhin zweitausendvierhundert Jahre länger als in Babylon, wo

Abb. 27: Epona, Herrin der Pferde, Pferde- und Fruchtbarkeits-
göttin, Göttin des Totenkultes, später Schutzherrin
der römischen Kavallerie. [227]

der Kodex Hammurabi (1760 v.Chr.) folgende Aussage trifft: "*Ehebruch kann es nur von Seiten der Ehefrau geben, weil sie Eigentum des Gatten ist, nicht auf Seiten des Ehemannes.*" [157] Der Gesellschaftsvertrag der Kelten ist androzentrisch, aber die Frau ist kein Mündel. Es gibt kein geschriebenes keltisches Eherecht und auch keine schriftlichen Eheverträge wie in Ägypten. Dafür gibt es Erzählungen, die zeigen, dass "Sexuelle Kontrolle" einen anderen Stellenwert hatte als in der gleichzeitigen nicht-keltischen Welt.

Für die historische Phase zwischen Sippenherrschaft und Patriarchat, hat die Geschichtsschreibung bis heute keinen Begriff. In dieser Phase begründet die Ehe noch keinen dauerhaften Besitzanspruch des Mannes an der Frau. Auch die Scheidungsregeln zeigen das. Noch in christlicher Zeit war die Scheidung bei den Kelten höchst unkompliziert. Ehe war einfach ein Vertrag unter anderen Verträgen, der bestimmte Bedingungen enthielt. Wurden diese Bedingungen nicht eingehalten, wurde der Vertrag ungültig.[158] Männer konnten übrigens Konkubinen auf Zeit kaufen und mussten der rechtmäßigen Ehefrau dann einen Ehrenpreis zahlen!

Die wichtige ökonomische Seite des keltischen Ehegeschäfts wird bei Cäsar beschrieben.[159] Danach haben der Mann und die Frau bei Eheschluss eine jeweils gleich hohe Summe zu entrichten, die Gewinne aus diesen Summen werden aufbewahrt. Der jeweils überlebende Partner erhält seinen Anteil und die ihm zustehenden Früchte zurück. Mann und Frau vererben ihre Güter getrennt.[160] Die Frau geht nicht in die Familie des Mannes über, sondern bleibt Angehörige ihrer eigenen Sippe. Das Brautgeld, das der Mann für die Frau an ihre Sippe, später an ihren Vater bezahlt, gibt ihm das Recht auf die Kinder, die ursprünglich nur zur Sippe der Frau gehörten.[161]

Die keltischen Ehesitten, die hier beschrieben werden, waren bis in die Zeit der Christianisierung gültig. "*Marriage retained for centuries after Europe had become Christian the loose character, as a matter of pure oeconomic convenience that it had in pagan*

Europe."[162] Ehebräuche sind für die Gleichwertigkeit von Mann und Frau ein wichtiger Indikator: Je weniger förmlich und je weniger feierlich diese Bräuche sind, desto gleichwertiger bleibt der Status der Ehefrau nach der Ehe.

Sagen und Liebesgeschichten

Die keltische Kultur gilt nicht als Hochkultur, weil sie keine Schrift entwickelt hat. Was wir von den Kelten wissen, stammt aus römischen Quellen, archäologischen Funden, vor allem aber aus ihren Sagen, die ab 700 n.Chr. in Irland aufgeschrieben wurden. Dass sie der Nachwelt einen Sagenschatz hinterlassen haben, der als «Chanson de geste» oder Ritterroman in die spätere Literatur ganz Europas einging, macht die Kelten so interessant. Diese Sagen und Liebesgeschichten von Tristan und Isolde, Parzival, König Arthur und Lancelot, Morgane und Viviane, um nur diese wenigen Beispiele zu nennen, spielen auf einem sozialen Hintergrund, in dem eine große sexuelle Freiheit herrschte. Väter gaben ihre Töchter als Lohn für einen "Dienst" an einen fahrenden Helden oder den eigenen Gefolgsmann, nicht etwa zur Ehe, sondern für eine Nacht. Die Töchter taten von sich aus das gleiche, sie versprachen dem, der ihnen oder ihrer Sippe einen Dienst geleistet hatte, die Gunst ihres Bettes. Frauen verweigerten sich allerdings dem Mann, der keinen Dienst leistete oder aber kein Ansehen als Krieger hatte.[163]
Drei Sagen sollen dies veranschaulichen.

Der Sohn des Eochaid Muegmedon (Irland)

Während einer Jagd werden die fünf Söhne des Königs Eochaid von Durst geplagt und suchen nach Wasser. Da begegnen sie einer alten hässlichen Frau. Alle ihre Glieder, vom Schädel bis zur Sohle, sind kohlrabenschwarz, ihre Zähne, die bis zu den Ohren reichten, grün wie die Blätter der Eiche. Ihr Schienbein ist krumm, ihre Knöchel geschwollen. Die Frau ließ die Söhne Eochaids nur unter der Bedingung Wasser aus ihrem Brunnen schöpfen, dass einer von ihnen ihr einen Kuss gibt. Die ersten vier Söhne weigern sich, der Jüngste, Niall, willigt ein und küsst sie. Da steht auf einmal ein schönes, strahlendes Mädchen vor ihm. Das Mädchen sagt, sie heiße Flaithius, was soviel wie Königtum bedeutet. Und so wird Niall König von Irland.[164]

Die Prinzessin des verschwundenen Palastes (Bretagne)

Der junge Efflam wird eines Tages vom König ausgesandt zu erkunden, weshalb die Sonne am Morgen die Farbe der Rose hat. Er erreicht nach einiger Zeit den Palast der Mutter der Sonne und diese beantwortet seine Frage: "Zur Stunde des Morgens steht die verwunschene Prinzessin am Fenster ihres Palastes und so tauchen die Strahlen ihrer Pracht die Sonne in die Farbe der Rose." Inzwischen hat sich der König in diese Prinzessin verliebt und sendet Efflam wieder aus, sie zu holen. Efflam gelangt auf dieser Fahrt nacheinander durch die Königreiche der Löwen, der Menschenfresser und der Ameisen. Dann hat er den verwunschenen Palast erreicht. Dort empfängt ihn ein wunderschönes Mädchen und gibt ihm drei Prüfungen auf. Er muss eine Nacht im Käfig des Löwen, eine zweite in der Höhle des Menschenfressers verbringen und eine dritte Nacht einen Berg Getreide verlesen. Diese Prüfungen besteht er. Daraufhin ist die verwunschene Prinzessin bereit, ihm zu seinem König zu folgen. Der König will die Prinzessin auf der Stelle zur Frau zu nehmen. Unter dem Vorwand, er sei zu alt, schlägt sie ihm aber vor, ihn zuerst zu töten und dann wieder in Gestalt eines rüstigen Zwanzigjährigen ins Leben zurückzurufen. Der König ist einverstanden. Die Prinzessin tötet ihn und erklärt: "Nun, da er tot ist, soll er auch tot bleiben, und der, der alle Mühsal ihm zuliebe auf sich genommen hat, der erhalte die Belohnung." Und sie heiratet Efflam.[165]

Die Geschichte von Condlé dem Roten (Irland)

Condlé, der Sohn des Königs Conn, ein Held von hundert Schlachten, sieht plötzlich die Gestalt einer in herrlichste Gewänder gehüllte Frau vor sich, die nur er sehen, seine Gefährten aber lediglich hören können. Des Königs Drude spricht eine Beschwörungsformel, die die Frau wieder hinwegbannt. Aber Condlé ist nun einen vollen Monat lang untröstlich, er redet kein Wort, rührt keine Speise an, außer einem Apfel, den die bezaubernde Frau ihm gereicht hatte. Die Frau erscheint ihm ein zweites Mal und fordert ihn auf, ihr zu folgen in das Land der Verheißung, wo nur Frauen wohnen – in die wunderliche Welt des "sidh", was "Reich jenseits des Meeres" bedeutet. Die Macht des Druden versagt diesmal. Condlé verlässt Vater und Gefährten und entschwindet auf dem gläsernen Schiff der Fee. Von dieser Stunde an ward er nie mehr gesehen.[166]

Keine Angst vor Frauen

Das Besondere an diesen Geschichten ist, dass sie Frauen nicht als Opfer zeigen. Sie müssen nicht von den Helden aus einer Notlage gerettet werden, wie in den germanischen Sagen. Frauen entscheiden, welche Gunst sie für welchen Dienst gewähren – und es kann ein Königreich sein. Bei den Griechen dagegen kommen Frauen nur vor, um sich von Zeus schwängern zu lassen. Eine der wenigen Heldinnen in griechischen Sagen, Medea aus Kolchis, flößt Angst ein, weil sie sich für den Verrat des Gefährten rächt.

Noch eine andere Tradition hat sich bei den Kelten erhalten, die der "Heiligen Hochzeit". Dieses Ritual kennen wir schon aus der sumerischen Zeit zweitausend Jahre früher.[167] Hier, bei den Kelten, stirbt der König keineswegs. sondern er gewinnt etwas. *"Ich bin die Herrschaft"*,[168] sagt ein altes Weib immer wieder in den irischen Sagen. Nach dem ersten Kuss – einer Prüfung unter vielen anderen – verwandelt sich die Alte in eine schöne junge Frau, die bereit ist, den, der die Prüfung bestanden hat, zu heiraten. Der Königssohn sichert sich dadurch die Rechtmäßigkeit seiner Herrschaft, *"die in der einen oder anderen Weise an die Person der Königin gebunden erscheint."*

Bei den Kelten blieb der Glaube an die magische Kraft einzelner Frauen offenbar bis etwa 700 n.Chr. erhalten, also weit länger als bei Babyloniern, Griechen und Römern. Die genauen Ursachen kennen wir nicht. Drei Faktoren könnten eine Rolle gespielt haben:

Die Kelten schätzten den Stamm und die Sippe höher als die staatliche Einheit. Ihnen fehlte damit ein wichtiges politisches Motiv, die Sippengesellschaft zugunsten eines feudalen Zentral-Staates aufzulösen, und es gab kein Motiv, Frauen politisch und rechtlich zu entmachten, wie zum Beispiel im babylonisch-syrischen Raum. Frauen blieben im Gegenteil als Träger der Blutsverwandtschaft Vermittler im Netzwerk der Stämme.

Die freie Frau gilt bei den Kelten der Spätzeit als Symbol des Widerstandes gegen die römische Fremdherrschaft. Römer und später die Christen wollten Frauen stärker diskriminieren. Keltische Bräuche sollten zugunsten der römisch-christlichen verschwinden und damit die ethnische Identität der Kelten eingeebnet werden.

Die Erinnerung an die magische und spirituelle Macht der Frau, die mit dem Wasser und dem Jenseits in Verbindung steht, wird nicht als Bedrohung des Mannes aufgefasst. In den keltischen Sagen begegnen einem nicht nur Wohltäterinnen, sondern auch mächtige Frauen, die gewalttätig sind. Morgane, die Schwester des Königs Arthus, und Herrscherin in Avalon, hätte zum Beispiel beinahe ihren Gemahl mit dem Schwert erschlagen.[169]

Eigentlich müssten die keltischen Männer sich von den mächtigen Frauen bedroht gefühlt haben. Hatten sie vor den Frauen Angst? Vermutlich ja, wie alle Männer, aber ihre Angst war sehr viel geringer als die von patriarchalischen Männern. Die Frauen waren ja noch nicht entwertet, sie kämpften offen und nicht heimlich. In bedrängten Zeiten konnten einzelne Frauen mächtige Mitstreiterinnen sein, Tote erwecken und die Lebenden in Schlaf versetzen. Vor allem aber konnten sie ganze Städte ins Meer versinken lassen, so wie dies die bretonische Prinzessin Dahud mit der Stadt Ker-Ys tat. Im Meer liegt nach der keltischen Sage das Land der Frauen – es ist gleichzeitig das verlorene Paradies. In vielen Sagen retten sich die Helden, so auch König Artus, wenn sie geschlagen sind, auf ein Boot, das sie westwärts ins Meer fahren wird. Dort liegt nicht nur das Reich der Frauen, sondern auch das Totenreich, aus dem der Kämpe nach einer Weile wiedergeboren wurde. Der Tod war nicht endgültig.

Der keltische Held hat Frauen gegenüber wegen ihres Frauseins kein prinzipielles Misstrauen. Dies ist ganz anders bei den griechischen Helden. Odysseus kam zum Beispiel auf seiner Irrfahrt nacheinander bei Circe, bei den Sirenen und bei Calypso vorbei. Als Grieche misstraute Odysseus den Frauen zutiefst, und getreu seiner sich selbst erfüllenden Erwartung verhalten sich auch alle drei Frauen feindlich: Sie wollen ihn an der Weiterfahrt hindern. Als die Geschichte von Odysseus aufgeschrieben wurde (um 800 v.Chr.), lag die soziale Entwertung der Frauen in Griechenland noch nicht lange zurück. Als durch und durch griechischer Held hegte Odysseus also die rationale Erwartung, dass Frauen sich für die Entwertung rächen würden, so wie sich jeder Mann in ähnlicher Lage gerächt hätte. Odysseus war auf der Hut. Er hat die Angst des patriarchalischen Mannes, jene durchaus moderne Angst vor den Frauen, dass sie ihm Kraft und Potenz rauben oder ihn *"waffenlos zum schlappen Schelm erniedern könnten."* [170]

Frauen sind bei den Kelten noch nicht das ganz "Andere Geschlecht". Diese Weltsicht hat auf verschlungenen Wegen auf die Entwicklung des späteren Europa Einfluss genommen. Eine Spur führt von dem Liebeswerben der Kelten zu den Minneliedern.

IV. Feudale Ehe

16.
Die Minne und das Abendland

Die Minne gilt als Erfindung des Abendlandes – ob zu Recht oder Unrecht, lassen wir hier auf sich beruhen. Nahezu unbestritten gilt aber die Minne des Hochmittelalters als Vorbote der romantischen Liebe, die sich heute als Leitbild in der ganzen Welt ausbreitet. Eine der zahlreichen Traditionen, auf denen das **Institut der Minne** beruht, ist die keltische Lebenswelt, eine andere die Spiritualität der provenzalischen Hofgesellschaft. Von den Kelten stammt zum Beispiel der "Nutzen" der Liebe, ein Aspekt, der später im romantischen Liebesrausch untergeht. Die Liebeslust war in keltischen Zeiten durchaus nicht nur eine emotionale Wonne, sondern ein handfester Tausch.

Abb. 28: Angelus Silesius, "Die Ros' ist ohn warum, sie blühet, weil sie blühet ..." René Margritte, Das Grab der Ringer, 1960. [Q28]

Dienst, Gunst und Eifersucht

"Wenn du eine Frau triffst, erweise ihr einen Dienst, ob sie will oder nicht, dadurch wirst du selbst besser und ein von allen höher geschätzter Mann als zuvor!", sagt Parzivals Mutter dem Sohn. Jeder Dienst, den ein Mann einer Frau erwies, egal ob als Krieger oder Jäger, lud der Frau die Ehrenschuld auf, ihn mit ihrer Gunst zu belohnen.[171] Diese "Liebes-Gunst" schuldete die Frau manchmal auch den eigenen Gefolgsleuten, wenn diese etwas Verlangtes getan hatten. Das Gebot heißt: **Die Gunst der Frau erwirbt sich, wer etwas Nützliches tut.** Der Mann muss seine männliche Fitness durch einen Dienst erweisen, dann kann er den Beischlaf und andere Gunstbezeigungen fordern. Diese Gunst, die er genießt, verschafft ihm Ehre in der Männerrunde. Kinder als etwaige Folgen des Beischlafs, sind nicht seine Sorge, er wird durch sie nicht "angebunden".

Von diesem alten Sexualverhalten von Dienst und Gunst, das bis zur Christianisierung üblich gewesen sein muss, finden sich viele Spuren in den französischen Heldenballaden und anderen frühen Ritterromanen. Das Faszinierende an den frühen Liebesgeschichten ist nicht nur die **Leidenschaft des Gefühls**, sondern auch die **Abwesenheit** des Gebotes sexueller **Treue** oder gar der Keuschheit. Eifersüchtig ist höchstens der Ehemann, wenn ihm die Frau, für die er bezahlt hat, von einem Liebhaber entführt wird – ein Akt, zu dem oft die Frau den Liebhaber verführt. Der irische Held Cuchhulainn verfolgt seine geflohene Frau Emer und holt sie zurück: Ihre Beziehung geht so zärtlich weiter, als wäre nichts geschehen. Während des innigen Werbens um Emer hatte Cuchhulainn selbst auch ein halbes Dutzend anderer Liebesabenteuer. Ein anderes Beispiel: Isolde schläft mit König Mark in Gegenwart ihres Liebsten, ohne dass die Beteiligten dies als tragisch oder peinlich empfinden. Männer verwetten die Liebste für eine Nacht im Würfelspiel (Diarmaid mit Königin Grainne), aber dies bedeutet keinen Ehrverlust und tut der Liebe anschließend keinen Abbruch. In all den frühen Geschichten über Frauen, die mit wechselnden Gefährten der Männergruppe das Bett teilen – sei es, dass sie selbst die aktiv Werbenden sind, sei es, dass sie im Glücksspiel vom Partner als Pfand eingesetzt werden – gibt es auch nicht den Hauch einer Furcht, die Keuschheit oder die Ehre zu verlieren. An Ehe im Sinne lebenslanger Partnerschaft wird nur im Zusammenhang mit wirtschaftlichen oder politischen Zusammenschlüssen gedacht. Tiefe Zuneigung der Partner ist selten ein Hindernis für andere Liebschaften.[172]

Diesen Satz sollten wir rot anstreichen, selbst wenn es auch immer wieder Beispiele dafür gibt, dass Männer den Liebhabern ihrer Frauen den Kopf abschlagen. Später wird dies zum "angemessenen" Verhalten. Sexuelle Eifersucht war gewiss nicht unbekannt, aber sie hatte in jener Zeit, da die weibliche Sexualität noch nicht Eigentum des Ehemannes war, nicht den überwältigenden Stellenwert wie später und in vielen Kulturen bis heute.

Die große Distanz zur Ehe als Institution stimmt mit dieser Haltung überein. Der Hl. Bonifazius (672 – 754 n.Chr.) beklagte bitterlich, dass *die Engländer die legitime Ehe zutiefst verachten.*" [173] Die Engländer reagieren damit nicht anders als die Athener zur Zeit Solons, und sie tun dies aus den gleichen Gründen. Zahlreiche heilige Männer vor und nach Bonifazius stimmen in diese Klage ein, zum Beispiel der Mönch Gildas vom Hofe König Artus (um 500 v.Chr.) oder Gregory von Tours vom Hof der Franken. Die Ehelosigkeit war ein Bestandteil der matrizentrischen Sitte, in der es weder die ökonomische Versorgungslast für den Mann noch die Sünde der Fleischeslust, noch den Ehebruch gab.

Und noch ein anderer Rest der keltischen matrizentrischen Sitte blieb bis weit in das Mittelalter erhalten: Alle mythischen Helden der keltischen Epen sind Bastarde, und von den halbmythischen Helden sind es viele: König Arthur, Gawain und sogar der fränkische Roland. Große historische Führer waren stolz auf ihre illegitime Geburt. Es besiegelte ihre Auserwähltheit, wenn sie von einem Fremden gezeugt waren, so wie dies auch bei den griechischen Helden war, die von einem Gott abstammten. Theoderich, König der Ostgoten, Chlodwig, König der Franken, Karl Martell, Karl der Große und William der Eroberer waren Bastarde. Der abfällige Klang des Wortes "Bastard" setzte sich **erst nach 1200 n.Chr. durch,** obwohl die angelsächsische Kirche schon seit dem 8. Jahrhundert versuchte, die legitime Ehe und Geburt durchzusetzen.

Von den Barden zu den Troubadouren

Wie alt die irischen, gallischen, bretonischen, britannischen – kurz: keltischen – Sagen wirklich sind, ist nicht bekannt. Die Barden, die sie sangen, genossen hohes Ansehen und hatten teilweise priesterliche Funktionen. Immer sangen daneben auch andere freie Männer. Der ganze Hof versammelte sich – Herr und Knecht, Herrin und Magd – um zu lauschen. Dies änderte sich mit der Feudalisierung im 11. Jahrhundert. Jetzt gab es zwei Klassen von Sängern: den Sänger bei Hof, der ein adeliger Ritter sein musste, und den Spielmann fürs Volk. Dieser Trennung nach Ständen entsprach eine Trennung der Erzählungen: Im Saal wurde die christianisierte Variante gesungen, im Burghof der alte heidnische Text, den die Kirche inzwischen verboten hatte. Aus dem magischen Kessel (cauldron = Gral) wurde der Abendmahlskelch, um nur ein Beispiel zu nennen. Die heidnische Version erhielt sich in der Volkstradition, und auch so mancher Adlige hat ihr sicher gelauscht. Auf Dauer siegten die christianisierten höfischen Texte schon deshalb, weil nur sie von den Mönchen aufgeschrieben wurden und so zum Bildungsgut der Eliten wurden.

In der höfischen Zeit treten erstmals Troubadoure in Erscheinung. Als erster gilt Guillaume von Aquitanien (um 1120 n.Chr.). Den Stoff für ihre Dramen und Gesänge lieferten "heidnische" Geschichten aus keltischer und provenzalischer Zeit. Daraus wurden jetzt beseelte Liebesgeschichten, oft mit christlichen Anmutungen. Die Minne ist eine Bewegung junger Dichter von adeliger Geburt, die die Liebe zu einer Hohen Frau zelebrieren. Die Liebe muss leidenschaftlich, aber gleichzeitig keusch sein. Das unerfüllte sexuelle Begehren soll zu Heldentaten oder Dichtungen anregen. Es entstehen Minnehöfe, an denen die Sänger miteinander in Wettstreit treten und sich auf Regeln einigen können. Eleonore von Aquitanien war eine besonders berühmte Königin der Troubadoure. Ihr Liebeshof in Poitiers war ein Mittelpunkt des höfischen und ritterlichen Lebens.

Im 12. und frühen 13. Jahrhundert werden Handbücher der Minne verfasst, in denen Erröten und Erblassen ebenso vorgeschrieben wird, wie dass beide Liebenden unter dem Einfluss der Liebe wenig essen und schlafen. Die Minne – und das ist bemerkenswert – darf nur einer verheirateten Frau gelten. Dabei ist es der Dame erlaubt, von zwei Rittern geliebt zu werden, so wie auch diese verschiedene Damen lieben dürfen.

Minne zwischen Ehepartnern kann es per definitionem nicht geben. Da wahre Eifersucht nur bei wahrer Liebe existieren kann, dürfen Ehemänner niemals eifersüchtig sein. Wenn ein Ehemann sich dennoch zur Rache hinreißen lässt, kann dies für ihn fatale Folgen haben. Als Graf Raymond de Roussillon den Troubadour Guillaume de Cabestaing tötete und Raymonds Frau Selbstmord beging, eroberten alle Ritter mit einer Strafexpedition sein Schloss. König Alfonso von Aragon degradierte den Grafen öffentlich, nahm ihm das Lehen und gab dies den Verwandten des ermordeten Troubadours.[174]

Die meisten Liebesgeschichten der von der Minne beeinflussten mittelalterlich-romantischen Literatur besingen die außereheliche und damit ungesetzliche Liebe. Sie haben mit Familie, Kindern und der Pflege von Haus und Hof nichts zu tun.[175] Chrétien de Troyes räumt in seinem Roman *Cligès* dem Liebesdienst Vorrang vor den ehelichen Pflichten ein. Bei Tristan ist der Liebesdienst wichtiger als die Pflicht des Ehemannes der eigenen Frau gegenüber. Dies sind im Kontext des mittelalterlichen Patriarchats subversive Gedanken und Texte. Die Väter setzen auch bald zum Gegenschlag an.

Harte Fakten der süßen Minne:
Der familienrechtliche Hintergrund der Minnezeit

Eine gewaltige soziale Umwälzung trennt die Zeiten einer Königin Mebd, eines Tristans oder eines Diarmaids, wie sie in den irisch-bretonisch-gaelischen Geschichten aufscheinen, von der gesellschaftlichen Realität zur Zeit der Hohen Minne im 12. und 13. Jahrhundert. Die Komponenten dieses Wandels sind neben der Christianisierung neue Erbteilungsregeln, die im Interesse der großen Feudalherren erlassen wurden. Sie bedeuteten eine noch stärkere finanzielle Beschränkung der Frau und eine Straffung der Feudalordnung, die die Schranken zwischen hohem und niederem Adel betont.

Erstaunlich ist, dass bis 1030 n.Chr. Frauen überhaupt ihren eigenen Erbteil behielten und ebenso den Teil des Vermögens, den ihnen der Mann bei der Ehe überschrieb: "*... Nach diesem Tag kannst du damit machen, was du willst,*" [176] testierte der Bräutigam in einer stereotypen Formel. Nach der Einführung der neuen Erbteilungsregeln ist es mit dieser ökonomischen Selbstständigkeit der Frau zu Ende. Der Wandel führt jetzt auch in den ehemals keltischen Ländern zum Mündelpatriarchat.

Die Familie wird zu einer Monarchie, die Ehefrau zum Untertan. Die Frau erhält als Witwe nur noch einen Nießbrauch an ihren eigenen Gütern, die schon vor ihrem Tode auf den ältesten Sohn übergehen. Ohne Mitwirkung des Mannes kann sie keine Rechtsgeschäfte mehr abschließen. Auch bei ihren eigenen Eltern genießt ihr

Mann Vorrang vor ihr selbst. Die Familie nimmt den Charakter einer reinen Abfolge von Männern an – den sie bis heute hat.

Die neue agnatische Abstammungsregel beschnitt nicht nur das Erbrecht von Töchtern, sondern auch von allen nachgeborenen Söhnen. Denen blieb nur die Möglichkeit, Kleriker zu werden, sich als Krieger zu verdingen oder woanders einzuheiraten: Diese Verschärfung der Feudalgesetze schuf Wut, Verbitterung und kriegerische Unrast bei jungen Männern.

Mit dem neuen Erbrecht haben **jetzt, etwa dreitausend Jahre nach Hammurabis Tod, seine Gesetze Westeuropa erreicht**. Georges Duby, der sich mit dieser Umwälzung beschäftigt hat, schreibt: *"Eine Folge dieses Kristallisationsprozesses war eine striktere Unterordnung der Frau unter den Mann und pari passu eine Steigerung des heimlichen Schreckens, den die Gattinnen ihrem Gatten einflößten, der Angst vor einer heimtückischen Revanche in der Form von Ehebruch oder Mord. Kaum zu zählen sind die Fürsten, von denen die Chronisten der Zeit berichten, dass sie von ihren Frauen vergiftet worden seien; kaum zu zählen auch die Anspielungen auf "weibliche Intrigen", "unheilvolle Ränke", auf Hexenwerk aller Art, das in der Kemenate ausgeheckt wurde. Der Ritter des 11. Jahrhunderts muss in Zittern und Argwohn neben jener Eva gelebt haben, die sich jede Nacht zu ihm gesellte, bei der er nie sicher war, ob er ihre unersättliche Lüsternheit stillen konnte, die ihn gewiss betrog und ihn vielleicht noch in dieser Nacht, während er schlief, unter dem Kissen ersticken würde."* [177]

Georges Duby bringt die Wurzeln der Angst des Mannes vor der Frau auf den Punkt. Die Angst vor dem, den man gerade in einen Hörigen verwandelt hatte, und mit dem man dennoch Tisch und Bett teilen musste, wurde Bestandteil der Urangst, die Psychologen noch heute bei Mann und Frau diagnostizieren.

Die hohe Minne

Wie aus Protest gegen die Verfestigung der hierarchischen Ordnung breitet sich mit Beginn des 12. Jahrhunderts an den Fürstenhöfen der Provence, Aragoniens und des Languedoc die höfische Minne als gesellschaftliche Form aus.

Wie uns die Minne – etwa im Tristanlied – entgegentritt, ist sie ein einmaliges, durch nichts erschöpfend zu erklärendes Ereignis. Im Tristanroman wird von einer Leidenschaft erzählt, die durch einen Gifttrank ausgelöst wird. Die hierdurch ausgelöste Liebesekstase zwischen Tristan und Isolde tritt jetzt an die Stelle der Entrückung, die früher dem Umgang mit dem Heiligen vorbehalten war. Tristan legt als selbst gewähltes Hindernis zwischen seinen und Isoldes Körper das Schwert. Dieses Hindernis soll das Brennen des Begehrens lebendig halten. Ohne stets neu auftretende Hindernisse müssten Tristan und Isolde heiraten und die Geschichte wäre aus. Nach dem strengen Reglement der höfischen Minne wäre die Liebe dann erloschen. Sie könnte nicht länger Instrument des Schmerzes und damit **ein privilegiertes Mittel der Erkenntnis** sein.

Denis de Rougemont [178], ein Altmeister der Minneforschung, deutet die leidenschaftliche Ekstase als eine Form der Askese. Für ihn ist das Hindernis im Minnedrama keineswegs dazu da, um den anschließenden Liebesgenuss nur noch köstlicher zu machen, wie jedermann von uns das erwartet. Für ihn ist das Hindernis vielmehr um seiner selbst willen gesetzt, und zwar als Fahrzeug auf dem Weg zur Erleuchtung. Der endgültigen Erleuchtung geht notwendigerweise der Liebestod voraus.

Denis de Rougemont vertritt die These, dass die gnostische Sekte der Katharer, die sich im 11. und 12. Jahrhundert in der Provence ausbreitete, die höfische Lyrik der Troubadoure inspiriert habe. Dass erotische Energien zur Verehrung des Heiligen dienen, ist aus vielen Religionen bekannt. Bei der Minne kommt die Erwartung des

"Verschmelzens" hinzu, die hinfort die romantische Sehnsucht begleitet – auch in unseren Tagen. Verschmelzen ist ein Terminus der Gnosis, der sich nicht auf Liebende untereinander bezieht, sondern auf die Verschmelzung des Lichtfunkens im Menschen mit dem Lichtvater, sobald der Leib stirbt. Bei Juden, Christen und Moslems gibt es kein Verschmelzen, vielmehr bleibt der Abgrund zwischen Mensch und Gott ewig und unendlich. Die Verschmelzungsmystik profaniert sich erst später in der europäischen Liebeslyrik.

Die Sprache der höfischen Minne ist nicht religiös, sondern literarisch und heroisch. Das Liebeswerben wird mit Bildern der Kriegskunst beschrieben. Die Dame wird "belagert", "eingeschlossen", ihre "Schutzwehren werden umgangen", nur damit der Liebhaber nach der Eroberung zu ihrem Gefangenen wird, genauer: zu ihrem Vasallen, und sie zu seiner Lehnsherrin.[179] Die hochgespannte Vermischung von Kriegskunst und gefühlvollem Elan macht aus den Turnieren eine dramatische Inszenierung von Liebe, Ehre, Tränen und Blut. Selbst die Kriege verlangen jetzt nach sakraler Weihe: Die Kreuzzüge werden entworfen – erst gegen die gnostischen Katharer, dann gegen die Muselmanen. Sie geben dem in der Luft liegenden Heroismus ein heiliges Ziel. Der Krieg für eine heilige Sache, ein "belief-system", entfaltet sich hier als altes Paradigma für die Kampfeslust des Männerbundes, dem wir schon im Kapitel 7 begegnet sind.

Ziel der Liebespassion ist nicht eigentlich die konkrete Frau. Und welche Bedeutung hat die Liebe dann, wenn sie nicht einer anderen Person gilt? Die Dame ist eher Resonanzboden für die unerfüllte Lust. Der eigentliche Adressat der Liebe ist die eigene **Lichtseele**, die in der Ekstase geweckt und schließlich befreit werden soll. Dies macht deutlich, dass die Liebesminne eine versteckte Apotheose des Narzissmus enthält, und zwar für den Mann. Dieser Narzissmus wird uns später noch beschäftigen.

Es gibt einige Elemente der Minne, die sehr deutlich an die gnostischen Lehren erinnern und den keltischen Sagen fremd sind; so etwa die Keuschheit – bei manchen Troubadouren ist zur *"purgatio des tyrannischen Instinktes"* [180] die Umarmung zugelassen – vor allem aber die Todessehnsucht. Die Ehe wird als Sünde verdammt, weil in ihr der Vollzug des Liebesaktes ohne Liebe befohlen wird. Die Gnosis rechtfertigt deshalb den Widerstand gegen die Ehe als soziales Gefängnis, wie sie von vielen, nur oberflächlich christianisierten Männern und Frauen empfunden wurde. Ein weiterer Grund trat neu zum alten heidnischen Groll: Die meisten nachgeborenen Söhne konnten seit Anfang des 11. Jahrhunderts nicht mehr heiraten, weil sie keinen Besitz hatten. Bei diesen Enterbten besteht also ein zusätzliches Interesse an der Geringschätzung von Ehe, wofür die gnostischen Ideen plötzlich die passende Rechtfertigung lieferten.

Fernwirkungen der Minne

Die Poesie und Rhetorik der Troubadoure hatten Fernwirkungen ausgerechnet in der Institution, die der Minne am wenigsten gewogen war: der Kirche nämlich. Nachdem die Katharer, deren vermutlichen Einfluss auf die Minne wir geschildert haben, in blutigen Kreuzzügen in der Provence, in Aragonien und dem Languedoc liquidiert worden waren, tauchen in der ersten Hälfte des 13. Jahrhunderts in Italien und Spanien die Bettelorden und im 16. Jahrhundert die christlichen Mystiker auf: Theresa von Avila, Johannes vom Kreuz, Franziskus von Assisi, Meister Ekkehard, um nur einige zu nennen. In den Schriften dieser Heiligen tauchen Sprachwendungen auf – "Liebeskampf", "Stachel der Liebe", "Liebesgruß", "das gestohlene Herz", vor allem aber die Wendung "die Liebe als höchste Erkenntnis" (provenzalisch: canoscenza) –, an denen der äußerst verschlungene Zusammenhang zwischen erotischer und himmlischer Leidenschaft aufscheint. [181]
So wie die Minne nur in einer Kultur entstehen konnte, in der die mit

dem Jenseits verbundene, souveräne Kraft des Weiblichen noch nicht ganz vergessen war, hat sie dann ihrerseits neue Graswurzeln hinterlassen, die in Frankreich die weibliche Ebenbürtigkeit immer wieder aufleben ließen. Ein Beispiel aus dem 15. Jahrhundert wollen wir hier nennen, obwohl es sich um eine singuläre Gestalt handelt: Jeanne d'Arc. Dass eine Jungfrau als Kriegsführerin und Retterin des Vaterlandes akzeptiert wird, kann nur damit zusammenhängen, dass die Heil bringende Macht von Frauen im Bewusstsein des Volkes immer noch nicht völlig verdrängt war. Jeanne d'Arcs Gestalt schließt eher an die keltischen Sagen an als an die Minne. Aber die Minne hatte eben diese Sagen neu belebt und damit Erinnerungen wach gehalten. Es ist zu vermuten, dass eine Jungfrau in Worms oder Magdeburg, anders als in Orléans, bereits von ihrem Dorfpfarrer verbrannt worden wäre.

Eine weitere Fernwirkung der Minne ist ebenfalls in Frankreich zu entdecken. Auch dort sind Frauen längst restlos verfügbare Geschöpfe, gleichgültig ob als Tochter, Maitresse oder Ehefrau. Umso mehr ist die Frauenbewegung des frühen 17. Jahrhunderts, die der so genannten Précieusen von Paris, ein Unikum im historischen Kontext der damaligen Welt. Die Précieusen stellten die gesellschaftlichen Wertvorstellungen ihrer Zeit vollkommen auf den Kopf – diesmal nicht im Sinne spiritueller Erleuchtung, sondern im Interesse der Bildung. Der Wandel von der Mystik zur Aufklärung deutet sich an.

1610 erschien *L'Astrée*, ein Roman, der die Beherrschung und tugendhafte Reserviertheit in der Liebesbegierde fordert. Mademoiselle de Scudéry, Bannerträgerin der Bewegung, verschmäht Ehe und Besitz: Sie will souverän und frei sein; ihre Tugend soll in mehr bestehen als Gehorsam dem Ehemann gegenüber. Kultur, Wissen und feine Gesinnung waren das Anliegen dieser Frauen. Allerdings waren zu jener Zeit 79 % der Männer und 85 % der Frauen Analphabeten.[182/183]

Die verblüffendste "Gemeinsamkeit" mit der Minne ist sicher die Abneigung gegen die Ehe und der Wunsch der Frau, nicht allein mit ihrem Körper identifiziert zu werden. Freilich ist die Abkehr vom "Fleische" hier anders motiviert als bei der Keuschheit der Minne. Aber das Denkmuster der "Vergeistigung der Liebe" wäre ohne Nachhall der Minne wahrscheinlich nicht entstanden. Wir finden bei den Précieusen ein **Element des anti-patriarchalischen Protestes**, den wir auch bei der Minnebewegung entdecken. Jetzt aber sind es zum ersten Mal in der Weltgeschichte die Frauen selbst, die es wagen, die Ehe als das zu charakterisieren, was sie schon immer war: Instrument ihrer Unterwerfung.

Von Liebe ist bei dieser ersten Bewegung des Frauenprotestes sehr wohl die Rede, auch wenn der laut artikulierte Wunsch nach "Vergeistigung" von Spöttern belächelt wurde. Die seit dem 16. Jahrhundert entwickelte Wertvorstellung, **die für Frauen Bücher zu verbotenen Gegenständen** machte, verlor an Durchschlagskraft. Molières beißender Spott in seinem Theaterstück "Les Précieuses ridicules" erfreute die erbosten Ehemänner. Im Übrigen reagierten diese Männer – wenigstens aus der Distanz unserer Tage (dreihundert Jahre später) gesehen – sehr viel weniger repressiv, als man für diese Zeit erwarten könnte, in der in Deutschland noch mit Genuss Hexen verbrannt wurden.

Die wichtigste Fernwirkung der Minne ist ganz ohne Zweifel die Entstehung der Romantik als literarische Bewegung und später als Lebensgefühl. Nach der Aufklärung und ihrer Nüchternheit wandte sich das Denken wieder dem Mittelalter und dem Gefühl zu. Unversehens schlugen dabei die Flammen der leidenschaftlichen Liebe hoch – diesmal übrigens in Deutschland besonders heftig. Sechshundertundfünfzig Jahre sind seit Wilhelm von Aquitanien, dem ersten Troubadour vergangen.

Was wurde aus der Minne?

Die Fernwirkung der Minne und der Ritterromane auf scheinbar so unterschiedliche Phänomene wie die christliche Mystik und das weibliche Bildungsbewusstsein deuten bereits an, wie vielschichtig der Einfluss des Liebesparadigmas auf die gesamte Neuzeit ist. Die Liebe als Passion[184] braucht die Ebenbürtigkeit der Geschlechter. Hierzu hat die bei den Kelten noch greifbare Selbstständigkeit der Frauen beigetragen. In der Minnezeit war die Ebenbürtigkeit rechtlich bereits beseitigt, sie wurde aber in der Figur der Hohen Frau literarisch wieder hergestellt.

In der Liebe als Passion wird der Hunger nach "mehr" geweckt, belohnt und gleichzeitig nie befriedigt. Liebe war immer auch ein Vehikel für die Verschmelzung mit dem Allerhöchsten. Ich habe schon gesagt, dass die Mystiker sich der Bildersprache der Ritterromane bedienten, die sie in ihrer Jugend gelesen hatten – Theresa von Avila und Franziskus von Assisi bekannten dies freimütig. Für sie führte Liebesekstase zu Gott. Die Verwendung erotischer Impulse für den Heilsweg war bei den Mystikern nicht verboten (vergleiche auch Hildegard von Bingen).

Für den heutigen Menschen ist dieser Zusammenhang absurd, ja unmoralisch. Jahrhunderte des Puritanismus haben Eros und Heilsweg strikt getrennt. Dadurch geriet das Heilige schlechthin aus dem Zentrum der Aufmerksamkeit. Dort bleibt allein die Liebe zurück, **obwohl Liebe ursprünglich nur ein Vehikel und kein Ziel war.** Das Ziel war zu jener Zeit die Erkenntnis der himmlischen Herrlichkeit.

Mit der Romantik, Ende des 18. Jahrhunderts, wurde es Mode, die Liebesleidenschaft zur Stiftung der Ehe zu verwenden – ein Gedanke, der den Theoretikern der Minne frevelhaft erschienen wäre. Ehe war für sie ein Geschäft der Väter. Ungeachtet des Umstandes, dass Ehe ein Geschäft der Väter blieb, verbreitete sich die Idee der

Liebesheirat über ganz Europa. Bei Schiller – obwohl er nicht zu den Romantikern zählt – ist Liebe die Kraft, die Standesunterschiede überwindet (Kabale und Liebe).

War die Liebesheirat zuerst eine Erscheinung des Bildungsbürgertums, so setzte sie sich von 1790 bis heute im ganzen Volk und zuletzt im Adel durch. Alle anderen Ehegründe – Familienallianz, Weitergabe des Erbes, ökonomische Versorgung, Gefolgschaft – wurden mehr oder weniger verdrängt. Dieser Prozess ging allerdings sehr langsam vor sich.

Es wäre eine reizvolle Idee, die Liebesgesänge der Kelten und die Liebesgedichte der Troubadoure als Fanal der Frauenbefreiung in Europa zu bezeichnen. Trotz aller Fernwirkungen, von denen wir gesprochen haben, kann allerdings davon keine Rede sein. Die Beseitigung des Feudalismus und der gesetzlichen Ungleichheit für Frauen verdanken wir erst den politischen Reformen im Geiste der Aufklärung, die für Frauen mit einhundertfünfzig Jahren Verzögerung wirkten. Die romantische Liebe hat, wie ich später noch zeigen werde, für die Ebenbürtigkeit der Frau eher Fußangeln gelegt.

Welche Rolle spielt die Liebe für die Ehe? Für die Ordnung in der Familie hatte die Liebesromantik eine latente Sprengkraft. Der spöttische Betrachter könnte anmerken: Die Liebesehe brachte für die Ehe nichts als Scherereien und machte aus der Lust am Beischlaf und dem Recht auf Gefolgschaft eine störanfällige Paarbeziehung. Allerdings verwandelte die Liebe für eine gewisse Zeit den tumben Mann und die langweilige Frau in Wesen aus einer anderen Welt. Das Element der Spannung, der Abwechslung und des Abenteuers konnte als goldene Erinnerung erhalten bleiben.

In vielen Kulturen gab es eine Liebespoesie und eine Liebeskultur. In China diente sie dem Lebensgenuss, in Indien der Steigerung und Vergeistigung der Sexualität, in Persien und Arabien der Verfeinerung des Lebens als Paar. Überall hatte die Liebeskultur das Ziel, den Genuss des Mannes zu steigern. Im Abendland war das anders, und zwar nach einer Liebestheorie, die sich – wie überall sonst auch – Männer, nicht Frauen, ausgedacht hatten. Hier verweigerte sich die Minne ausdrücklich dem Sex – und der Ehe. Die Liebes-Minne war nicht für das Paarleben bestimmt, ihr Objekt war die Hohe Frau, und nicht die Liebste. Ausgerechnet diese merkwürdige – theoretisch sexlose – Liebe hatte in der Neuzeit ein grandioses Come-back, das wir in keiner anderen Kultur finden. Sexlos war allerdings die Romantische Liebe nicht mehr. In Europa wurde das Come-back des Liebeskultes in der Romantik von Ideen zur Gesellschaftsreform begleitet, in denen die Egalität – auch die Egalität von Frauen – ein wichtiges Thema war.[185]

17.
Die bürgerliche Liebesehe

Die "Liebe im Abendland" hat für die Emanzipation und Symmetrie der Geschlechter eine durchaus zweischneidige Rolle gespielt. Das Paradigma "Liebe" im Kontext mit der Ehe hat nämlich keineswegs nur im Sinne der Aufklärung gewirkt. Das neue Ideal der Liebesehe verstrickte Frauen viel mehr in neue Abhängigkeiten. Die Liebesehe ist für uns so selbstverständlich – und so selbstverständlich "privat" – dass wir nie darüber nachdenken, dass auch sie aus einer politischen Entwicklung hervorging. Genauso wie die Ehe aus der feudalen Krieger- und Standesgesellschaft entstand, entstand die Liebesehe aus einer Revolution gegen genau diese Standesgesellschaft. Als literarisches und philosophisches Phänomen erscheinen Liebe und Liebesehe in Frankreich und England schon seit dem 17. Jahrhundert.[186] Politisch-gesellschaftlich aber wird die Liebesehe erst nach den Revolutionen in Frankreich und Amerika zur gültigen Konvention für die Elite. Die Liebesheirat sollte jetzt die Standesheirat ersetzen, aber das konnte nicht ohne Regeln geschehen. Sie diente keineswegs nur der Befriedigung des freiheitlichen oder romantischen Elans: Sie etablierte vielmehr eine neue Ordnung.

Die meisten Männer erhielten erst im späten 19. Jahrhundert ein Recht auf Ehe.[187] Ohne Land oder selbstständiges Gewerbe konnten sie vorher entweder gar nicht oder nur durch besondere Eheerlaubnis der Vorgesetzten oder der Behörden heiraten. Eine eigene Frau zu haben, bedeutete einen Statusgewinn für den Mann. Dass die Frau dem Ehemann gehorchen muss, während sie sich vorher von ihrem Freund auch trennen konnte, machte die neue Ehephilosophie jetzt auch bei den Männern der Unterschicht populär.

Die bürgerliche Ehe brauchte, um sich abzuheben, eine neue Philosophie und Moral. In der Feudalzeit waren die Partner durch ihren Stand und ihr Vermögen ebenbürtig. In diesen beiden Voraussetzungen der Ehe waren Mann und Frau gleich. Dies gab ihrem Bund eine solide Verankerung in der Welt, im Unterschied zur Gefühlswelt. Seit dem 19. Jahrhundert, dem neuen bürgerlichen Zeitalter, spielten ererbte objektive Attribute, wie Stand und Vermögen, eine geringere Rolle. Der Mann sollte fleißig und tüchtig sein, also persönliche Eigenschaften haben, die seinen Aufstieg in der Gesellschaft erwarten ließen. Die Frau sollte eine Mitgift mitbringen, aber vor allem persönliche Würde. Diese Würde erwarb die Frau durch Tugend, und erst diese machte sie der Liebe eines Ehemannes würdig. Die besonderen Tugenden einer Ehefrau ersetzten jetzt die Standeswürde.

Zahlreiche Ratgeber und Tugendbücher – im Englischen heißen sie "conduct books" – beschreiben diese Tugenden[188] und betonen die wesentlichen Unterschiede zwischen Mann und Frau. Die Tugenden der Ehefrau sind Frömmigkeit, völlige Selbstentäußerung, Anstand,

Abb. 29: Mann groß – Frau klein.
Henri Matisse (1869 – 1954), "Das Gespräch".[Q29]

159

Häuslichkeit, Ergebenheit, Fleiß, Bescheidenheit – diese und ähnliche Eigenschaften erst machen aus der gewöhnlichen Frau eine Ehefrau und vor allem eine "Dame", die Ansehen in der Gesellschaft genießt.

Tugend ersetzt jetzt den Adel – jede Frau kann eine Dame oder eine Lady werden, wenn sie sich strikt an die Regeln des Anstandes hält. Leidenschaft zum Beispiel muss für eine Dame fremd sein, Sexualität verabscheuenswert. Sex wird von da an ein rein männliches Wort. Durch tugendhafte Liebe adelt die Frau die Ehe. Sie verleiht dem Mann, der gestern gesellschaftlich noch ein Niemand war, einen würdigen Rahmen. Mit der von den bedeutendsten Geistern der Zeit begrüßten Liebesehe begibt sich die Bürgergesellschaft auf eine Plattform, auf der sie es dem Adel gleichmachen kann; auch Adelige müssen bald aus Liebe heiraten, wenn sie auf der Höhe der Zeit sein wollen.

Es ist diese "Dame Ehefrau", die es unternimmt, in der aufstrebenden, ungebärdigen, nicht adeligen Gesellschaft des 19. Jahrhunderts die Regeln des Anstandes und der guten Sitten einzupflanzen, besonders in den USA. Für eine kurze Periode wurde die Frau zur Trägerin der guten Sitten und der Moral, auch gegenüber dem Mann, der in die Geschäfte mit der bösen Welt verstrickt war. Goethes Wort *"Willst du genau erfahren, was sich ziemt, so frage nur bei edlen Frauen an."* [189] gibt die höfische Facette dieses Denkens wieder.

Die bürgerliche Facette der Liebesehe, die wir bisher beschrieben haben, ist eine Vulgarisierung ihres Urbildes und Vorbildes, der innigen geistig-inspirierten ehelichen Vereinigung. Dieses Eheideal war es, das die Dichter der romantischen Epoche, besonders Friedrich Schlegel (1772 – 1829), beschrieben hatten – das Ideal der Ehe als eine Gefühls- und Seelengemeinschaft, die hinfort nicht mehr als reine Rechts- und Nutzenbeziehung, sondern als geistigseelische – und sinnliche! – Vereinigung gelten soll.

Viele Gebildete lasen diese Schriften, von denen jahrhundertelang immer neue Wirkungen ausgingen. In Friedrich Schlegels Roman "Lucinde" heißt es bei der Beschreibung der höchsten Stufe der Liebeskultur: "... *Welcher Jüngling das hat, der liebt nicht mehr bloß wie ein Mann, sondern zugleich auch wie ein Weib.*" [190] Diese Überzeugung von der Gleichwertigkeit der Geschlechter teilen auch andere Dichter und Dichterinnen, die in dieser Zeit zum ersten Mal hervortreten, zum Beispiel Bettina von Brentano (1781 – 1831), Karoline von Günderode (1780 – 1806), Rahel Levin (1771 – 1833). Bei aller Freiheit und Betonung der Sinnlichkeit wurde bei den Frühromantikern an der Einheit von Liebe und Ehe festgehalten. Nur Goethe empfahl in seinem Drama "Stella" (1776) eine "ménage à trois" und schlug in seinen Wahlverwandtschaften einen Ehevertrag auf fünf Jahre vor.

Unter den Zeitgenossen war es nur eine kleine Minderheit, die sich diesen kühnen Ideen der Liebesehe öffnete und sie mit Gleichgesinnten verwirklichen konnte. Nicht nur für das Volk, sondern auch für die Mittelschicht ruhte die "Einheit von Liebe und Ehe" anmutig zwischen den Seiten der Poesiealben und Almanache. Das Eheideal war Stoff zum Träumen. Tatsächlich wurde aus der Vorstellung von der bürgerlichen Liebesehe eine Pflicht zur Liebe. Die Liebesehe war die Erfindung einer Bildungsschicht. Die normalen Bürger, die an der neuen Mode teilhaben wollten, bogen sich diese Erfindung zurecht: "Mein Kind", sagte die Mutter zur Tochter, "Liebe, das kommt mit der Ehe." In dieser Verballhornung durch die Verbindung eines neuen mit einem alten Ideal hatte die Rolle der Frau nur noch wenig Ähnlichkeit mit einer Vasallin. Das neue Ideal der Ehefrau war eher das einer Untertanin "aus Liebe" – analog zum männlichen Untertanenideal "aus Vaterlandsliebe". Wer sich auf die Liebesehe eingelassen hatte, wusste bald, dass dies "Dienst" bedeutete.

Heilige und Hure

Mit der bürgerlichen Liebesehe verschoben sich die Akzente. Die Frau wurde einerseits nur dadurch des Mannes würdig, dass sie sich dies immer neu durch Tugend und Frömmigkeit verdiente, andererseits aber auch seine Sinnlichkeit befriedigte. Dem Ehrgeiz waren keine Grenzen gesetzt. Der ”Tugendwettbewerb“ unter Frauen schuf die Basis für das, was wir später die ”Matronen“ nennen werden. Es ist diese Frau als Heilige, deren Bild auch in den Köpfen moderner Männer spukt, direkt neben dem Bild der Hure, das ihre erotischen Phantasien erregt.

Die Gespaltenheit des Frauenbildes in zwei gleich unmenschliche und gleich unverständliche Wesen, mit denen der Mann sein Bedürfnis, zu **verehren** und zu **begehren**, projiziert, beschäftigt die Eheberater bis heute. Zwar ist es der Ehrgeiz vieler Männer, die ”Heilige“ zu heiraten und in ihr die ”Hure“ zu wecken,[191] aber gerade dabei kommt das ”Verehren“ dem ”Begehren“ oft in die Quere – es lähmt die Liebeslust. Wie aktuell das Thema, das Aufgeklärte für längst erledigt halten, bis heute ist, ergab eine Befragung von Bremer Studenten und Facharbeitern, die zeigt, dass für Studenten noch immer die Frau der ”helle Teil der Macht“ oder der ”saubere Teil des Lebens“ ist. Die Idealisierung der Frau macht sie genauso zur ”Anderen“ wie die Zoten es tun, wenn ”Männer unter sich“ reden. Verehrung und Zoten gehören immer zusammen, wenn es gilt, Frauen gleiche Rechte zu verweigern. Facharbeiter zeigten die hier geschilderte Doppelmoral viel weniger als Studenten; ihre Sprache ist egalitärer und nüchterner.[192]

Auf das Selbstwertgefühl der Frauen wirkte sich das bürgerlich-viktorianische Tugendideal der Ehefrau noch verhängnisvoller aus als das feudale Ideal. Die Frau musste nicht nur das Rechte tun, sondern sie musste stets besorgt sein, ob alle anderen ihre Gesinnung billigten. Erst daran entschied sich, ob sie als Frau gesellschaftlich akzeptiert wurde. Individualität und Spontaneität waren verpönt oder mussten doch streng dosiert werden. Wir kennen den Widerschein dieses Denkens aus den ungeschriebenen Regeln heutiger Frauengruppen, die Deborah Tannen so deutlich beschrieb: Eine Frau muss in damenhafter Haltung sitzen und die Beine zusammenhalten, sie muss leise sprechen, nur kurze Redebeiträge leisten und sich entschuldigen – sonst gilt sie als arrogant und unweiblich. Es sind die Zustände der heutigen New Yorker Gesellschaft, und nicht etwa die des 19. Jahrhunderts, die Tannen hier beschrieben hat.[193]

Verhalten sich junge Frauen in Berlin oder Hamburg anders? In Einzelheiten sicher, aber auch sie dürfen im Frauenkreis nie angeben – was bei Männern selbstverständlich ist – und müssen auf betont egalitäres Verhalten achten.

Warum haben sich Frauen auf dieses Spiel mit dem Tugendideal eingelassen? Seit sie kleine Mädchen waren, wurden Frauen zum Bravsein erzogen. Sie blieben mit dem Abwasch zu Hause, wenn die Brüder loszogen, sie durften nicht mit auf Klassenfahrt – dies alles gilt heute noch zum Beispiel für Berlinerinnen, die in der Türkei geboren wurden. Für diese Selbstverleugnungen erwartet sie eines Tages die große Belohnung. Die große Belohnung ist die romantische Liebe. In dieser Liebe soll alles abgegolten werden, was die Mädchen an Demütigungen im Leben einstecken mussten. Sie werden alles tun, um diese Liebe zu bekommen und zu erhalten. Droht der Ehemann mit Liebesentzug, so wird die Frau jede Anstrengung auf sich nehmen, um ihn freundlich zu stimmen. Liebe ist die *raison d'être* der Ehefrau. Darum hält sie an ihr fest, bis zum bitteren Ende: "Aber ich liebe ihn doch", sagt selbst die Frau, die sich vor den Misshandlungen des Mannes ins Frauenhaus gerettet hat. Wir kennen bedeutende und weniger bedeutende Frauen, die von ihren Partnern immer wieder betrogen werden mit Geld und mit Affären, und die doch immer weiter lieben. Dies geschieht sicher um des Mannes willen, aber es geschieht auch, um das Selbst zu retten.

Die Liebesehe ist zur Grundlage der weiblichen Identität geworden, auch dann, wenn die Liebe längst Fiktion wurde.

Liebe adelt die Frau, gibt ihr Format – in den eigenen Augen, aber auch in den Augen der Welt. Nicht die pflichtgemäße Gattenliebe, nicht die behagliche Zuneigung zum Ernährer oder die Mutterliebe, nein, allein die romantische Liebe wird Ziel des weiblichen Ehrgeizes. Damit ist die totale Abhängigkeit der Frau vom Mann besiegelt – stärker, als dies in der feudalen oder der bürgerlichen Ehe der Fall war. Liebe wird zur weiblichen Dauerbeschäftigung.

Wir müssen zwischendurch immer wieder darauf hinweisen, dass es **konkrete Liebe und Liebesehen immer schon gab** und gibt, den offiziellen Regeln und sozialen Hindernissen zum Trotz. Auch in den grimmigen Zeiten des griechischen Patriarchats gab es hie und da den Ruhm unsterblicher Liebe, so etwa der Liebe zwischen Perikles, dem ersten Achonten von Athen und Aspasia aus Milet, oder Theodora und Justinian von Byzanz. Aber bleiben wir nicht nur bei berühmten Paaren. Jeder von uns kennt aus den Geschichten über die eigene Familie Beispiele, wobei allerdings verklärende Erinnerungen eine Rolle spielen. Ich weiß zum Beispiel aus eigener Anschauung, dass die Ehe meiner Großmutter eine Liebesehe war.

Die Minne und das Abendland hat die Leidenschaft des Mannes **außerhalb der Ehe** kultiviert – die Hohe Frau fungierte als verehrungswürdige Gestalt, heute würden wir sagen: als Traumgeliebte. Die Bewegung der Romantik, sechshundert Jahre später, kultivierte die Leidenschaft **innerhalb der Ehe**. Ob damals schon jemand ahnte, welche Sprengkraft darin liegt, wenn die Kernzelle der Gesellschaft, nämlich die Familie, von nun an allein auf Gefühl und Passion gegründet ist?

Meine These ist: Die romantische Liebe hat Frauen de facto nicht befreit, sondern vielmehr unsicherer und unselbstständiger gemacht. Sie nahmen zum Liebesmythos Zuflucht, wenn sie mit der Realität ihres Partners emotional in Schwierigkeiten kamen.

Sie konnten sich der Liebe des Mannes nie sicher sein. Diese Unsicherheit senkte ihr Selbstwertgefühl. Frauen vertrauten dem romantischen Liebesideal mehr als der eigenen Kraft – sie tun es oft heute noch. Die unterschwellige Botschaft des romantischen Ideals lautet: Liebe gibt es nur, wenn eine Frau auf Selbstständigkeit, Beruf und Karriere verzichtet.

Die Liebesehe als wunderbar beseelte Erfindung – hat sie die sozial verordnete Minderwertigkeit der Frauen gemildert? In Einzelfällen sicher, aber de facto war es nicht die Liebesehe, sondern die Gesetzgebung, die die Über- und Unterordnung lockerte. Der hierarchische Anspruch der Liebe ist heute noch allgegenwärtig. Dieser Anspruch kommt nicht mehr hoch zu Ross daher, sondern viel eher in Turnschuhen oder Stiefeln.

Eine Frage bleibt unbeantwortet: **Wird sich der romantische Elan, der für die heutige Liebesehe und viele andere Beziehungen zwischen Mann und Frau eine solche Rolle spielt, auch ohne feudale Attitüde erhalten?**

18.
Ehe als Mythos und Ehe aus Interesse

Was ist Ehe heute? Eine Alternative zur Sippe oder ein Bündnis zwischen Familien ist die Ehe nicht mehr. Sie ist auch keine Haushalts- und Produktionsgemeinschaft, jedenfalls in westlichen Ländern.

Ehe ist Liebesehe, und Liebesehe ist Romantik, die sich im Alltag der Kernzelle "Familie" bewähren muss. Liebesehe – die bisher sublimste Form der Ehe in ihrer fünftausendjährigen Geschichte – wird seit Mitte des vorigen Jahrhunderts weniger durch Gesetze und Konventionen geregelt, sondern mehr durch den Mythos Ehe, der Heil durch Liebe verspricht.

Im Griechischen bedeutet Mythos Wort oder Erzählung. Die wichtigsten Mythen erzählten vom Ursprung der Welt, der Götter, des Stammes und von anderen fundamentalen Ereignissen im Leben eines Volkes. Der Mythos erklärte das Dasein, die Existenz im Allgemeinen und das Sosein, die konkrete Einzelgestalt. Aus dem Mythos entstehen Leitbilder und Begründungen für soziale Gebote. Und umgekehrt bedürfen die sozialen Gebote der Legitimation durch den Mythos.

Die Philosophie der Neuzeit ließ den Mythos hinter sich und konzentrierte sich ausschließlich auf den Logos, auf Verstand und Vernunft. Dessen ungeachtet leben Mythen auch heute weiter und werden unermüdlich neu bearbeitet. Unversehens entstehen neue Mythen, so etwa der Mythos von der klassenlosen Gesellschaft, der mit der Zeit die Farbe einer endzeitlichen Prophezeiung annahm.[194]

Der Mythos Liebesehe wächst aus Erzählungen von Eltern oder Altersgefährten, aber mehr noch aus Romanen, Gedichten, Filmen, Liedern und Schlagern. Romane wie "Vom Winde verweht" oder

Filme wie "Love Story" seien hier stellvertretend erwähnt. Goethes "Leiden des jungen Werther" ist genauso in den Mythos eingegangen wie Nabokovs "Lolita". – Wir selbst wirken am Mythos und seinem Erlebniswert mit, hier und jetzt. Jeder neue Einfall über die Liebesehe, der veröffentlicht wird, vertieft den Mythos; jedes prominente Paar, das seine Trennung verkündet, beschädigt ihn – ruft aber auch das "Recht haben" auf den Plan: "Wir lieben besser!"

Die europäische Version des Mythos Ehe verdankt ihre theologische Grundlage dem christlichen Umfeld. Seit etwa 1200 n.Chr. wurde

Abb. 30: Marc Chagall (1887 – 1985), "Das Brautpaar mit dem Eiffelturm".[Q30]

die Eheschließung von einem rein weltlichen Vertrag zu einem kirchlichen Sakrament. Die christliche Ehe-Mystik überhöhte von da an die feudale Lebensordnung. So wie die Kirche als Braut Christus diente, sollte die Frau dem Manne dienen, der ihr gegenüber als Stellvertreter des himmlischen Herrn galt. Die Unterordnung hatte heilsgeschichtliche Bedeutung. Obwohl diese Geschichten kaum jemand mehr kennt, bedienen Frauen heute noch ihre Ehemänner. Das nenne ich Wirkung eines Mythos! Bei den anderen Weltreligionen sind die Bilder verschieden, die Botschaft die gleiche. Überall ist der Dienst am Ehemann religiöse Pflicht.

Man könnte einwenden, der Mythos Ehe wäre längst unwirksam geworden und die Ehe selbst einer nüchternen Betrachtung gewichen. Hierfür gibt es Anzeichen. Wenn man Meinungsumfragen liest, dann sind zwar 73 % der Bevölkerung der Meinung, die Ehe solle erhalten bleiben. Aber auf die Frage "Glauben Sie, dass die meisten Ehen in Deutschland glücklich, gleichgültig oder unglücklich verlaufen?", sagen 25 % der Befragten "glücklich", 41 % "gleichgültig" und 15 % "unglücklich". – Ebenso nüchtern sind die Ansichten über die Ehe als Bindung auf Lebenszeit. Hier erwarten nur weniger als die Hälfte der Befragten, nämlich 44 %, dass die Ehe eine lebenslange Bindung sei.

Diese kritische und selbstkritische Einstellung der Bevölkerung hat allerdings die Hoffnung auf die **Große Liebe** nicht ausgelöscht. 64 % glauben an die Große Liebe, bei den unter 30-Jährigen sind es 71 %.[195] Der Glaube an die Große Liebe wird von Bedingungen und Erwartungen begleitet, die einst nur für die Ehe galten – so etwa Treue und exklusive Hingabe. Mit Liebe wird nicht nur Leidenschaft sondern "Heil" assoziiert.

Ulrich Beck spricht in diesem Zusammenhang von "der irdischen Religion der Liebe", die, wie er fürchtet, eines Tages genauso entzaubert werden könnte wie die alten Religionen.[196] Die irdische Religion der Liebe verschmilzt mit dem alten Mythos Ehe. Die Ehe soll das Liebesbündnis heiligen und vor allem **sicher** machen. Allen Scheidungsstatistiken zum Trotz hat Ehe immer noch die Anmutung von Dauer, Heil und Ewigkeit. Die "irdische Religion der Liebe" füllt ein Vakuum, das der Rückzug der religiösen Dimension aus dem allgemeinen Bewusstsein hinterlassen hat.

Es sind besonders Frauen, die an der Ehe festhalten und an die Liebe glauben.[197] Frauen sind die eigentlichen Gralshüter. Wenn wir bis heute nur selten ebenbürtige Partnerschaften haben: Hier liegt der wichtigste Grund dafür. "Sich in Liebe verlieren, hin- und hergerissen sein zwischen Nähe und Distanz, oder auf der Gefühlsachterbahn von "himmelhoch jauchzend" ins Tal der Tränen zu stürzen – das scheint vor allem Frauensache zu sein. Der abendländische Mann hingegen möchte so wenig Zeit wie möglich mit seinen Gefühlen "vertun". Das erweist sich auch beim Sex. *"Je schneller er zum Orgasmus kommt, umso besser."* [198] Diese ironischen Worte erinnern daran, dass **Männer zwar den Mythos Ehe und später den Mythos Liebe erfunden haben**, aber selten bei ihm verweilen. Andere Mythen – etwa Kampf, Sieg, Vaterland – haben einen höheren Erlebniswert.

Alle Beobachtungen zeigen, dass Frauen die Ehe häufiger und nachdrücklicher anstreben als Männer. Gerade Frauen "glauben" an den Mythos Ehe, in dem doch ihre weltanschaulich begründete Minderwertigkeit konserviert ist. Für diese zunächst widersprüchliche Neigung von Frauen, ausgerechnet diejenige Institution, die sie sozial degradiert, besonders heftig zu begehren, ist die **Interessenlage entscheidend**. Die Ehe ist für Frauen überwältigend attraktiv, weil sie viele tausend Jahre anders nicht überleben konnten. Und auch heute, wo es durchaus möglich ist, ohne den Schutz eines Mannes zu leben, bleibt es ein wichtiges Interesse jeder Frau, mit der Ehe Ansehen und Rang zu gewinnen. – Männer müssen nicht heiraten, um Ansehen und Rang zu gewinnen, entsprechend geringer ist ihr Interesse an der Ehe.

Dass es weniger die Veranlagung und stärker die Interessen sind, erkennt man an Frauen in herrschenden Positionen: Sie hängen seltener am Mythos Ehe – obwohl auch sie heiraten (zum Beispiel
Madonna oder Steffi Graf). Sie wissen genau, dass ihre auch heute
noch bestehende Inferiorität als Angehörige des weiblichen Geschlechts durch die Ehe angehoben wird. Außerdem sind Frauen
in der Regel ärmer und möchten das durch die Ehe ändern.
Verona Feldbusch ist hierfür ein prominentes Beispiel. Ehrgeiz ist
oft ein wichtiges Motiv, wenn Frauen die Ehe anstreben.

Aus dem Mythos Liebesehe entwickelten sich inzwischen konflikt-
trächtige Leitbilder. Die Liebesehe soll heute zwei diametral verschiedene Bedürfnisse befriedigen, einmal das sexuelle Verlangen
zwischen einem Mann und einer Frau, und zum zweiten die Sehnsucht nach Zugehörigkeit und Geborgenheit in einer kleinen Gruppe. Das deutlichste Signal für den Konflikt ist die Kinderlosigkeit in
den westlichen Gesellschaften. Nur kinderlose Frauen können dem
Bild der romantisch Liebenden entsprechen. Die Bereitschaft, ein
"Nest" für Zugehörigkeit zu bauen, um darin Kinder aufzuziehen,
gehört nicht zu den Geboten des Liebesmythos – und seinen real
existierenden Scheidungen. Im Gegenteil: Kinder entziehen dem
Partner Aufmerksamkeit, und das schätzt er durchaus nicht.

Immer mehr Zeitgenossen halten die Ehe für eine aussterbende Einrichtung. Rational lässt sich über diese Frage trefflich streiten. Eine
Alternative zur Ehe – wie es die alte Sippe war – zeichnet sich nicht
ab, höchstens in der außerehelichen Lebensgemeinschaft. Die
meisten Geschiedenen heiraten zum zweiten und dritten Mal. Das
liegt meines Erachtens daran, dass sich eine Kerngruppe für Zugehörigkeit heute nur über eine Ehe erreichen lässt. Es liegt aber
noch stärker an der unverändert lebendigen Hoffnung, die vom
Mythos Liebesehe ausgeht.

19.
Ehe als Erbe

Abb. 31: Adam wendet sich ab.
Paul Gaugin, "Adam und Eva". [Q31]

Ehe hatte nicht nur gewaltige Auswirkungen auf die Beziehung zwischen den Geschlechtern, sondern auch auf die Gesamtverfassung der Gesellschaft. Der Grad der Feudalisierung lässt sich bis heute an den Ehegesetzen – oder noch einfacher – an der Kleidung im Straßenbild ablesen. Der Schleier, das züchtige Kopftuch oder die Spaghetti-Träger signalisieren zuverlässig, mit welchen feudalen oder nicht-feudalen Untergruppen wir es zu tun haben.

Die Geschichte der Ehe ist erstaunlich kurz – erstaunlich jedenfalls dann – wenn man sie mit der verbreiteten Meinung vergleicht, die

Ehe sei von der Natur zum Zwecke der Fortpflanzung geschaffen worden. Tatsächlich umfasst die förmliche Ehe nur eine Zeitspanne von etwa vier- bis fünftausend Jahren aus dem gesamten Spektrum der hunderttausendjährigen Geschichte des Zusammenlebens von Mann und Frau. Wir haben eine Blitzreise durch die Phasen dieses Zusammenlebens unternommen: von der ehelosen Partnerschaft bis zur Mündelehe. Überall dort, wo sich die Ehe formalisierte, schwand die Gleichrangigkeit der Frau. Wenn die Engländerin Rosalinde Miles fragt: *"Wie konnten die Männer erfolgreich die Minderwertigkeit der Frau durchsetzen?"* [199], dann lautet die Antwort: "Mit Hilfe der Ehe!"

Auch die Sippenordnung, Vorläufer der Ehe, gab es "nicht immer schon", sondern sie entstand in einem bestimmten Moment der Menschheitsgeschichte. Die Sippenordnung schränkte das Recht des Stärkeren ein. Um ein solches Gesetz durchzusetzen, muss ein starkes Motiv vorhanden gewesen sein, das wir nur erraten können. Vielleicht entstand die Sippe, weil die Frauen dort geschützter waren als in der Horde und ihre Reproduktionschancen damit sicherer wurden.

Ich wiederhole und präzisiere noch einmal die Kernsätze und Hypothesen unserer Blitzreise:

1.   Die Sippe – und nicht Ehe und Familie – bildete in der Steinzeit die soziale Kerngruppe der menschlichen Spezies. Die Sippenältesten waren die Vorgesetzten von miteinander blutsverwandten Frauen **und** Männern.

Sexuelle Bindungen spielten für die Über- und Unterordnung in der Sippe keine Rolle.

2.   Während der Sippenverfassung sind Frau und Mann gleichwertig, einfach aufgrund der Tatsache, dass in dieser langen Periode der Mann kein Ehemann war und keine Rechte in der Sippe seiner Sexualpartnerin besaß.

3.   **Die Ehe entstand als politische Einrichtung.** So lange die

Frauen in Sippen verbündet waren, stellten sie dem Männerbund gegenüber eine selbstständige Autorität dar. Erst als die Frauen einzeln auf die Familien ihrer Geschlechtspartner verteilt wurden, verlor das Sippensystem seine Bedeutung. Gleichzeitig verloren Frauen ihre eigenständige Position bei politischen Entscheidungen und wurden zu Anhängseln ihrer Ehemänner.

4.   Mit der Ehe wurde es möglich, **die Genitalsphäre der Frau der Kontrolle des Mannes** (Vater, Ehemann, Lehrer oder Priester) **zu unterwerfen.** Jetzt konnte die sexuelle Aktivität der Frau diffamiert werden. Dies wurde zum entscheidenden Hebel, um Frauen wegen ihres Sexes sozial zu entwerten.

Die so geschaffene Unreinheit der weiblichen Sexualität wurde durch Mythen gefestigt. Eine der bekanntesten Mythen ist der von Eva und der Schlange.

5.   Es entwickelte sich ein Kodex der Diskriminierung des weiblichen Sexes, dessen Ursprung immer wieder bei den Religionen – etwa im Judentum, Christentum, Islam – gesucht wird. Dadurch werden Zusammenhang und Reihenfolge der Frauenentwertung verschleiert. Die Diskriminierung begann bereits in Babylon – lange vor der Entwicklung der Weltreligionen. **Die Minderwertigkeit des weiblichen Sexes hat in erster Linie politische** – und nicht religiöse – Ziele, nämlich die Errichtung und Festigung des Patriarchats.

Dass Männer des geistlichen Standes zu allen Zeiten und Orten besonders geneigt waren, religiöse Bilder zu entwickeln, mit denen sich der Machtmissbrauch gegenüber Frauen rechtfertigen oder sogar anfeuern ließ, hängt mehr mit ihrer Zugehörigkeit zum Männerbund zusammen als mit der jeweiligen Religion, die sie vertreten. Weltliche Philosophen und Wissenschaftler taten es ihnen gleich.

6.   Nicht nur die Sippenorganisation ging mit der Eheschließung verloren, sondern auch die **Solidarität der Frauen** untereinander. Warum dies geschah, ist rätselhaft, sicher ist nur, dass

Frauen keine Bündnisse schlossen, die den Männerbünden gewachsen waren. Die Ehe riss zwar die blutsverwandte Frauengruppe auseinander, aber es hätten sich theoretisch auch mit fremden, eingeheirateten Frauen Bündnisse schließen lassen. Welche Bedeutung die gleichgeschlechtliche Solidarität für das Machtgleichgewicht hat, zeigen die Berichte von Forschern über Menschenaffen. Bei den Bonobos schließen weibliche Tiere sehr feste Bündnisse und entgehen damit dem Schicksal der mit ihnen nah verwandten Schimpansinnen, die von den Männchen verprügelt werden.[200]

7.   Durch die Ehe wird jeder Mann von der doppelten Loyalität zur Muttersippe einerseits und zur Sippe der Partnerin andererseits befreit. Er holt sich die Frau ins Haus seiner Mutter – dies ist sein persönlicher Vorteil. Die Geschichte lässt andererseits vermuten, dass es zu Beginn nicht der einzelne Mann war, der sich die Frau unterordnete, sondern dass diese Unterordnung von den Führern des Bundes per Anweisung, per "in Mode kommen" oder per religiöser Rechtfertigung durchgesetzt wurde: Es war eine gezielte Strategie, die latent auch gegen Männer gerichtet sein konnte. **Nicht nur der Mann sollte die Frau kontrollieren, auch die Frau sollte den Mann überwachen und vor Ort festhalten.**

8.   Es entspricht dem politischen Charakter der förmlichen Ehe, dass sie jahrtausendelang auf die Oberschicht beschränkt blieb. In den einzelnen Kulturen gab es zwischen der informellen Partnerschaft und der formellen Ehe halb förmliche Bündnisse, zum Beispiel die Beena-Ehe in Israel oder die Friedel-Ehe im germanischen Sprachraum. Die Ehe wurde in jedem Fall von oben nach unten durchgesetzt, wie man es bei einer politischen Einrichtung erwartet. Noch bis ins 19. Jahrhundert waren Unbemittelte in vielen deutschen Staaten nicht ehefähig.

9.   Ehe als überlieferte Institution der Feudalzeit hatte sehr viel mit Macht und Über- und Unterordnung zu tun und sehr wenig mit Eros oder Fortpflanzung. Diese Tatsache wird beharrlich verschwie-

gen. Dass Ehe je etwas mit Macht zu tun gehabt habe oder gar heute noch etwas mit Macht zu tun hat, gilt im heutigen Diskurs als anstößiger Gedanke, der besser nicht ausgesprochen wird. Ehe soll gefälligst nur mit Liebe zu tun haben!

10. Für die Zukunft ist die **Rangordnung in der Ehe** ein entscheidender Faktor dafür, ob sie weiter besteht. Es klingt wie eine "schreckliche Vereinfachung", wenn ich in die subtilen Analysen über Männliches und Weibliches und die daraus resultierenden Ehestörungen einen so einfachen Nenner wie Rang einführe. Macht, Rang, Ansehen und Aufmerksamkeit spielen aber für den Selbstentwurf und damit für das gesamte Verhalten – auch in der partnerschaftlichen Zweisamkeit – eine Rolle, deren Bedeutung von vielen, auch den meisten Eheberatern unterschätzt wird.

11. **Die feudale Ehe lebt weiter.** Mitten in unserer aufgeklärten, demokratischen Welt geht das alte feudale Spiel in tausend Verkleidungen weiter – keineswegs nur bei konservativen Männern und Frauen, nein, genauso bei Grünen, Linken, Anarchisten und Esoterikern. In ihrem Buch "Der Tod des Märchenprinzen" bearbeitet Svende Merian dieses Spiel für die 68er-Generation.[201] Es ist ein Spiel mit Nebensätzen und Handbewegungen, die man auch am Fernsehen beobachten kann. Es ist ein Spiel, das am häuslichen Herd stattfindet oder im offiziellen Leben des Berufes, der Verwaltung oder Politik. Es ist das Spiel vom Herrn und Knecht.

Ich bin davon überzeugt, dass die unbewusst feudalen Attitüden, die sich vereinfacht auf die geheime Überzeugung "Ich bin mehr wert als du" zurückführen lassen, die wichtigste Quelle der Ehezerrüttungen sind. Deshalb werden wir in den nächsten Kapiteln besonders markante Phänomene aus dem Hier und Jetzt beleuchten, die zeigen, wie Partnerschaftsprobleme mit der stillschweigend immer noch feudalen Prägung von Mann und Frau zusammenhängen, obwohl die Hierarchie in der Ehe abgeschafft wurde – und zwar per Gesetz.

V. Ehe heute

20.
Die Konditionierung der Machtpotentiale bei Frauen und Männern

Macht: theoretische Aspekte

Das Machtgleichgewicht zwischen Mann und Frau wird im postmodernen Diskurs selten thematisiert. Und doch werden bei keinem Merkmal die Unterschiede zwischen den Geschlechtern so deutlich und so heftig gedacht und gefühlt wie bei der Macht. Macht haben ist männlich – egal worauf die Macht sich immer gründen mag; ob es die Macht des Schwertes oder die Macht des Geldes ist. Im öffentlichen Bewusstsein sind es seine überlegenen Fähigkeiten, die dem Mann Macht verleihen.

Wir betrachten jetzt, welche Prozesse im Bewusstsein von Mädchen und Jungen ablaufen, um die Machtverteilung zu garantieren. Es geht in diesem Kapitel um die Konditionierung des Verhaltens der Frau durch Frauen. Zum Schluss betrachten wir die Konditionierung des Mannes durch die Frauengruppe und dann durch den Männerbund. Zum Einstieg in das Thema Macht will ich vorab einige Definitionen der Macht vorstellen.

Eine noch heute gängige Definition stammt von Max Weber und lautet: *"Macht bedeutet jede Chance, innerhalb einer sozialen Beziehung den eigenen Willen auch gegen Widerstreben durchzusetzen, gleichviel worauf die Chance beruht."* [202] Diese Formulierung hat den Vorzug, dass jeder sie sich vorstellen kann. Jeder hat schon erlebt, wie es ist, wenn ein anderer seinen Willen gegen das eigene Widerstreben durchsetzt, oder wenn er selbst dies tut. Max Webers Definition fehlt die moralische Dimension: Macht instrumentalisiert hier einen fremden Willen für eigene Zwecke. Außerdem erfasst sein Begriff nicht die strukturelle Macht gesellschaftlicher Institutionen,

Abb. 32: Feudale Macht. Anthonis Mor. Bild des A. Perrenot de Granvella, 1549.[Q32]

die in der ehe eine so große Rolle spielen. Die strukturelle Macht wächst dem Mann durch die gesellschaftliche Ordnung zu. Er würde sich die Frau sehr viel weniger unterordnen, wenn er mit ihr auf einem isolierten Eiland leben würde.

Der Machtbegriff von Hannah Arendt ist von dem Max Webers diametral verschieden. *"Über Macht verfügt niemals ein Einzelner, sie ist im Besitz einer Gruppe und bleibt nur so lange existent, als die Gruppe zusammenhält."* [203] *"Macht hat vielmehr performativen Charakter, sie entsteht erst im Augenblick des gemeinsamen Handelns."* [204] Dass Macht erst im Augenblick des gemeinsamen Handelns entsteht, erleben wir in der politischen Wirklichkeit tatsächlich – nicht oft, aber manchmal. Am Ende des vorigen Jahrhunderts wurde dies in der **Solidarnos-Bewegung** in Polen deutlich, sowie kurz vor dem Mauerfall in der DDR. Ein anderes Beispiel betrifft Serbien, wo die Bürger die Absetzung von Milosevic erzwangen. Auch im nicht-politischen Raum, etwa in Familien oder Dörfern, finden wir Machtausübung durch gemeinsames Handeln. Darüber hinaus kann der Einzelne seine Macht nur durchsetzen, soweit die soziale Gruppe dies billigt.

Dass Macht im Verhältnis der Geschlechter und insbesondere in der Ehe eine große Rolle spielte (und spielt), zeigt uns Günter Dux. Für Dux ist Macht jeder gesellschaftlichen Lebensäußerung immanent. *"Jeder muss aus Gründen der anthropologischen Verfassung Sorge um sich tragen; jeder muss suchen, seine Interessen gegenüber anderen anzumelden und sie auch durchzusetzen."* [205] Macht ist bei Dux für das Überleben notwendig, also positiv. Allerdings sei es nur ein kleiner Schritt von der Durchsetzung der eigenen Interessen bis zur Unterwerfung anderer. *"Unter der Determination von Liebe ist Macht weit heruntergesetzt; soweit das Verhältnis von Mann und Frau über Liebe bestimmt ist, habe die Macht also keine Macht. Umso unverständlicher müsse es erscheinen, dass Macht zur Ungleichstellung der Frau gegenüber dem Mann geführt hat."* [206] Dux erklärt dies damit, dass die übergreifende Organisation so stark von Macht durchsetzt war, dass dies auf die Beziehung von Mann und Frau durchschlug. *"Die Zurücksetzung der Frau erfolgte, weil sie nicht die gleichen Machtpotentiale entwickeln konnte."* [207]

Die Frage, warum sie es nicht konnte, bleibt bei Dux offen. Nach meiner These entwickelten Frauen **deshalb nicht die gleichen Machtpotentiale wie Männer, weil sie durch die Ehe zum Bestandteil des männlichen Systems geworden waren und die weibliche Solidarität aufgegeben hatten.** Seit der Feudalzeit fehlte den Frauen dem Männerbund gegenüber die Gegenmacht. Gegenmacht ist aber das Einzige, was Macht in Schach hält.

Eine Kernthese von Günter Dux möchte ich hier ausführlicher wiedergeben:

"Es gibt einen Antagonismus der Geschlechter, wir haben ihn durch die Geschichte hin gefunden. Er ist weder physiologisch noch psychologisch begründet. Dimorphismus und unterschiedliche Aggressivität begründen ihn so wenig wie Unterschiede der Mentalität. Er ist überhaupt nicht anthropologisch begründet. Der Grund des Antagonismus liegt in den Bedingungen, unter denen sich gesellschaftliche Strukturen bilden und hernach weiterentwickeln. Nicht weil ein anthropologischer Antagonismus die Geschlechter gegeneinander gesetzt hätte, ist deren Verhältnis aus dem Lot geraten; der Antagonismus ist ein gesellschaftlicher und also historischer." [208]

Diese These, dass es die gesellschaftlichen und historischen Antagonismen sind – und keine biologischen oder spirituellen – treffen den Kern meiner Aussage in diesem Buch.

Macht Privat

Jetzt möchte ich von dem hohen Podest der soziologisch-anthropologischen Definitionen der Macht herabsteigen und einen Blick auf die "Macht" im Gefühlshaushalt der einzelnen Personen werfen. Macht wird nicht nur auf den großen Bühnen ausgespielt, sondern bei vielen kleinen Entscheidungen, im Schlafzimmer und in der Küche: Wo wollen wir leben – auf dem Land oder in der Stadt? Kinder haben oder nicht? Geld für dieses ausgeben, aber nicht für jenes? …

Die Frage lautet: "Was gewinnt der Stärkere, wenn er den eigenen Willen zu Hause durchsetzt?" Noch vor zwei Generationen gewann der Patriarch im eigenen Bewusstsein die Überzeugung, er halte durch seine Machtausübung die Welt im Lot. Heute ist das vorbei. Der "Gewinn" aus der Macht ist gleichsam privatisiert und wird nie offen zugegeben. Gewinn ist zunächst die Befriedigung des Egos, die sich einstellt, wenn einer dem anderen seinen Willen aufzwingen kann. Das Triumphgefühl, das diese Ich-Bestätigung auslöst, erkennt man am Aufblitzen im Auge dessen, der obsiegt hat. Der Triumph stellt den "Hauptgewinn" aus den Machtspielen dar. Man sollte meinen, der Gewinn nutze sich ab, sobald die Machtausübung zur Gewohnheit wird, aber die Erfahrung zeigt, dass das "Die müssen tun, was ich sage!" eine dauerhafte narzisstische Befriedigung darstellt.

Ein zweiter Gewinn ist die immer neue Bestätigung, dass die Gefährtin oder der Gefährte ein/e fügsame/r Gefolgsmann/-frau ist und bleibt. Jemanden haben, der tut was ich sage, ist ein Schutzwall gegen die Verletzungen des Egos in der Welt draußen. Dies wird deutlich, wenn der Schwächere eines Tages nicht mehr alle Spiele mitspielt, eigene Projekte verfolgt, neue Freunde findet. Dann zeigt sich, dass mit der Macht ein Schutzwall zusammenbricht.

Selbstbestätigung des manchmal narzisstisch überhöhten Ichs und Schutz vor Verletzungen, das sind die wichtigsten "Gewinne" der Macht. Das Verlangen nach Macht ist universell. Es bildet sich im Kindergarten und auf dem Schulhof und setzt sich im Beruf fort. Vom Schulhof werden die Mechanismen der Macht in die private Sphäre eingeschleppt, wie jeder mit Jungen erleben kann, die plötzlich Mutter und Schwester kommandieren wollen. **Dass Liebe die Macht zügele, wie Günter Dux meint, ist ein frommer Wunsch.** Liebe kann im Gegenteil besonders leicht dazu benutzt werden, um dem anderen seinen Willen aufzuzwingen. Das wissen wir von der liebevollen elterlichen Macht.

Viele Psychologen halten das Verlangen nach Macht nicht für einen primären Antrieb. Dies hat auch historische Gründe. Alfred Adler, ein Zeitgenosse Sigmund Freuds, sah es für erwiesen an, dass das Streben, von der Ohnmacht zur Macht zu gelangen, der entscheidende Antrieb im Menschen sei, weil dies Selbstwert erzeuge. Dieser Forschungsansatz ging unter, denn Sigmund Freuds These von der Libido oder dem Sex als zentralem Trieb setzte sich durch. Die Lust an der Macht verschwand aus den Lehrbüchern, allerdings nicht aus den Köpfen und erst recht nicht aus dem Unbewussten.

Die Machtfrage ist selten eine exklusive Entscheidung unter Eheleuten. Die Konditionierung zu einem bestimmten Verhalten ist eine Sache des gesamtgesellschaftlichen Umfeldes. Um diese Konditionierung geht es uns jetzt. Sie erfolgt, lange bevor die ersten Liebesbeziehungen zwischen einem Jungen und einem Mädchen aufgenommen werden. Konditionieren, das tun Eltern, Lehrer, Vereinsvorsitzende, die Peer-Group und natürlich die Medien. Frauen konditionieren in erster Linie Frauen. Wir werden aufzeigen, dass viele Defizite – etwa im Selbstwertgefühl – von der Frauengruppe ausgelöst werden. Noch immer bereitet die Frauengruppe ein Mädchen darauf vor, einem Manne gegenüber fügsam zu sein und ihre Selbstbehauptung zurückzustellen. Auch Männer werden konditioniert, als kleine Jungen durch die Frauengruppe, später durch den Männerbund. Auch hier ist die Konditionierung selten so, dass sie eine Partnerschaft zwischen Mann und Frau erleichtert.

Unsichtbare Macht

Macht ist immer nur von unten aus sichtbar. Wer zur Elite gehört, nimmt nicht die eigene Macht wahr, sondern nur "die Sache". Wer immer heute einen Mächtigen nach der Macht fragt – wie zum Beispiel einen Staatspräsidenten, einen Unternehmensführer oder einen hohen Funktionär des Sportes – wird von ihm viele Worte über die

Begrenztheit seiner Macht hören, nie über diese selbst. Dies war vermutlich schon bei Hammurabi, Assurbanipal und Karl dem Großen nicht anders. Für die Mächtigen ist die eigene Macht fast immer ein Produkt der Notwendigkeit oder des Schicksals. Eben deshalb projizieren sie die Macht auf Götter – später Ideologien – und sehen sich als deren Beauftragte. Im Namen dieser Götter, die scheinbar das Ziel der Macht vorgeben und dafür die Verantwortung tragen, wird vieles verschleiert, was an eigenen Interessen den Mächtigen selbst beeinflussen mag.

Von unten gesehen werden die Interessen sehr viel deutlicher sichtbar. Diener der Mächtigen – heute Referenten genannt – begreifen genau, wann, wo und in wessen Interesse Macht ausgeübt wird: Bürger und Bürgerinnen beziehen Nachrichten aus Fernsehen und Zeitung, und machen sich kundig, wessen Interessen im Spiel sind.

Wer da glaubt, die Unsichtbarkeit der Macht von oben aus sei heute "nicht mehr so", der irrt. Zutreffend ist: Die Macht wurde durch die Demokratie auf viel mehr Köpfe verteilt. Wir haben jetzt viel zahlreichere Machthaber und noch mehr kundige Bürger und zusätzlich jene Zwillingsbrüder der Mächtigen, die Journalisten und Journalistinnen, die sie kritisieren oder unterstützen, Konflikte schüren oder verschleiern. Das Sichtbarkeits-/Unsichtbarkeits-Schema hat sich lediglich verschoben. Mehr Mächtige müssen die Kritik "von unten" anhören, annehmen müssen sie nichts. Noch immer werden Machtfragen verdeckt, noch immer wittern die Unteren "Interessen", noch immer verweisen die Oberen auf "die Sache", das Schicksal und die Anliegen des Volkes.

Dies gilt in hohem Maße für die Frage der Machtverteilung zwischen Männern und Frauen und zwischen Mann und Frau. Dass es hier überhaupt eine Machtfrage gibt, bleibt verdeckt. Der Diskurs dreht sich um die Sache der Familie, der Kinder, um den Erhalt der Kultur, und ganz besonders um die Liebe. Verborgen unter solchen Themen – wie etwa der Einrichtung von Ganztagsschulen in

Deutschland – wird die Machtfrage zwischen den Geschlechtern ausgetragen. Männer halten Ganztagsschulen für unvereinbar mit den Werten der Familie, Frauen begrüßen sie. Wenn eine solche Kontroverse in einem Komitee oder einem Diskussionskreis ausbricht, ergibt sich Betretenheit. Die wenigen Frauen blicken verlegen oder beschwichtigend, die Männer beißen sich auf die Lippen, und einer setzt zu einer scharfen Replik an, die das Publikum darauf hinweist, wir wären schließlich eine Kulturnation, die ihre Kinder nicht verwahrlosen lassen wolle. Niemand fragt, was das mit dem Thema zu tun habe. Alle verstehen, dass diese Bemerkung von einer rationalen Debatte des Themas ablenken und dunkle Zusammenhänge (Ganztagsschule bedeutet Macht für Frauen und Verwahrlosung der Kinder) andeuten soll. Die Andeutung soll erschrecken und mundtot machen. Was wir an diesem Beispiel erleben, sind Männer, die ihre strukturelle Macht – heute zwar schwächer, aber immer noch vorhanden – anwenden, um die mögliche Ausweitung weiblicher Macht als Bedrohung darzustellen. Bedroht ist angeblich nicht die männliche Macht, sondern das Gemeinwohl.

Macht wird oft verschleiert, nicht nur im öffentlichen Raum, sondern auch in der Zweisamkeit. Macht zieht sich verschiedene Gewänder an – etwa das Gewand des verführerischen Eros, dem sich die Tore weit öffnen. Auch das Gewand der Fürsorge kleidet die Macht vorzüglich. **Das Wohl des anderen** eignet sich ausgezeichnet dazu, das eigene Machtstreben nahezu unsichtbar zu machen. Viele Frauenrechtlerinnen des 19. und 20. Jahrhunderts setzten sich mit großem Erfolg für weibliche Bildung und Emanzipation sowie für allgemeine soziale Anliegen ein. Ihre Namen – zum Beispiel Helene Stöcker, Lou Andrea Salomé, Rosa Mayreder – verschwanden hinter der "Sache" Die meinungsbildende Elite wertet den weiblichen Einfluss nicht als Macht. Nur deshalb wurde und wird er toleriert.

Die Konditionierung der Machtlosigkeit bei Frauen

Machtverteilung in der Öffentlichkeit

Wie sieht die Machtverteilung im öffentlichen Leben heute in der westlichen Welt aus? Frauen dringen in immer mehr Berufe ein, neuerdings sogar als Soldatinnen. Die Beschäftigungsquote der Frauen in Deutschland lag zwischen 1997 und 2001 bei 56,9 % (im Vergleich Schweden: 71,0 %, Schweiz: 69,2 %), die der deutschen Männer lag bei 73,3 %.[209] Frauen sind in den Führungsetagen von Wirtschaft, Verwaltung und Wissenschaft mit 3 – 4 % vertreten. Karriere machen Männer, wie man besonders deutlich bei den ärztlichen Berufen sehen kann: Hausärzte sind oft weiblich, Chefärzte immer männlich.

In der Politik sind die Karrierechancen für Frauen höher als auf den anderen Feldern, was damit zu tun haben könnte, dass politische Gremien inzwischen vom Quotendruck beeinflusst wurden. Über Quoten ist schon viel Abfälliges gesagt worden, gerade auch von Frauen, die sich in ihrer Ehre gekränkt fühlen: Leistung soll entscheiden – nicht Gender. Diese Parole klingt zwar sehr edel, sie geht aber an der historischen Realität restlos vorbei. Die Quote ist ein politisches Instrument. Es soll nicht die Anthropologie korrigieren, sondern eine bestimmte historische Entwicklung, durch die Frauen bis vor kurzem von der Macht und vom Kompetenzerwerb ausgeschlossen wurden.

Männer, die eine Frau befördern, gehen mehr Risiken ein, als wenn sie einen Mann befördern; beim Versagen der Kandidatin ernten sie ein mitleidiges oder feixendes Lachen in der Kantine. Wenn ein männlicher Bewerber später versagt, quittiert dies die Führungsrunde eher mit Schulterzucken. Eine Quote würde diese Situation entlasten. Die *affirmativ-action*-Gesetzgebung in den USA, die Frauen und Farbigen in der Ausbildung und im Berufseinstieg bessere Chancen gab, wurde inzwischen in mehreren Staaten aufgehoben. Mit ihr wurde erreicht, dass rein weiße oder rein männliche Büros aus der Mode kamen. 1970 waren 1 % der US-Spitzenmanager Frauen, 1995 waren es 5 % (in Deutschland 4 %). Eine einfache Hochrechnung ergäbe, dass es bis zum Jahr 2270 dauern würde, bis Männer und Frauen die gleiche Chance haben, eine Spitzenposition zu erreichen.[210] Wenn nichts dazwischen kommt!

Als Fazit ist festzuhalten: In der Öffentlichkeit ist die Macht der Frauen auch in westlichen Demokratien gering. Die Frage, die in diesem Zusammenhang immer wieder gestellt wird, lautet: Wollen Frauen überhaupt Macht im Beruf und in der Öffentlichkeit, oder scheuen sie nicht eher davor zurück? Es gibt zunehmend mehr Frauen, die ihr Machtpotential ausbauen und dies mit Freude tun. Untersuchungen deuten aber darauf hin, dass viele Frauen auch heute noch Angst davor haben, eine Karriere anzustreben, um Macht auszuüben. Frauen verzichten auf Erfolg, es ist ihnen wichtiger, beliebt zu sein. Kein Mann käme auf die Idee, er werde unbeliebt, wenn er erfolgreich ist – und wenn doch, stört ihn das nicht, oder doch nur manchmal.

Warum sind Frauen der Macht und dem Erfolg gegenüber so zurückhaltend? Sind sie ”von Natur“ altruistischer? Warum neigen sie dazu, in der Selbstdarstellung knapp zu sein, Lob abzuwehren und sich immer unterbrechen zu lassen, wie dies Deborah Tannen[211] 1991 für New York schildert, und wie wir es an uns selbst immer wieder beobachten können? Um einer Beantwortung dieser Frage näher zu kommen, verweisen wir jetzt auf einige markante Sozialisierungsprozesse, mit deren Hilfe Mädchen und Frauen konditioniert werden. Ich glaube, dass die Angst vor Erfolg und die Abwehr der Macht hier ihre Wurzeln haben könnten.

Macht über sich selbst

Im Lebenslauf eines Menschen beginnt Macht als Macht über sich selbst. Die Macht über sich selbst spüren und der eigenen Gaben und Fähigkeiten innewerden, ist maßgeblich für das Erleben des Selbstwertes.

Macht – Macht hier im Sinne von Zuversicht in die Beherrschung der eigenen Fähigkeiten und des eigenen Potentials – hat Frau als Mädchen, im Alter von neun Jahren.[212] Dann beginnt ein Umwandlungsprozess.

Die "American Association of University Women" führte eine landesweite Umfrage durch, um herauszufinden, ob und wie sich das Selbstverständnis von Mädchen in der Pubertät ändert. Im Grundschulalter waren 60 % der Mädchen und 67 % der Jungen mit sich zufrieden. In der "High-School" waren es nur noch 29 % der Mädchen und 50 % der Jungen. *"Was ein Mensch von sich hält, hat reale Auswirkungen auf das, was er tut und wie er mit seinen Fähigkeiten umgeht. Die Umfrage zeigt, dass das nachlassende Selbstvertrauen der Mädchen ihre Handlungen und Fähigkeiten stärker hemmt, als das bei Jungen der Fall ist."* [213]

Kommen wir zurück auf die schöne Zeit mit neun Jahren. Neun Jahre bedeutet, dass die Kinderzeit zu Ende ist, aber noch keine andere soziale Rolle angenommen wurde. Mädchen verschlingen die allen Kindern bekannte Geschichte von Pippi Langstrumpf, dieser Heldin, die Pferde hochheben kann. Inzwischen gibt es viele Heldinnen in der Kinderliteratur, besonders in japanischen Comics. Astrid Lindgren hat als Erste mit Pippi eine Gestalt geschaffen, die in jeder erwachsenen Frau eine längst verdrängte Erinnerung weckt. Ihre kleine Tochter, der sie aus dem Buch vorliest, versteht die Botschaft direkt: Ich bin eine Heldin, und wenn ich groß bin, werde ich eine große Heldin.

Mit neun Jahren sind Jungen und Mädchen gleich mächtig – oder gleich ohnmächtig, je nach Begabung und Persönlichkeit. Mit neun ist die Welt ein fairer Tummelplatz, es herrscht Waffengleichheit. Irgendwann zwischen elf und dreizehn Jahren ist die Waffengleichheit dahin, und der Wettbewerb verzerrt. Nicht alle Frauen erinnern sich an diese Lebensphase. Ich erinnere mich mit Vergnügen an diese Zeit. Krieg und Not war kein Hemmnis meiner Abenteuerlust; kein überfüllter Eisenbahnwaggon, keine Altmaterialsammlung von Haus zu Haus konnten mich einschüchtern. Das Reden mit fremden Leuten war interessanter als das mit der eigenen Familie. Unabhängigkeit, Rationalität und Selbstbestimmung zeichnen das Erwachsensein aus, sagen die Psychologen. Demnach war ich im Alter von acht bis elf erwachsen. Mit zehn besah ich die Familie mit freundlicher Nachsicht, urteilte unbefangen "rational"; egal ob es sich um die sexuelle Aufklärung handelte, mit der meine Mutter sich abmühte, oder um "die Regierung", die eben böse war, weil sie einem von mir geliebten Menschen schadete. Ich hatte eine innere Freiheit meiner Umgebung gegenüber, die ich so nie wieder erlebt habe.

Die Hemmnisse werden offenbar erst um das zehnte Lebensjahr verinnerlicht.[214] Dass der Wandlungsprozess mit der Vorpubertät einsetzt, gibt ihm den Anschein der "Natürlichkeit", der biologischen Bedingtheit. Tatsächlich aber wächst gleichzeitig in diesem Alter die realistische Einschätzung der Umwelt. Mädchen mit zehn oder elf Jahren beginnen, die Erwartungen der Umgebung nicht nur zu durchschauen, sondern ernst zu nehmen. Nur selten befiehlt ihnen jemand eindeutig: "Von jetzt an bist du nicht mehr laut, nicht mehr keck, sondern vorsichtig, unaufdringlich, zurückhaltend. Denk an die anderen!" Die Kommandos sind leise und subtil, aber nachdrücklich. Das Mädchen wird eine "richtige Frau", weil sie entdecken muss, dass sie mit der Selbstbehauptung ihres Kinder-Ichs in die soziale Isolation geraten würde.

Ergreifend beschreibt eine Chinesin den Verlust des Selberseins:

"Ich habe mich nicht ganz plötzlich verloren. Über Jahre hinweg rieb ich mir das Gesicht ab, indem ich meinen Kummer mit Tränen fortspülte, so wie Steinmeißelungen allmählich vom Wasser aufgerieben werden. – Und doch kann ich mich heute einer Zeit entsinnen, als ich jauchzend umherlief und nicht stillstehen konnte." [215]

Die Lektion in Minderung des Selbstvertrauens, die das Mädchen zwischen zehn und elf Jahren zum ersten Mal verinnerlicht – und nicht etwa von Geburt an – wird ganz verschieden erlebt. Einige Mädchen bleiben unverdrossen selbstbewusst und haben damit für das ganze Leben einen Vorteil. Unvergessen ist mir eine junge Frau aus Peking, die sich von ihren Gefährtinnen in Gedanken und Artikulierung lebhaft unterschied. Später erzählte sie mir beiläufig, ihr Vater habe Mädchen und Jungen in der Familie genau gleich behandelt – in China eine Sensation!

Man könnte fragen: Gibt es den Wandlungsprozess heute noch? Werden Mädchen jetzt nicht genauso frei erzogen wie Jungen? Wo werden sie noch von den Erwachsenen oder von Gleichaltrigen zum Wohlverhalten angehalten? Gewiss, vieles hat sich geändert, und doch beobachten wir auch bei vielen Mädchen, die nach 1980 geboren wurden, einen ähnlichen Wandlungsprozess im Selbstvertrauen, wie ihn die oben genannte Studie der "American Association of University Women" zeigt, und wie ihn junge deutsche Autorinnen beschreiben. [216]

In der Regel beginnen die Lektionen übrigens lange vor der Pubertät, aber sie werden noch nicht so ernst genommen. Wenn Sara, sechs, stolz posaunt, sie könne schon lesen und Klavier spielen, lächelt die Mutter verlegen. Sie bestärkt das Kind durchaus nicht, sondern weist darauf hin, dass Saras Lesen so toll noch nicht sei. Wenn Jakob, sieben, in gleicher Weise renommiert, schüttelt die Mutter zwar auch den Kopf, aber sie lächelt vergnügt über den kleinen Angeber. Diese frühe Konditionierung in geschlechtsspezifischem Verhalten hört sich unscheinbar an. Und doch wird es sich dem Mädchen einprägen. Angeben darf der Bruder – sie nicht. Sie darf auch nicht keck reden, nicht wettbewerbsorientiert handeln und vor allem nicht prahlen. Das Verhalten des Mädchens und damit auch sein inneres Wesen wird abgerieben, so wie das Amy Tan sagt: *"... wird rund und glatt gerieben zwischen zehn und dreizehn Jahren."* Später wird die Sozialforschung die fundamentalen Spielregeln des sozialen Verhaltens bei erwachsenen Frauen analysieren. Deborah Tannen beschreibt für die New Yorker Gesellschaft, wie wichtig es für erwachsene Frauen ist, jede Art von Selbstdarstellung zu unterdrücken und das eigene Licht möglichst unter den Scheffel zu stellen. **Angst vor Erfolg** wird Frauen zuerst nicht von Männern, sondern **von der Frauengruppe** beigebracht, und zwar von Müttern, Schwestern, Lehrerinnen, aber in erster Linie von Freundinnen. Männer werden später diese Angst durch ihre Missbilligung des weiblichen Erfolges verstärken.[217]

Die sexuelle Belästigung als Vehikel der Macht

Wir machen einen Sprung vom Mädchen zwischen neun und dreizehn Jahren zur jungen, erwachsenen Frau und betrachten ein Konditionierungsprogramm ganz anderer Art als die weibliche Ermahnung: die sexuelle Belästigung. Fast alle Frauen zwischen fünfzehn und vierzig Jahren haben erlebt, dass sie gegen ihren Willen festgehalten, begrapscht und geküsst worden sind, oder anzügliche Bemerkungen zu hören bekamen. Damit keine Missverständnisse aufkommen: Es geht hier nicht um das Hinterherpfeifen oder das Schulterklopfen, an dem Frauen insgeheim Spaß haben können, es geht um die Anwendung körperlicher Gewalt. Wenn sich dies bei einem Fest, auf der Straße, in der Universität ereignet, fühlt sich die Frau gedemütigt, angeekelt und wütend, nicht anders als ein junger Mann in der gleichen Situation. Wenn sie kräftig genug ist, den Angriff abzuwehren, ist sie befriedigt. Die Übergriffe der Männer werden von der Umgebung lächelnd geduldet. Die junge Frau begreift, dass sie einen Mann als Begleiter oder einen trainierten Körper braucht, wenn sie sich unbelästigt in unserer Welt bewegen will. Ein Mann als Begleiter ist Schutz, allein aufgrund seiner Signalwirkung auf andere Männer.

Im Zusammenhang mit sexueller Belästigung wird oft von Missverständnissen gesprochen. Männer können angeblich nicht wissen, was Frauen als belästigend empfinden. Das anzügliche Wort, der Klaps aufs Hinterteil, der Griff an den Busen? Dies seien doch schließlich Zeichen der Anerkennung! Befragungen ergaben allerdings, dass Männer und Frauen sich überwiegend einig sind, welche Verhaltensweise sie als belästigend bezeichnen.[218]

Seine wirkliche Bedeutung erhält der sexuelle Übergriff erst dann, wenn er am Arbeitsplatz geschieht, die Frau also in **Abhängigkeit** vom Mann steht. Der Übergriff wird immer wieder passieren; irgendwann werden die Kollegen von der Demütigung erfahren, später die Nachbarschaft. Uns interessiert an dem Komplex der sexuellen Belästigung in erster Linie seine Wirkung auf das Selbstwertgefühl der Frau als Frau. Hier ist die entscheidende Wirkung **nicht** etwa Zorn und **Empörung**, sondern die **Scham** des Opfers. Die Opfer fürchten nicht nur, dass die soziale Umwelt sie für schuldig hält, sondern ihr eigenes Über-Ich spricht sie schuldig. Dass Frauen zutiefst überzeugt sind, sie müssten sich schämen, wenn sie Opfer sexueller Übergriffe wurden, entspricht der Tradition. Sie sind selbst schuld, sie haben sich aufreizend verhalten, oder doch nicht so, wie es sich für eine "richtige Frau" schickt – so die Stimme des Gewissens in unserem Kulturkreis immer noch, und so lautet die Wahrnehmung der anderen Frauen. Sie folgen damit unbewusst dem feudalen Erbe.

Es ist eine Zweckbehauptung, dass sexuelle Belästigung und Übergriffe eine Folge der freien Lebensverhältnisse seien, wie sie seit der

Demokratisierung herrschen. Die Berufstätigkeit der Frau, die Lockerung der Sitten, all dies würde Männer – so sagt man – verstärkt in Versuchung führen. Mit ähnlichen Argumenten fordern islamische Fundamentalisten die Verschleierung der Frau. Tatsächlich ist die sexuelle Belästigung am Arbeitsplatz so alt wie die Macht des Sklavenhalters über seine Sklavinnen, also etwa viertausend Jahre. Es waren nicht die (wenigen) Herrinnen, sondern die (vielen) Dienerinnen und Leibeigene, später die Krankenschwestern, Sekretärinnen und Hausangestellten, die davon betroffen waren. Falls die Herrinnen je auch eine solche Demütigung erlitten haben sollten, verdrängten sie dies so tief, dass sie mit gutem Gewissen die dummen Mädchen beschimpfen konnten, die es wagten, sich mit einer Klage über den jungen Herrn an sie zu wenden. Diese Herrinnen folgten der männlichen Logik: "Das Opfer ist schuld, nicht der Täter." Ihre Nachfolgerinnen in der heutigen Welt nenne ich Matronen.

Diese Matronen sitzen bis heute unter uns in den Beratungsrunden. Wenn im Personalleiterkreis oder im Betriebsrat das Thema der sexuellen Belästigung zur Sprache kommt, heben sie den Finger und sagen: "Mir ist das aber noch nie passiert!" Man hört es förmlich: Die Belästigte muss selber schuld sein! Genau dieser Vorwurf der Frauengruppe wird von dem Opfer antizipiert und als Schuldgefühl verinnerlicht. Dieses Schuldgefühl wird von den Matronen kultiviert, die sich dabei gleichzeitig von der "Männerpartei" Vorteile versprechen. "Endlich mal eine vernünftige Frau!", wird der Vorsitzende des Betriebsrates nach der Sitzung zur Matrone sagen und ihr auf die Schulter klopfen. Dieser unmittelbare Vorteil ist aber nicht das wichtigste Motiv, das die Matronen unter uns bewegt: Sie haben vielmehr von klein auf die Regeln des Patriarchats als tugendhaft verinnerlicht. Im Gehorsam gegenüber dem Mann – egal wer der Mann ist – besteht die wichtigste Tugend der Frau.

Unter den Konditionierungsprozessen, die typisch "weibliche" Frauen hervorbringen, ist die sexuelle Belästigung deshalb so wichtig, weil sie eindeutiger als andere Erfahrungen den krassen Unterschied in der sozialen Bewertung der männlichen und weiblichen Sexualität signalisiert. Eine solche Ungleichheit verstößt natürlich gegen die offizielle Moral westlicher Länder. Deshalb schämen sich alle. Nicht nur die Opfer schämen sich – dies tun auch alle anderen Menschen, die mit solchen Vorgängen von Berufs wegen zu tun haben: die Personalverantwortlichen, die Betriebsräte und die Amtsstellenleiter. Ihre Befangenheit ist nicht nur bei einem konkreten Fall, sondern schon bei einer allgemeinen Diskussion des Themas heftig. "Schon schlimm, dass so etwas passiert, aber jetzt auch noch darüber reden?!"

Dass der Angriff beim Angegriffenen Scham provoziert, ist abartig. Wenn einer aus ihrer Gruppe angegriffen wird, würden Männer niemals Scham, sondern Wut und Widerstand von ihm erwarten. Die männlichen Grenzverletzer machen deutlich, dass Frauen zu einer Sorte Menschen gehören, die von Männern "vernascht" werden dürfen: "Der werd' ich's zeigen, wer hier das Sagen hat!", "Die soll sich freuen, wenn ich sie beachte!" Oder noch deutlicher: "Die Puppe krieg' ich schon klein!" Solche und ähnliche Aussprüche der Belästiger zeigen, dass Sexualität hier nur ein Instrument der Macht ist. Die Frauen verdrängen diesen Zusammenhang. Sie unterstellen, eine der Ihren habe den Mann "geil gemacht". Dahinter steht die weibliche Illusion, ihre Reize seien die Ursache des Übergriffs.

Die sexuelle Belästigung hat wenig mit Sex und viel mit Macht zu tun. Nur unter ganz speziellen Bedingungen geht es um Lust, meistens geht es um eine Demonstration der Macht. In etwa 15 % der befragten Fälle sind Männer die Opfer anderer Männer.[219] Dass auch in diesen Fällen eher eine Demütigung beabsichtigt war als eine Befriedigung der Lust, zeigt sich daran, dass die Täter nur selten homosexuell waren. Dies lässt vermuten, dass Gefügigmachen bei den Belästigern ein stärkeres Motiv ist als Lustgewinn. Wir haben geschildert, dass mit Beginn des Patriarchats Sexualität zur Ausübung von Herrschaft verwendet wurde. Historisch gesehen ist die Belästigung ein altes Privileg des Männerbundes. Wie fest diese Rangordnung auch heute noch in unseren Köpfen sitzt, sieht man daran, dass viele Frauengruppen – in meinem Beispiel Betriebsrätinnen – nicht das Opfer verteidigen, sondern den Täter und sich damit auf die Seite des Siegers stellen.

Verrat der Mütter

Das Verhalten der Matronen im Fall der sexuellen Belästigung ist sicher eine besonders krasse Verweigerung von Solidarität. Sie ist nur zu verstehen, wenn man die historischen Bedingungen realisiert, unter denen die patriarchalischen Regeln ein integraler Bestandteil der weiblichen Werte wurden. Die selten offen ausgesprochene, aber allgegenwärtige Norm besagt, dass diejenigen, die die Rangordnung zwischen Mann und Frau anzweifeln, von der Frauengruppe (am Arbeitsplatz, im Lehrerzimmer, im Verein, in der Nachbarschaft) scheel angesehen und manchmal ausgestoßen werden. Dies ist im konventionellen Milieu häufiger als im städtisch-liberalen, aber wir sollten uns nicht einbilden, das Phänomen sei im 21. Jahrhundert ganz verschwunden.

Verrat der Mütter – ist dies etwa eine weitere Version der These "Mütter sind an allem schuld"? "Verschlingen" sie ihre Kinder wie bei Sigmund Freud, oder vernachlässigen sie sie als Rabenmütter? Nein. Bei mir geht es unter diesem Stichwort darum, ob Frauen anderen Frauen die Ermutigung verweigern, weil sie schon sehr lange die **Solidarität mit Frauen aufgegeben** und die Normen des Patriarchats verinnerlicht haben. Nach diesen Normen ist Erfolg bei Frauen für die Ehe schädlich. Dafür sind gewiss nicht nur Mütter verantwortlich, aber meine Analyse der Machtverwicklungen wäre unvollständig, wenn ich diesen Aspekt ausließe. Er soll außerdem die Aufmerksamkeit darauf richten, dass wir nicht nur für Schutz,

194

Leib und Leben, sondern auch für die Entfaltung der Frauen in unserer Umgebung zuständig sind.

Von den Müttern lernen Mädchen, dass sie in erster Linie für andere da sein sollen, und dass sie nicht auffallen dürfen. Mädchen fühlen sich dadurch in ihren innersten Zielen verunsichert. Hinzu tritt die Beobachtung der Familiendynamik. Lange bevor ein Kind in die Pubertät kommt, weiß es, wer in der Familie der "Gewinner" ist. Gewinner sein ist eine Frage der Selbstdeutung, kein objektives Attribut. Ein Elternteil, meistens ist es die Mutter, hat in der eigenen Wahrnehmung die langweiligeren, mühseligeren Arbeiten zu tun. Wenn sie berufstätig ist, muss sie sich mehr plagen. Der Vater geht aus dem Haus – wenn seine Arbeit mühselig ist, verschweigt er das. Er kommt zurück und erhält mehr Aufmerksamkeit als alle anderen Familienmitglieder. Söhne und Töchter identifizieren sich spontan mit dem Gewinner, sie wollen so werden wie der Vater. Töchter empfinden es als Verrat, wenn die Mütter ihnen diese Zuversicht nehmen und ihnen die eigene Rolle der Zweitbesten oder gar der Verliererin aufdrängen.

Das eben geschilderte Szenario ist keineswegs universell. Es gab und gibt immer schon Familien, in denen die Eindeutigkeit der Gewinner- und Verliererposition der Eltern fehlt. In diesen Familien werden die Identifikationsprobleme nicht so polarisiert auftreten. Von der psychoanalytischen Schule wird als Quelle des Verrats der Mütter die Eifersucht vermutet. *"Das Mädchen empfindet um das zehnte Lebensjahr herum eine aufwühlende Zuneigung zum Vater und ein Konkurrenzdenken gegenüber der Mutter."*[220] So etwas kann vorkommen, ich bezweifele aber, dass es häufig ist. Die Identifikation mit dem Vater hat eher mit dem Verlangen des Mädchens zu tun, sich mit dem Mächtigeren in der Familie zu verbünden als mit Erotik. Wer Gewinner ist, wissen Kinder im Alter von acht Jahren alle. Diese Einschätzung geht in der Vorpubertät in den Selbstentwurf ein. Macht ist wichtiger als Sex – in diesem Alter.

Das mütterliche Lebensrezept ist in den Augen der kritischen Tochter noch einigermaßen glaubwürdig, wenn der Vater die Mutter gut behandelt, der mütterliche Weg also erfolgreich war. Wird die Mutter dagegen schlecht behandelt, so erregen mütterliche Ermahnungen reine Wut. Die Töchter empfinden es als niederträchtig, wenn ihnen ein Weg empfohlen wird, mit dem die Ratgeberin selbst Schiffbruch erlitt. Mütter bestärken ihre Töchter zu selten darin, ihrem eigenen Stern zu folgen. Es kommt vor, dass dies Väter eher tun. Mit "Stern" meine ich Träume und Wunschgedanken von Heranwachsenden: Monika will Dirigent, Gabriele Kapitän und Ulla Förster werden. Wenn ein Sohn solche Wünsche äußert, lächelt die Mutter stolz oder nachsichtig; zur Tochter sagt sie: "Red' nicht solchen Quatsch!" Mütter vermitteln einer Tochter selten das Gefühl, als ob sie Vertrauen in ihre Fähigkeiten hätten, sie sagen selten: "Du kannst das schon, du wirst das schon machen." Es ist, als ob sie einer Tochter nicht zutrauen oder nicht gönnen, ein authentischer, effizienter Mensch zu werden; so jedenfalls empfinden dies Töchter oft, manchmal zu Unrecht.

"Nimm dich nicht so wichtig!", sagt die Mutter zur Tochter. Diesen gleichen Rat gab sie einst sich selbst, wenn sie dem Mann oder den Kindern zuliebe eigene Wünsche hintanstellte. Jeder Mensch muss von seiner Wichtigkeit überzeugt sein, sonst ist er nicht lebensfähig. So hoffte auch die Mutter, dass die anderen sie gerade wegen ihrer Selbstverleugnung wichtig nehmen würden. Sie opferte die eigene Wichtigkeit in der Erwartung, dafür Liebe und Anerkennung, also neue Wichtigkeit zu bekommen. Diese Erwartung erfüllt sich nicht. Keiner nahm die Mutter wirklich wichtig, außer als Dienstleisterin, und dies durchschaut das Mädchen.

Wenn man Mädchen danach fragt, warum sie nicht so sein wollen wie ihre Mütter (Jungen sind viel häufiger bereit, so zu werden wie der Vater), stellt sich heraus, dass sie ihre Angst, kein selbstständiger, sondern ein abhängiger, stets opferbereiter und nachgiebiger Mensch zu werden, voll auf ihre Mutter projizieren. Die

Mutter ist in dieser schwierigen Phase der Ich-Findung jener Teil des Ichs, den die Tochter nicht will, aber in sich aufsteigen fühlt. *"In der Mutter und in der geschlechtsspezifischen Polarisierung, für die sie steht, hasst die Tochter sich selbst und ihre unvermeidlich sozial minderwertige Weiblichkeit."* [221]

Die Mutter "verrät" die Tochter in ihrem Selbstständigwerden als Frau, weil sie aus ihr ein braves Mädchen machen will, das Neugier und Lebensfreude nur gedämpft äußert und Erfolg zugunsten der Beliebtheit meidet. Ziel ist keineswegs, sie solle dem Mann gefallen. Ziel ist viel mehr die Ordnung. Die Motivation ist Angst. Im Verlauf der Feudalisierung der Geschlechterbeziehung **haben Frauen als Gruppe die Verhaltensnormen des Patriarchats so stark zu ihren eigenen gemacht, dass sie zu dessen Systemträger wurden.** Es sind immer noch viele Frauengruppen, die Bescheidenheit, Anpassungsfähigkeit und Zurückhaltung als Voraussetzung des Dazugehörens und des Beliebtseins verlangen. Eines Tages, wenn der Aufklärungsprozess fortschreitet, werden Frauen als Frauen und als Mütter begreifen, dass sie an dieser festgefahrenen Einstellung **nicht etwa dem Mann zuliebe festhalten**, sondern aus Angst vor der Veränderung ihrer eigenen Lage.

Das Schlüsselkommando der Mutter "Werde eine richtige Frau!" hat nur deshalb eine so große Macht im Konditionierungsprozess des weiblichen Kindes, weil dieses dahinter nicht nur die Macht der Frauengruppe, sondern der ganzen Gesellschaft spürt. Zuletzt kommt der Mann und Liebhaber und findet ein nettes, konformes Mädchen, das er nicht verstehen kann. Er versteht weder die ganze Dimension weiblicher Selbstzweifel noch die romantischen Erwartungen, die sie kompensieren sollen. Das Patriarchat, das insgeheim noch immer viele Anhänger hat, beißt hier den Mann ins Bein.

Was Elisabeth Debold den Verrat der Mütter nennt, war bis 1960 ein widerspruchsfreies, systemkonformes Erziehungsprogramm. Heute erst reagieren die Töchter mit Zorn, wenn sie zurückblicken.

Sie sollten sich anpassen und ihre Individualität hinter einer glatten Oberfläche verbergen. Oft haben diese Mütter eine warme Beziehung zu ihren Töchtern und geben ihnen Hilfestellung in allen Lebenslagen, aber sie hüten sich vor Ermutigungen, die doch

Abb. 33: Eine Systemträgerin des Patriarchats.
Anthonis van Dyck. Infantin Isabella Clara Eugenia, 1627.[Q33]

das wackelige Selbstbewusstsein einer 15-Jährigen so dringend braucht.

Allerdings gibt es heute immer mehr Mütter, die Töchter zum Selbst ermutigen und sie nicht im vorauseilenden patriarchalischen Gehorsam dazu erziehen, sich anzupassen. Solche Mütter sind die Fackelträgerinnen der Zukunft. Das "Weiblich-/Unweiblichkeits-Schema" ist nicht angeboren, es beginnt sich zu wandeln. Eines Tages wird die Mutter-Tochter-Beziehung, die seit der Steinzeit (und heute erst recht) zu den haltbarsten und lebensnotwendigsten Beziehungen gehört, die Dimension "Ermutigung zum Selbst" zurückgewinnen.

Warum will die Frau so oft keinen Erfolg, haben wir oben gefragt. Die Antwort lautet: Weil die Frauengruppe dies von früh an missbilligt. Sind es also gar nicht die Männer, die Frauen vom Erfolg abhalten? Nein, wenn wir den individuellen Lebenszyklus betrachten, sind es zu Beginn die Mütter, die Mädchen zu "richtigen Frauen" konditionieren. Sie tun dies durch Normen, die der Mann als Vater und Hüter der Ordnung auf Erden erdacht und durchgesetzt hat. Frauen haben diese Ideologie verinnerlicht und erledigen heute die Arbeit für die Väter. Die Solidarität unter Frauen wurde dadurch stärker untergraben als durch den Neid auf den Mann als Liebhaber.

Werfen wir zum Abschluss des Themas "Konditionierung der Frau durch Frauen" noch einmal einen Blick in die Vergangenheit, um zu sehen, wie sich die Verschiebung des Ranges auf die Mentalität und die Leistungsfähigkeit auswirkte.

Frauen – Systemträger des Patriarchats

Das unsolidarische Parteiergreifen der Mütter, Matronen und Komiteevorsitzenden kann immer nur auf dem Hintergrund der Geschichte verstanden werden. Das patriarchalische System wurde ein geschlechtsübergreifendes Sozialsystem. Als sie einsehen mussten, dass dieses System nicht zu ändern war, haben Frauen es mindestens so stark verinnerlicht wie Männer. Auch Frauen wollten erfolgreich sein, und zwar nicht nur beim Ehemann, sondern in der ganzen Gesellschaft. Sie konnten dies nur, indem sie musterhafte Systemträger des Patriarchats wurden. Dieser Ehrgeiz, musterhaft patriarchalisch zu sein, hatte unerwartete Folgen.

Der große sexuelle Appetit des Ehemannes und seine Lust auf Abwechslung werden auf tausendundeine Ursache zurückgeführt, meistens auf Testosteron. Aber es gibt auch kulturelle Vorbilder, zum Beispiel das Wandern der Männer zu ihren Freundinnen in den langen Perioden der Vor- und Frühgeschichte (siehe Kapitel 1). Dass es ausgerechnet die matrizentrische Gesellschaftsordnung war, in der Männer und Frauen ihre Lust auf Abwechslung ungestraft ausleben durften, geriet völlig in Vergessenheit. Stattdessen träumen Männer bis heute vor sich hin und "erfinden" einen idealen Zustand der Gesellschaft, in dem niemand wegen eines Seitensprunges grollt, am wenigsten die eigene Ehefrau. Frauen träumen auch, aber sie reden nicht darüber. Dieser Traum – die alte Ordnung – ist mit dem Patriarchat untergegangen. **Der heutige Mann erlebt die ganze Strenge des patriarchalischen Gesetzes ausgerechnet durch die Frau.** Mutter und Ehefrau sind zu Hütern der Ehe, der Treue, der sexuellen Zurückhaltung geworden; sie vertreten die männlich geprägten Religionen mit dem Enthaltsamkeitsideal und der Askese. Hier hat eine grandiose Verschiebung der männlichen Konstrukte auf die Frau stattgefunden. Der Mann kann – scheinbar zu Recht – seinen Ärger über das monogame Gesetz auf die Frau projizieren: Sie ist schuld.

Seitdem wird die Frau vom Mann immer wieder für diese Wächterrolle gehasst, die sie im Namen des Patriarchats ausübt. Wann immer sie ihn vom "Wandern" abhält, vertritt sie die feudale Ordnung, auch dann, wenn vier Frauen in Allahs Namen den Wunsch nach einer fünften verweigern. Er allerdings interpretiert ihre Haltung als weiblichen Besitztrieb. Mit diesem Etikett "weiblicher Besitztrieb" versehen, geht ein bestimmter Verhaltensmodus in die psychologische Interpretation ein und produziert seinerseits neue Muster und Gegenmuster.

Bis heute hat die einzelne Frau häufiger Interesse an der Ehe als der einzelne Mann. Dass die Ehe in grauer Vorzeit zu ihrer Unterordnung geschaffen wurde, hat sie zumeist verdrängt. Das weibliche Interesse an Ehe entstand als rationale Anpassung an die feudale Ordnung, die der Frau nur noch eine einzige soziale Identität, nämlich die der Ehefrau zubilligte, wenn sie nicht Nonne wurde. Sobald die Frauensippe als Pendant zum Männerbund aufhörte, ein unabhängiger Machtfaktor zu sein, wurde es uninteressant, in der Frauensippe eine Position zu erreichen. Die einzige Aufstiegschance einer Frau war es, als Anhängsel eines Mannes wenigstens indirekt zum männlichen Machtsystem zu gehören.

Die Diffamierung des Ehebruchs und der männlichen Wanderlust als Folge der Machtergreifung der Männerbund-Hierarchie ist eine von den hintersinnigen Wert- und Interessen-Verschiebungen, an denen die Weltgeschichte reich ist. Schuldgefühle wegen Ehebruch galten bis zu Beginn des 20. Jahrhunderts weniger der Frau als vielmehr der patriarchalischen Ordnung gegenüber. Im Verlauf der Geschichte befreiten sich die Männer insoweit aus den eigenen Gesetzen, als sie sich nebenbei mit "herrenlosen" Frauen vergnügten. Meistens vermieden sie, die Frau eines Rivalen anzutasten. Aber es kam vor, zum Beispiel bei der schönen Helena, Ehefrau des Menelaus, die von Paris verführt und entführt wurde. Das löste der Sage nach den Trojanischen Krieg aus.

Frauen wurden mit der Erfindung der patriarchalischen Ehe zu Gefolgsfrauen und verdrängten selbstständige Interessen. Es blieb ihnen nichts anderes übrig. Die Strafen für Nichtanpassung waren drakonisch. In Babylon konnten sie dann versklavt, ertränkt oder vom Turm herabgestürzt werden. Dies ist heute anders, jedenfalls in den westlichen Ländern. Warum also missbilligen Frauengruppen immer noch den Willen und den Mut einer Einzelnen, die eigene Kompetenz zu zeigen und den "Kopf herauszustrecken"? Ist das alles inzwischen besser geworden? Betrachten wir ein heutiges Beispiel, wie es jeder erleben kann:

Eine herausragende Rednerin erhält von einem weiblichen Auditorium einen freundlichen, aber mäßigen Applaus. Besteht das Publikum aus Männern und Frauen, wird der Beifall stärker ausfallen. Ein männlicher Redner gleicher Qualität wird vom (männlichen oder gemischten) Publikum stürmisch gefeiert. Warum? Wir wissen es nicht, wir wissen nur, dass Männer mit ihrem Applaus den Redner "groß" machen, vielleicht, damit er ermutigt werde, sich für sie und ihre Anliegen einzusetzen. Im politischen Raum ist das plausibel. Der Aspekt "Wir machen eine Führerin *groß*, damit sie für unsere Anliegen streite", taucht in Frauengruppen bis heute nur selten auf.

Machtverteilung im Privatleben

Männer haben bis heute die Macht, die Glücksvorstellungen zu bestimmen. Das Glück des Mannes ist die eigene Entfaltung. Das Glück der Frau ist es, bei dieser Entfaltung mitzuwirken und den Helden im Wettlauf zu unterstützen. Die Machtverteilung wird darin sichtbar, dass die Mehrzahl der Frauen die eigene Entwicklung der ihrer Ehemänner unterordnet. Dies reicht von der Wahl des Berufes (der "ihn" nicht stören darf) bis zur Wahl des Wohnortes und des Freundeskreises. Dadurch verliert die Frau einen Teil des Erwachsenenstatus, bzw. sie erreicht ihn gar nicht erst, wenn sie früh heiratet. Erwachsen sein bedeutet in der Terminologie der Psychologen: Unabhängigkeit, Rationalität und Selbstbestimmung erwerben. "Frau" dagegen ist gespalten. Ihre eigenen Ziele verblassen hinter der Aufgabe, die Bedürfnisse von Ehemann, Kindern und Eltern zu befriedigen.

In diesem privaten Lebensmuster hat seit der Generation der um 1960 Geborenen allmählich ein Wandel stattgefunden. Frauen dieser Altersgruppe sind nahezu gleich gut ausgebildet wie Männer. Sie sind meist finanziell nicht vom Partner abhängig, sie folgen eigenen Glücksvorstellungen, was bei so unscheinbaren Dingen wie der Wahl des Wohnortes beginnen mag. Zum ersten Mal gewinnen Frauen mit öffentlicher Billigung wieder Macht über sich selbst. Was auch bedeutet, dass sie die Folgen des eigenen Handelns allein verantworten. Dabei gibt es auch bei erfolgreichen, unabhängigen Frauen manchmal den Wunsch, die Verantwortung für das Leben dem geliebten Manne anzuvertrauen und sich fallen zu lassen … Die Sehnsucht nach Verschmelzung geht hier eine ambivalente Symbiose mit der Konditionierung des Weiblichen ein und natürlich auch mit der Sehnsucht nach einer Familie.

Und wie reagiert der Mann auf diesen Wandel? Ältere Männer ärgern sich stärker als jüngere. Seit alter Zeit will der Mann zwar eine mächtige Gefährtin, aber nur damit sie hinter seinem Rücken steht, als Gefolgsfrau, Helfer und Garant seiner Macht. Sie darf nur als Gefährtin, um die andere Männer ihn beneiden, sichtbar sein. Diese "ererbten" Erwartungen werden heute frustriert. Heute müssen Machtkämpfe immer wieder ausgetragen werden – und sei es darum, wer den Mülleimer hinunter trägt.

Der Zorn jüngerer Männer über die neue Unbotmäßigkeit und Selbstständigkeit der Frau wird durch zwei Faktoren gemildert. Zum einen brauchen sie die Frau nicht mehr finanziell zu versorgen – oder nur dann, wenn Kinder kommen. Zum Zweiten ist heute mehr sexuelle Freizügigkeit erlaubt als je zuvor. Das erweitert das Angebot an potentiellen Partnerinnen. Das Thema Macht und Partnerschaft wird uns noch in anderen Zusammenhängen begegnen. Jetzt wollen wir noch eine andere Macht betrachten, die der Überlieferung zufolge weiblich ist: die Macht der Verführung.

Macht der Verführung

Die Weltliteratur ist voller Prinzessinnen und Undinen, die den Mann ins Wasser, in einen Abgrund und zuletzt in den Schlund ihres grässlich-süßen Schoßes ziehen. Bei den Märchen und Mythen ist von der ursprünglichen Macht der Frau keine Rede mehr, wie sie bis etwa 700 n. Chr. in Westeuropa noch hier und da bestand: die Macht, mit den Himmlischen zu reden, und die Macht zu heilen. Stattdessen wird einzig und allein die Macht der Frau über den Mann beklagt, und da unbegreiflich bleibt, wie ein so "wertloses Weib" einem Mann den Kopf verdreht, wird die wahre Ursache mit Hexerei erklärt.

Es ist zutreffend, dass einzelne Frauen einzelne Mächtige der Weltgeschichte verführt haben, und dies nicht nur um des erotischen Genusses, sondern um politischer Ziele willen. Eine Spitzenleistung vollbrachte Kleopatra, die erst Cäsar ihre Königswürde und dann Marc Antonius die Macht über die östliche Hälfte des römischen Reiches abrang. Aber um solche singulären Erscheinungen geht es nicht. Man könnte fragen, ob der Liebesrausch den Mann heftiger trifft als die Frau, so dass er von daher anfälliger für Verführung wäre als sie; dass er ihr hilfloser ausgeliefert sei als umgekehrt. Wir entsinnen uns nicht, dass solches je ernsthaft behauptet oder gar bewiesen worden sei. Die eigene Lebenserfahrung spricht dafür, dass beide Geschlechter sich gleichmäßig gegenseitig den Kopf verdrehen. Blind vor Liebe werden Frauen wie Männer.

Die Macht der Verführung mag also objektiv bei Mann und Frau gleich groß sein, in unserem kulturellen Klima gilt die der Frau als größer. Eine geheime Triebfeder, immer wieder von der verführerischen Macht der Frau über den Mann zu sprechen, war einen Vorwand zu finden, um Frauen klein zu halten. Seitdem blieb Frauen als Machtteilhabe einzig und allein der Einfluss auf den Ehemann – als Verführerin, Gattin oder Mutter. Die zwar verdrängte, aber nie ganz vergessene Erinnerung an die Entmachtung der Frauen und die Angst vor ihrer Vergeltung – und sei es über den Gefährten – spielte offenbar die ganze Weltgeschichte hindurch eine große Rolle. Hier sitzt die eine Quelle der Warnungen vor der Macht des Weibes als Verführerin.

Die erste literarisch relevante Verunglimpfung traf die Urmutter Thiamat, die zum übelspeienden Ungeheuer wurde.[222/223] Ihr folgten zahlreiche Beispiele in der Antike, deren für uns bedeutendstes die jüdisch-christliche Urmutter Eva ist, die für immer bestraft wird, weil sie Adam verführte. Der Verdacht, sie könne Adam dabei nicht nur mit dem Apfel verführt haben, hat sich nie ganz ausräumen lassen. Das Menschengeschlecht geriet wegen dieser Verführung auf immer ins Elend. Dies rechtfertigte im christlichen Raum (aber auch in den jüdischen, indischen, chinesischen, germanischen Räumen) die Entwertung aller Frauen.

Die Verführung ist eine Konvention, der sich auch heute keine Frau ganz ungestraft entziehen kann. Der Mann erwartet das. Liebenswürdigkeit mit einem Schuss Verführung ist die erste weibliche Bürgerpflicht. Dieses konventionelle Muster könnte man das "Gurren der Tauben" nennen. Dieses Bild drängt sich auf, wenn ein Mann in einen Raum tritt, in dem Frauen sitzen. Sie flattern hoch und umgurren den Mann – als Studentinnen, im Büro, an der Werkbank oder in der Pfarrei. Der Mann ist meistens höherrangig, wenn die Tauben gurren.

Frauen werden bei allem, was sie bei Männern erreichen wollen (ein Interview, ein Zeugnis, eine Stelle …) ihre Verführungskunst einsetzen. Ziel ist keineswegs das Bett, sondern das Anliegen. Aber ein Hauch von Erotik wird ins Spiel gebracht, schon um anzuzeigen: "Ich bin ganz harmlos – ich bin keine Emanze." Ist dies etwa ein unredliches Ausnützen der Geschlechterdifferenz? Gemach!

Das Gurren der Tauben ist eine Untermenge der Schmeichelei; Schmeichelei als Instrument, um einem anderen zu gefallen. Seit

Menschen Vorgesetzte haben, in jedem Fall seit der Feudalzeit, haben die Untergebenen gelernt, den Herrn mit schmeichelnder Liebenswürdigkeit zu verführen, besonders dann, wenn sie etwas von ihm wollten. Ich habe ziemlich vielen Männern dabei zugesehen, wie sie anderen Männern schmeichelten. Einige setzen dabei unbewusst auch erotische Nuancen ein, wenn sie ein bestimmtes Anliegen durchsetzen wollen. Auf jeden Fall ist das Verführungs- und Schmeichel-Repertoire bei Mann und Frau dem Herrn gegenüber sehr viel ähnlicher als im Allgemeinen zugegeben wird.

Männer gurren also auch – aber sie gurren sparsamer. Männer werden nämlich von anderen Männern – also auch von Vorgesetzten – ernst genommen. Das heißt, sie können zusätzlich zum Gurren auch das überzeugende Argument einsetzen. Frauen dagegen werden oft in ihren Argumenten nicht ernst genommen. Wie viele Frauen müssen erleben, dass ihr Vorgesetzter an ihrem Busen viel stärker interessiert ist als an ihrem Projekt? Dies ist eine von vielen Konditionierungen, deren Lehre lautet: ”Gurre Taube, gurre lauter!“

Unser Fazit für die Verführung im Alltag lautet: Mann und Frau setzen ”Verführung“ nicht nur für den großen Lebensentwurf und die Paarbildung ein, sondern auch allgemein im Dienst der sozialen Beziehungen. Frauen allerdings tun dies öfter, weil ihre sachliche Argumentation wenig Beachtung findet. Wenn ihre Argumentation doch beachtet wird und ”besser“ sein sollte als die eines männlichen Kollegen oder gar des Vorgesetzten, kann dies gefährlich werden: Ihr Projekt könnte abgelehnt oder ihre Stelle nicht verlängert werden. Recht haben und kompetent sein, kann sich als Bumerang erweisen. Die sicherste Strategie ist immer noch Verführung.

Es gibt immer wieder Männer, die nehmen von Frauen gar keine Notiz. Sie sind zur Kommunikation mit einer Frau nur dann bereit, wenn sie verführt werden sollen. Georgi, ein Bergführer und Skilehrer, antwortete nicht auf die Fragen von Mädchen. Nur Jungen gab er Antwort. Georgi ist kein Macho-Typ, er ist auch nicht unfreundlich; sein ganzes Verhalten drückt aus, dass Frauen unwichtig und wertlos sind. Eines Tages verliebt sich Georgi. Auf einmal gibt es eine Frau, die zählt, die er bemerkt, der er zuhört. Ist dies die Macht ihrer Verführung? Ist sein erotisches Begehren Ursache dafür, dass Georgi "schwach" geworden ist? Ja, sagt die Männerrunde: "Der blöde Kerl hat sich einfangen lassen. – Sie hat ihm den Kopf verdreht. – Er ist der "Sache" untreu geworden. – Na, es wird bald vorüber sein …" Und richtig, nach einer Weile wird auch die Erwählte genau so unwichtig wie alle anderen Frauen. Sie wäscht seine Strümpfe. Eines Tages verlässt sie ihn, er merkt es kaum. Wie viele Georgis gibt es, die sich davor fürchten, Frauen als Menschen anzusehen? Sind es einfach schüchterne Typen? Kaum. Eher sind es Männer, die Angst haben, sich bei der minderwertigen Aura der Frau anzustecken. Schließlich werden auch Männer vom Patriarchat konditioniert und deformiert.

Die Konditionierung des Mannes

Die Angst des Mannes vor der weiblichen Aura

Es ist die Angst des Buben, im "weiblichen System" hängen zu bleiben und den Anschluss an den Männerbund zu verpassen, die eine entscheidende Rolle spielt. Es ist die Angst, als Weichling verhöhnt zu werden, die ihn ein Leben lang begleitet. Zwar sehnt er sich nach Zuneigung, Heiterkeit und Wärme und versucht, die Kindererfahrung später in einer eigenen Partnerschaft wieder herzustellen. Aber die Furcht vor der Verweiblichung treibt ihn immer wieder von der Frau weg. Wie ihn der Vater und die Brüder früher von Müttern und "Weiberkram" fortgelockt hatten, sucht der Junge fortan das Bündnis mit Ersatzvätern in Form von Vorgesetzten und Kollegen. In dieser Runde fühlt er sich in seiner Männlichkeit bestätigt, durch gemeinsame Aktivitäten, durch Lob und Anerkennung.

"*Von der Zeit an, da sie noch kleine Jungen sind, konstruieren und stützen Männer das Gebäude ihrer Männlichkeit, indem sie sich mit anderen Männern aus ihrer unmittelbaren Umgebung verbünden.*"[224] Das gegenseitige Loben ist ein integraler Bestandteil des Männerbundes. Schon bei Homer ist dieser "Lobpreis" ebenso nachzulesen wie im Gilgamesch-Epos. Aber auch bei jedem Vereins-, Unternehmens- oder Partei-Fest staunt eine Frau immer wieder über die Unerschöpflichkeit der Lobesworte, die Männer übereinander ausschütten. Sie gehören zum Ritual und erfüllen eine wichtige Funktion für den Kult der Männlichkeit.

Aus der Urerfahrung der eigenen Männlichkeit im Bündnis – die mit Fug und Recht eine kollektive Erfahrung genannt werden muss – stammen Grollgefühle gegen die Frau, die nichts mit der Frau zu tun haben, sondern mit den anderen Männern. Der amerikanische Psychotherapeut John M. Ross drückt es so aus: "*Sie lockt die Männer von den anderen Männern weg und hinein in ihre Sphäre – in die Welt der Frau. Und so kommt ein höchst konfliktreicher Prozess in Gang, bei dem der Mann dazu neigt, sie anzugreifen, wenn er mit der Frau allein ist.*"[225]

Die Angst, kein richtiger Mann zu sein oder zu werden, kann sich, sagen Experten, in der pathologischen Fiktion entladen, von der Frau entmannt zu werden. Häufig geht es um eine psychische Entmannung: In der Liebe zur Frau gerät der Mann in die Sphäre des Weichen, Kindlichen, Beziehungsorientierten. Er hat Angst, sich von diesem "Weichen" anstecken zu lassen, so zu werden wie eine Frau. Deshalb mobilisiert er seine Aggression. Er verletzt die Frau und flieht vor der Liebe. Er stürzt sich in Arbeit, Heldentum und Abenteuer mit den Gefährten – und es ärgert ihn, auch bei der Arbeit Frauen begegnen zu müssen.

Hier wird von John M. Ross bei Männern des späten 20. Jahrhunderts ein Programm entdeckt, das genau zu den Prinzipien des Kriegerbundes passt, der seine Männer zu Überlegenen machte, die mit Frauen nichts gemein hatten. Das "Weiche" an der Mutter oder der Frau ist für den Mann nicht nur deshalb abstoßend und anziehend zugleich, weil er kein Kind bleiben will, sondern vielmehr, weil er Angst hat, von einer unterlegenen, entmündigten Person abhängig zu bleiben oder zu werden.

Diese Angst ist ein Resultat des gesellschaftlichen Wandels in der Feudalzeit, bei dem Männer plötzlich **gezwungen wurden, eng mit Frauen zusammen zu leben,** die von nun an auch noch als minderwertig galten. In den langen Perioden der Frühzeit war die Macht zwischen Frauensippe und Männerbund aufgeteilt. Auch in den Phasen des Zusammenlebens war nicht der Partner-Mann Führer in der Sippe oder auf dem Acker, sondern dies waren die Blutsverwandten, Mütter, Brüder und Schwestern der Partnerin. Die Angst, Bestandteil des "weiblichen Systems" zu werden, und damit eine gesteigerte Aggression gegen die Partnerin, konnte nicht aufkommen, weil der Mann als Sexualpartner ein Fremder in der Sippe der Freundin blieb, zu große Nähe also nicht aufkam.

Diese Gefahr entstand erst mit der patriarchalischen Machtübernahme, in der die Frauensippe aufgelöst und die Frauen den einzelnen Männern zugeteilt wurden. Plötzlich kam Frau ins Haus des Mannes und **wurde mitsamt ihren Kindern sein Anhängsel.** Sie bildeten eine Wirtschaftseinheit, das heißt, der Mann wurde ökonomisch und sexuell angebunden. Und nicht nur das: Die Person, an die er sich auf das Geheiß der Oberen gebunden hatte, war seit dem Patriarchat minderwertig. Der psychische Konflikt zwischen der anbefohlenen Bett- und Tischgemeinschaft einerseits und der mit dem Makel des Weiblichen versehenen Ehefrau andererseits blieb bis heute ein Konstruktionsmerkmal der Ehe.

Die Angst vor dem Verweiblichen bedeutete nicht nur die Angst des jungen Mannes, kein Mann zu sein, sondern viel Schlimmeres: **selbst sozial minderwertig zu werden.** Es ist **die Angst, sich** im Zusammensein mit Frauen **mit deren minderwertiger Aura anzu-**

stecken, die heute Männer vertreibt oder Aggressionen hervorruft, wenn sie zu lange bei einer Frau verweilen. Dies äußert sich oft in verletzenden Worten oder Rückzug vom Körperkontakt.

Unter den vielen in der Literatur beschriebenen Ängsten vor der Macht der Frau ist die Angst vor ihrer "minderwertigen" sozialen Aura am stärksten. Sie artikuliert sich scheinbar harmlos: "Frauen sind so emotional und irrational", heißt es zum Beispiel. Die Angst vor der Minderwertigkeit der weiblichen Aura ist bedeutsamer als die Ängste vor der weiblichen Sexualität. Über die Minderwertigkeit wird selten offen gesprochen. Stattdessen wird die Sexualität zum Unheimlichen gemacht, man redet von der unersättlichen weiblichen Potenz, die, wie Odysseus sagt, den Mann *"waffenlos zum schlappen Schelm erniedern"* könnte.[226]

Die Angst des Mannes vor dem Machtpotential der Frau – das ihn sowohl anzieht als auch abstößt – ist ein Produkt seiner eigenen Gespinste. Sie wiederum sind Teil der kollektiven Glaubenssätze. Der Mann hat Angst vor dem Minderwertigen in der weiblichen Aura, eine Minderwertigkeit, die sein Kollektiv geschaffen hat, und er zürnt sich selbst, weil diese Aura ihn dennoch anzieht. Diese Anziehungskraft ist noch gestiegen, seitdem die Ehe zu einer **Liebesehe** wurde, anstatt ein Vertrag zwischen Familien zu bleiben. Die **feudale Ehe** schuf nicht nur selbstverständliche Über- und Unterordnung, sondern auch soviel **Distanz**, dass sich der Mann nicht an die Aura der Frau verlieren konnte. In der modernen Liebesehe muss diese Distanz persönlich geschaffen werden.

Wo Männer gemacht werden

Selten berichten Männer, wo und wie sie zum Manne gemacht werden. Ab und zu kann man aber doch einen Bericht hierzu lesen – ungetrübt von Theorie, so etwa von Peter König "Meine Erziehung zum Mann". Hier schildert ein Mann des Jahrgangs 1971, der von zu Hause nicht zur traditionellen Männerrolle erzogen wurde und sie auch persönlich nicht begehrt, wie die Alltagsumgebung ihn hier und heute gerne zum "richtigen Mann" machen will: *Ich bin durch Zufall mit einem Pimmelchen zwischen den Beinen geboren worden, und damit war klar, dass meine Erziehung nach dem Schema "Kleiner Mann" abzulaufen hat. Dieses Programm klebt nach wie vor in den Köpfen fest, und alle handeln danach, die Eltern, die Verwandtschaft, das Erziehungs- und Schulwesen, die Kinderbuch-Verlage und Spielzeughersteller, ja, die ganze Gesellschaft. Da hat sich nicht viel getan in den letzten dreißig Jahren."*

"Meine Eltern haben 1968 geheiratet. Sie sind aufgeschlossen, politisch eher links orientiert und beide hoch qualifiziert für ihren Beruf, aber nachdem mein Vater einen Job in der Industrie bekommen hatte, setzte sich in der Familie die klassische Rollenverteilung durch. Mein Vater verdiente das Geld und reparierte die Autos, und meine Mutter kümmerte sich um Haushalt und Kinder und ging nach ein paar Jahren wieder halbtags arbeiten. Eigentlich wollten sie meine Schwester und mich "gleich" erziehen, das heißt keinem von uns beiden sollte durch das Geschlecht ein Nachteil entstehen. Aber keine Erziehung läuft genauso, wie sich die Eltern das vorstellen." [227]

Die meisten Eltern entwickeln von früh an Erwartungen in die Eigenschaften ihres Kindes, sie reagieren in bestimmter Weise auf seine Äußerungen, ermutigen, beschwichtigen und fördern ein bestimmtes Verhalten, ohne es zu wissen. Sie steuern damit das Kind, sich selbst und den Kreislauf der Projektionen. Eltern sind fast immer überzeugt, dass sie Jungen und Mädchen genau gleich erziehen. Ein Experiment zeigte, dass dies auch heute nicht so ist. Über einen längeren Zeitraum wurde in einer Studie registriert, welche Anregungen für Spiele und welche Worte Erwachsene Kindergartenkindern gegenüber verwenden. Es stellte sich heraus, dass sehr deutliche Unterschiede gemacht werden – selbst von Erwachsenen, die von sich das Gegenteil behaupten.

Spielvorschläge für Mädchen sind eher Spiele mit harmonischem Verlauf, Spiele, bei denen die Zusammenarbeit im Vordergrund steht und die Lösung einer Aufgabe in den Mittelpunkt gesetzt ist. Spielvorschläge für Jungen sind eher konkurrenz-orientiert. Es geht um Sieg – aber auch um Niederlage – und Mut. Meist steht ein konkretes Ziel im Mittelpunkt. Die Sprache unterstützt diese Auswahl. Bei den Mädchen wird Harmonie, Zusammenarbeit, oft sogar Rücksicht betont – bei den Jungen Erfolg, Erster sein und eine gewisse Härte.[228]

Jungen werden von der Frauengruppe, von Müttern, Lehrerinnen und einigen Lehrern konditioniert. Es ist die gleiche Gruppe, die uns schon bei der Konditionierung der Mädchen begegnet ist: In dieser Beziehung gibt es keinen Unterschied zwischen den Geschlechtern. Aber während Mädchen lernen, sich unter allen Umständen anzupassen und nie "den Kopf herauszustrecken", sind die Kommandos für Jungen viel ambivalenter:

„Kerl, mach die Zähne auf!"

Vorlaut sein ist besser als bescheiden schweigen.

„Nur Mut, Junge, beiß die Zähne zusammen!"

Jungen müssen sich immer wieder Prüfungen aussetzen, sie müssen leisten und sich bewähren.

„Los, gib's ihm!"

Aggressivität ist erlaubt. Niederlagen müssen "locker weggesteckt" werden.

„Junge, lass das!"

Söhne erhalten oft weniger Zärtlichkeit als Töchter.

Später gerät die Beziehung zu einer Frau oft auch zu einem Stück Rivalität. Männer werden eine Beziehung nicht "leben", sondern sie ausrechnen. *"Sie bestimmen den Quotienten des Nutzens, den sie aus einer Beziehung ziehen werden und rechnen ganz nüchtern die eigene Leistung dagegen."* [229] Hier schreibt ein Psychologe, der vorwiegend mit Männern arbeitet. Viele Männer werden gerade in der Liebe die Angst nicht los, sie könnten ausgebeutet werden.

Die Angst vor der Intimität

Gemäß der Theorie der Psychoanalytiker erkennen Jungen in einer frühen Phase ihres Lebens, dass sie sich mit der Mutter nicht identifizieren können. Sie müssen eine Trennung von der Mutter vollziehen, wenn sie ihre männliche Identität finden wollen. Dabei sei die häufige Abwesenheit des Vaters besonders fatal. Das Trennungs-Trauma von der Mutter wirke das ganze Leben nach. Kein Mann wolle den Schmerz dieses ersten Verlustes wieder erleben. Deshalb suche er hinfort die sichere Distanz. So jedenfalls begründen diese Schulen das Dilemma mit der Intimität.[230]

Wie groß die Angst der Männer vor Intimität ist, wurde gerade erneut durch eine amerikanische Studie belegt, deren herausragendes Ergebnis lautet: *"Männer empfinden Intimität als Bedrohung."*[231] Unterstellen wir, das sei tatsächlich erwiesen. Die Frage ist, ob das Losreißen von der Mutter die entscheidende Ursache für die Angst vor Intimität sein kann, oder ob in erster Linie andere Gründe maßgebend sind.

Fast alle Säugetiere müssen den Trennungsschmerz von der Mutter erleiden. Seit grauer Vorzeit verlassen junge Männer mit der Geschlechtsreife Mutter und Sippe. Meistens haben sie dann die Phase des innigen Kontaktes zur Mutter schon hinter sich, weil jüngere Geschwister sie von der Mutterbrust verdrängten. Ob diese evolutionsbedingten Vorgänge wirklich ein generelles männliches Trauma auslösen? Mir kommt das unwahrscheinlich vor. Und doch häufen sich die Klagen junger Frauen über die Intimitätsflucht des Freundes. Drängen sie zuviel, oder braucht der Mann für sein seelisches Gleichgewicht öfter den *"Rückzug in die eigene Höhle"*, wie dies John Gray beschreibt?[232] – Braucht "Frau" auch eine "Höhle", wo sie allein und gänzlich ohne Intimität verweilen kann? Ja! In meiner Wahrnehmung braucht sie dies sehr wohl.

Es gibt viele andere vom Patriarchat bedingte Motive für die männliche Angst vor Intimität. Das Zurückschrecken vor der minderwertigen weiblichen Aura habe ich ausführlich geschildert. Zu den diffusen Kommandos, die der Mann aus den Schlagworten seiner Umgebung aufschnappt, gehört auch das Gebot, der Herr solle sich nie zu weit mit der Dienerin oder dem Diener einlassen, damit er seine Autorität nicht verliere. Hier geht es nicht um persönliche Distanz, sondern um soziale Distanz zwischen Mann und Frau.

Der Mann solle, sagen die Väter, Kollegen und Vereinsfreunde, sich möglichst wenig in Empathie zu Frau und Kindern verstricken, weil das nur Scherereien mit sich bringe. Solche Motivationen, zu denen auch die Angst, von der Partnerin ausgebeutet zu werden, gehört, sind typisch für alle Männer, die Intimität als Bedrohung empfinden.

Fazit

Wir haben an einigen Beispielen gezeigt, unter welchen Bedingungen Macht und Machtlosigkeit bei den Geschlechtern trainiert und konditioniert werden. Auch Frauen wurden als "Systemagentinnen" des Patriarchats zu Trainerinnen dieser Konditionierung. Die Machtverteilung schuf seit langem archaische Gefühlsmuster, die sich bei beiden Geschlechtern automatisch einklinken, wenn sie miteinander agieren. Leider werden diese Gefühlsmuster oft auf psychische Prozesse zurückgeführt und damit verschleiert.

Liebe, die nach Günter Dux die Machtpotentiale eindämmt, hat tatsächlich widersprüchliche Wirkungen: Einerseits macht Liebe die Frau gefügig und damit machtlos – andererseits zwingt Liebe den Mann in eine Intimität, die ihn ängstigt, weil Frauen nach dem patriarchalischen Kodex minderwertig sind und der Mann befürchten muss, sich mit dieser "Minderwertigkeit" anzustecken und ausbeuten zu lassen.

Beide, Männer und Frauen, sind durch die Konditionierung der patriarchalischen Machtverteilung partiell mental verkrüppelt. Inzwischen sind zwar die Gesetze egalitärer geworden, aber Fühlen und Denken verharren im alten Schema. Die latente Versuchung, das Spiel von ”Herr und Knecht“, das wir anschließend beschreiben, fortzusetzen, ist erst dann gebannt, wenn die Mehrheit der Frauen keine Angst vor Erfolg und die Mehrheit der Männer keine Angst hat, sich bei der Frau anzustecken.

21.
Herr und Knecht

Bereits lange vor der Ehe werden geschlechtsspezifische Rollen von Eltern, Lehrern und Gleichaltrigen trainiert. In der Ehe beginnt ein neues Training, das auf den Erwartungen aus dem Konditionierungsprozess aufbaut. Der Mann erwartet Arbeitsteilung und will Distanz schaffen – eine unter vielen Möglichkeiten, um Wesensunterschiede aufrecht zu erhalten.

Die Befreiung der Landbevölkerung aus der Leibeigenschaft und die Beseitigung der Standesunterschiede gingen in einigen Ländern früher, in anderen später vor sich. Sie rief vehemente Widerstände der konservativen Eliten hervor. Der Untergang der abendländischen Kultur wurde ebenso prognostiziert wie der Sieg des Chaos. Trotz aller politischen Erschütterungen während des Demokratisierungsprozesses begriffen die "Herren" in aller Welt über kurz oder lang, dass ihnen die relative Freiheit der "Knechte" keinen Schaden brachte, ja, dass deren Freiheit ihren Interessen sogar dienlich war.

Während also die Beseitigung des Standesunterschiedes von Herr und Knecht in Westeuropa erstaunlich schnell gelang, traf die Beseitigung des Standesunterschiedes zwischen Mann und Frau auf zähen Widerstand, der die rechtliche Angleichung seit langem überdauert. Das Interesse der Standesherren und Ehemänner am Erhalt einer Vasallin und Betreuerin ist ungebrochen.

Als der "Knecht" in die Freiheit entlassen werden musste, bot er seine Dienste weiter gegen Vertrag an. Die Dienste oder Funktionen der Frau als Vasallin, Betreuerin und Geliebte lassen sich nicht einfach in einen Vertrag verwandeln. Tatsächlich wurde eben dies immer wieder einmal vorgeschlagen: die vertragliche Entflechtung der Ehefrauenrolle. Aber der Gedanke, die Ehe oder Partnerschaft in einen Dienstleistungsvertrag zu verwandeln, ist den meisten Menschen unsympathisch. Beide, Mann und Frau, sind viel zu sehr in die Ideale der Liebesehe verwickelt, die sich nicht in einen Vertrag pressen lassen. Und doch wäre es zuweilen wünschenswert, die Dienstleistungsbalance in der Ehe würde nicht ausschließlich von Liebesidealen zugedeckt.

Die Frage ist: Wie viel in einer Ehe ist tatsächlich Interaktion zwischen Personen, und wie viel ist funktionale Verwendung der Frau oder des Mannes zur Erfüllung bestimmter Zwecke des Partners? Es wird davon ausgegangen, dass jeder Partner bestimmte Funktionen für den anderen erfüllt: Der Mann liefert das Ansehen in der Welt, er bringt Geld nach Hause, er repariert das Gerät. – Die Frau versorgt das Haus und die Kinder und leistet dem Mann Betreuungs- und Zuhör-Dienste. Diese Leistungen gleichen einander aus, sagt man. Es gibt allerdings ein fundamentales Ungleichgewicht: Die Frau ist sehr oft ausschließlich auf ihre Funktions-Rolle festgelegt – ihr Ehefrau-Sein ist gleichsam ihr 24-Stunden-Beruf. Sie wird von den Ihren ausschließlich als Mittel zur Erreichung eines Zweckes verwendet. Auch sie selbst nimmt den eigenen Wert nur noch in der Erfüllung ihrer von der Hierarchie vorgegebenen Funktionen wahr. Die Frau muss Kinder, Ehemann, Eltern "glücklich" machen: Wenn die Ihren zufrieden sind, fühlt sie sich bestätigt.

Ab wann wird die Frau ausschließlich oder überwiegend von den Ihren zum Instrument für einen Zweck – einen Zweck, den ich die Herstellung von Glück und Zufriedenheit nenne? Kant hat bekanntlich als Imperativ formuliert, dass niemand den Menschen ausschließlich als Mittel zu einem Zweck benutzen soll. An Frauen hat Kant hierbei kaum gedacht.

Funktionalisierung der Ehefrau

Abb. 34: Mann, konsumiert mit Vergnügen zwei Therapeutinnen.[Q34]

Die Funktionalisierung der Ehefrau und Partnerin hat Wilfried Wieck besonders deutlich beschrieben.[233] Nach seiner Beobachtung neigen Männer dazu, ihre Frau wie eine Droge zu konsumieren. Sie spendet ihm durch aktives Zuhören Trost und Beistand, sie identifiziert sich mit seinem Kummer und seiner Freude. Er kann alle seine Gefühle bei ihr abreagieren und braucht diese Gefühle weder selbst zu reflektieren noch aus ihnen Konsequenzen zu ziehen. Das Verstehen, das dem Mann entgegengebracht wird, kann er "verbrauchen": Er muss es nicht erwidern, und dies deshalb nicht, weil die Frau zu einer anderen Kategorie Mensch gehört, die seit Jahrtausenden keinen Anspruch auf reziprokes Verstehen hat.

Wenn Männer untereinander über Frauen reden, geht es ihnen offenbar nur um Sex. Auch sich selbst gegenüber hält der Mann Sex oft für das wichtigste Bindeglied zur Frau. Tatsächlich ist es aber die emotionale Bestätigung und die seelenvolle Bewunderung, auf die der Mann viel mehr angewiesen ist als auf Sex. Die Krise ist vorprogrammiert, wenn Frau ihrerseits seelischen Beistand braucht. Eine innere Zensur verhindert, dass der Mann dies bemerkt. Er wird sie höchstens zum Arzt schicken, damit dieser sie repariere. Wenn sie tatsächlich krank wird, möchte er am liebsten entwischen. Der Mann hat die allergrößten Schwierigkeiten, zuzuhören und zu trösten. Selbst wenn er mit der Frau spricht, will er immer etwas regeln, tun, erledigen; er fühlt sich gedrängt, ihr Problem zu lösen. Auch den Kummer der Frau will er auf der Stelle abstellen ("Wieso bist du traurig – ich liebe dich doch?!"). Wenn das "Abstellen" nicht gelingt, geht der Mann auf Geschäftsreise. Viele Frauen vermeiden deshalb, mit dem Partner ihre eigenen Probleme zu besprechen. Wenn er zurückkommt, lächelt sie. Auf Dauer wird das Lächeln starr.

Sobald die Frau dem Mann ihre konzentrierte Aufmerksamkeit entzieht – sei es durch eine eigene Arbeit, sei es wegen der Kinder – grollt der Mann und sucht sich anderweitige "Therapeutinnen". Die Funktion der emotionalen Bestätigung und des Verstehens (also ihre Leistung) ist für den Mann wichtiger als die Person der Frau. Die Frau muss sich Identität und Produktivität selbst schaffen. Es dauert oft lange, bis sie dies begreift. Sie muss ihm andererseits ständig versichern, dass sie ihn mehr braucht als er sie, denn der Konkurrenzdruck lässt ihn nie los.

Wie kommt cin so extrem ungleiches Verhalten zwischen Mann und Frau zustande, nicht irgendwo, sondern heute, in einem westlichen Land? Bevor wir uns in komplizierte psychologische Erklärungen verlieren, ist es sinnvoller, die noch nicht sehr weit entfernte soziale Vergangenheit nach Programmen für die Ungleichheit abzusuchen.

Mann und Frau waren Herr und Vasallin. Frauen mussten – und müssen – Tribut leisten, um Schutz und eine soziale Position zu erhalten; heute besteht der Tribut auch in Bestätigung und Bewunderung. Frauen sind "unten" und entwickeln einen scharfen Blick für die Regungen derer, die "oben" sind. Wer sich anpassen muss, weiß über die Herrschenden mehr als diese selbst. Vielleicht hat die **berühmte weibliche Intuition** weniger mit dem Geschlecht als solchem zu tun, als viel mehr mit dem Blickwinkel, den Frauen gewöhnlich einnehmen: von unten nach oben.

Im "Drogengeschäft" zwischen Mann und Frau ist er nach ihr süchtig, weil sie ihm den Weihrauch der Bewunderung und des Verständnisses spendet, der es ihm erspart, sich zu ändern und sein menschliches Potential weiter zu entwickeln. Die Frau klammert sich an diese Identität als Therapeutin, aber sie kann sich als Weihrauchspenderin auch nicht weiter entwickeln. Eines Tages ist ihr Weihrauchfass leer, und ihre Sucht, sich als Retterin des Mannes zu fühlen, wird ihr zum Verhängnis.

Frau kann dem Mann den "Drogendienst", also die einseitige therapeutische Hilfe, versagen, die Verwöhnung beenden, die Verhaltensweisen benennen, die ihr am meisten missfallen und auf diese Weise die Illusion seiner Autonomie abbauen. Er muss sich dann selbst mit seiner eigenen Psyche befassen. Es ist allerdings nicht leicht. Wenn "sie" versucht, "ihn" zum Gespräch über eines dieser Themen einzuladen, wird er solange wie möglich ausweichen. Selbst wenn Männer ein Gespräch über Beziehungsthemen führen, lassen sie alles im Unklaren oder im wolkig Intellektuellen. Sie wollen sich nicht festlegen – das "beschränkt ihre Spontaneität". Eine Frau, die sich zur Offenheit statt zum Weihrauchspenden entschließt, muss sich wappnen und Gefährtinnen und Gefährten in der Nähe haben.

Jede Frau, die dieses Buch liest, wird das eine oder andere Detail aus ihrem Leben mit einem Mann wieder erkennen. Es ist durchaus nicht erstaunlich, dass sich die Muster gleichen. Unsere Sozialisation erfolgt in einer immer noch androzentrischen Welt. *"Es besteht kein Zweifel, dass mehr oder weniger unbelehrbare, patriarchalische Männer auch heute noch die überwältigende Mehrheit in unserem Land bilden. Sie zitieren augenblicklich nicht mehr Nietzsche, aber sie fühlen wie dieser."* [234] Oft genug fangen wir in der Kantine, im Büro oder bei einer Party Bemerkungen auf, die diese Beobachtung bestätigen.

Das Schweigen

Das Problem des Verstehens in einer Partnerschaft ist immer auch ein Problem des Sprechens und Schweigens. Wir verwenden hier das Wort **Sprechen** für Mitteilungen unter Gleichrangigen. **Reden** nennen wir das Mitteilen hierarchischer Botschaften (belehren, renommieren, verspotten, herunterputzen, Rat geben etc.). Ob und wie Mann und Frau miteinander sprechen, entscheidet über das Gelingen ihrer Gemeinsamkeit. Inzwischen wissen wir, dass es nicht nur von Kultur zu Kultur sehr verschiedene Gesprächsstile gibt, sondern auch unterschiedliche Stile zwischen Mann und Frau.[235] Frauen sprechen untereinander sehr oft mit dem Ziel, Gemeinsamkeit herzustellen, nicht unbedingt nur, um Probleme zu lösen. Das Sprechen vergewissert sie der Sympathie und des Gleichklangs mit den Gefährtinnen, wobei streng darauf zu achten ist, hierarchische Unterschiede nicht zu betonen (Lehrerin/Schülerin, Vorgesetzte/Untergebene etc.). Wenn eine Frau im Frauenkreis **renommiert**, wird sie früher oder später **bestraft**.

Für Männer hat sprechen ebenfalls die Bedeutung: Gemeinsamkeit herstellen, aber diese Bedeutung wird durch eine andere weitgehend überlagert: der Selbstbehauptung in der Statuswelt. Männer lernen in der Kindergruppe zu sprechen wie Frauen auch. Der männliche Jugendliche verlässt diese Gruppe und schließt sich anderen Jungen an. Männliche Jugendliche bilden bereits eine hierarchische Ordnung. Der Junge ist hier entweder überlegen oder unterlegen, in jedem Fall ordnet er sich ein, verlernt das Sprechen und erlernt das Reden. Wenn er Überlegenheit anstrebt, wird er seinen Redestil auf die Beeinflussung und das Reden "von oben nach unten" konzentrieren. Männer tolerieren das Angeben untereinander sehr viel mehr, als Frauen dies in ihrem Kreis tun. Während Frauen das Beziehungssprechen ständig untereinander üben, gerät es bei Männern außer Übung, sobald sie sich in der Männerwelt bewegen. Dort ist sprechen ein Zeichen von Schwäche, das nur bei ganz besonderen Gelegenheiten erlaubt ist, etwa bei Saufgelagen oder bei Wanderungen mit einem Freund.

Die tägliche "Sprechzeit" zwischen Mann und Frau beträgt nach einer Untersuchung der Universität Kiel nach neun Ehejahren vier Minuten pro Tag.[236] Dies ist der statistische Durchschnitt einer großen Bandbreite. Das Schweigen wird von den Experten als Alarmzeichen gedeutet. Selbst Ehepaare, die häufig miteinander reden, leben manchmal im Schweigen – sie teilen nichts über sich selbst mit, sondern reden über Ereignisse. Mitteilungen über sich selbst gelingen nach dieser Studie Frauen manchmal bei der Freundin – beim Partner selten.

Das Schweigen in den Lebensphasen

Mädchen erleben das Schweigen mit Beginn der Pubertät. Wir erfahren im Alter ab zehn Jahren, dass wir niemandem unsere unklaren Nöte und Verzweiflungen mitteilen können, weil wir spüren, dass unsere Worte missverstanden werden. Das gleiche gilt für unsere Träume und Phantasien. Das alte Sprichwort "Reden ist Silber, Schweigen ist Gold" war bis heute ein wirksames Kommando puritanischen Ursprungs in unserem Kulturkreis.

Von diesem Gefühl des "doch nicht Verstandenwerdens" sind Jungen genauso betroffen. *Es wurde mein geheimer Lebensplan, das*

wirkliche Sprechen über mich und meine komplizierten Gefühle auf-
zugeben. Dafür redete ich." [237] Für Brüder ist das Schweigen sogar
noch notwendiger, weil sie in das Beziehungssprechen ihrer Schwestern nicht einbezogen werden. Die Brüder sind bereits in irgend-
einem hierarchischen Kampfbund organisiert – und sei es der Sport-
verein. Sprechen ist dort unüblich.

Was als kindliche Enttäuschung begann, setzt sich in den Partner-
mustern fort, wobei es in der Zeit des Liebesrausches so scheint, als
öffne jeder dem anderen sein Herz – und dies für immer. Jeder
Liebende hört begierig den geheimsten Gedanken des anderen zu
– ein Jahr, zwei Jahre. Wie von einem Zauberstab berührt, ist das
feudale Muster während der Verliebtheit verschwunden. Männer
können plötzlich zuhören und sprechen! Sobald die alten hierarchischen Muster wieder greifen, bekommt das Schweigen eine neue
Qualität. "*Zuerst schweigt der Mann, nicht zuletzt, um die Frau vom*
Reden abzuhalten." [238] Die Frau hat im Verlauf des Zusammenlebens
viel über den Mann gelernt. Der Mann wird wütend, wenn die Frau
seine Geheimnisse offen ausspricht und sei es ihm selbst gegenüber.
Sie hat über ihn zu schweigen. Das Schweigen geht also vom
"Herrn" aus. Der Vasall spricht nur, wenn er gefragt wird.

Es gibt Zeiten, in denen Schweigen ein Genuss und eine Entspan-
nung ist. Dieses Schweigen meine ich hier nicht. Die erste Gelegen-
heit, das Schweigen als soziales Muster zu durchbrechen, besteht im
Kindesalter; eine zweite bei der Verliebtheit. Später werden die
Gelegenheiten selten. Sowohl das **Nicht-Sprechen des Mannes** als
auch das **Nicht-Reden der Frau** sind hierarchische, feudale Muster.
Dass sie angeboren seien, wie oft angedeutet wird, ist unplausibel,
sonst würden in der Verliebtheit diese Muster nicht verschwinden.
Und nicht nur das: hier und da gelingt es einem Paar, auch nach der
Phase der Verliebtheit miteinander zu sprechen.

Eine Variante des "Reden halten" war und ist das Ausschimpfen und
das Herunterputzen der Frau oder der Kinder mit dem Ziel, sie klein

zu machen. Die Beschimpfungen dauern eine Minute, eine Stunde oder eine Nacht. Der Anlass ist ein Krümel oder ein Knopf, in jedem Fall meistens eine Lappalie – sie ist ein Vorwand. Die Beschimpfung geht sehr bald in eine Wesenskritik der Frau über: "Immer bist du so schlampig (vergesslich, gleichgültig, vorlaut, dick, zickig…)!" Es geht um schlechte Eigenschaften, nicht um Fehlhandlungen des Partners – es geht um das Wesen. Beim Ausschimpfen der Frau wird alles, was den Mann am "Wesen der Frau" überhaupt stört, an der Person seiner Partnerin festgemacht. Es kann ein Ventil für eine "Frauenbeschimpfung" sein, die so heute nicht mehr stattfinden darf ("political non correct"). In manchen Fällen sind es Frauen, die diese Beschimpfungen des Partners oder der Kinder von sich geben. Ich kenne auch Männer, die so etwas aushalten.

Ob Männer immer schon geschwiegen haben – geschwiegen im Sinne von "nicht sprechen" – wissen wir nicht. In jedem Fall haben sie **geredet**. Belehrend, besserwisserisch und zufrieden mit ihrer Selbstdarstellung saßen die Helden auf der Agora und die Väter am Abendbrottisch. Kinder hatten zu schweigen, die Frau schwieg von selbst. Keineswegs immer, aber oft. Wenn sie sich zur Gegenrede aufschwang, entstand Streit. Zum Sprechen kam es meistens nicht. Die Motive des Mannes für das Reden halten oder Schweigen lassen sich in groben Zügen wie folgt zusammenfassen:

Angst, Gefühle zu zeigen, weil dies verletzlich macht. Beim Fühlen ist man unsicher, nicht überlegen. Höchstens Wut und Zorn wird gezeigt – sonst darf nichts Privates preisgegeben werden.

"Rede als Präventivschlag, Gespräch als Kampfplatz." [239] – Dies sind archaische, bis heute wirksame Muster. Reden halten, reden über Leistungen und Erfolge, Reden an die Männer vor und nach der Schlacht, Reden halten vor den Delegierten, den Kunden und Mitarbeitern oder den Sportlern – dies sind alte Muster der Macht. Die Konferenzen und Rede-Foren der heutigen Welt sind verkappte

Turnierplätze. Reden heißt, das Schwert führen. Auch zu Hause wird geredet oder geschwiegen.

Unterschwelliger Ärger gegen die "neue" Frau und Verachtung ihrer Tätigkeit, auch im Beruf. Der Ärger übertönt das schlechte Gewissen, wenn von der Arbeitsteilung bei der Kinder- und Hausarbeit die Rede ist.

Hinter dem Schweigen verbirgt sich die Angst, der Frau Fragen zu stellen, weil dies bedeuten könnte, ihre Probleme zu lösen. Frauen reden untereinander oft über Probleme und erwarten überhaupt keine Lösungsvorschläge voneinander. Männer dagegen fühlen den belastenden und oft wenig hilfreichen Zwang, der Frau eine Problemlösung vorschlagen zu müssen – dies entspricht ihrem Überlegenheitskomplex, den sie Verantwortung nennen.

Selbst "liebevolle" Ehemänner fragen nicht. Frau muss dankbar sein, wenn er ihr von sich erzählt, also nicht nur redet, sondern spricht. Wenn Frau von sich spricht, von ihrer Tätigkeit oder ihren Gedanken und Problemen, langweilen sich Männer oder schlafen ein. Das Nichtzuhören ist so häufig, dass viele Frauen längst aufhörten, sich darüber zu ärgern. *"Keine Frau, die auf Aufmerksamkeit dringt, kann auf eine kontinuierliche Beziehung zum Mann bauen."* [240]

Die meisten Männer sind unfähig, sich wenigstens ab und zu auf die Frau als Person und nicht nur als funktionale Ergänzung zum eigenen Selbst (das heißt als Geliebte, Betreuerin, Zuhörerin, Trostspenderin) zu konzentrieren. Aber wann hat auch der Herr in den letzten Jahrtausenden der Magd und Gefolgsfrau je zugehört? Heute kann es dem Herrn passieren, dass er **von seiner Frau verlassen wird**, ohne dass er weiß, warum. Er **hat nie zugehört**, wenn sie es ihm sagte.

Der Mann als Redner und Schweiger passte ausgezeichnet in die feudale Welt. In der heutigen Zeit vergrault er sich nicht nur die Gefährtin, sondern auch die eigene private Zufriedenheit. **Die hier ge-**

schilderte männliche Fehlanpassung an die Moderne wird von Frauen mitverursacht. Sie verehren den schweigenden Helden. Sie tun dies als Mutter und als Geliebte. Sie spenden seinem Selbstbild den Weihrauch der Bewunderung. Sie sonnen sich in der Einzigartigkeit der eigenen Stellung. "Nur ich verstehe ihn", denkt die unerlässliche Mitspielerin in den feudalen Lebensspielen.

Fazit

Nicht sprechen, nicht fragen, nicht zuhören – mit diesen Verhaltensweisen kann sich der Mann heute von seiner Familie abgrenzen. Gerade weil er nicht mehr so unbefangen auf seine "Rechte" pochen kann wie vor drei Generationen, will er Distanz zu den anderen Familienmitgliedern herstellen. Die alten Distanzierungsmuster, Titel, Uniformen, Orden sind verschwunden. Nur mit Nichtsprechen und Nichtzuhören kann der Mann jene Aura der Distanz schaffen, die er zur Aufrechterhaltung seiner Autorität für notwendig hält.

Männer hören das nicht gern. Sie vermuten lieber, ihr Distanzverhalten sei angeboren. Die Veranlagung, nicht eigenes Wollen oder erlerntes Gruppenverhalten sei schuld, wenn sie Frauen konsumieren und funktionalisieren. Diese verlockende Vorstellung wird allerdings vom Manne selbst immer neu widerlegt: Sobald er verliebt ist, wird er ein Gefährte, der nicht nur nimmt, sondern auch gibt. Wenn die Verliebtheit schwindet – nach einem oder zwei Jahren – gewinnt die Männerbund-Attitüde die Oberhand. – Muss sie das, oder geschieht dies besonders bei denen, die sich von der Meinung ihrer Umgebung abhängig fühlen?

Mit dem Überlegenheitsmuster, das bei den meisten fast zwanghaft einrastet, obwohl es heute für den Umgang mit Frauen eher kontraproduktiv ist, haben wir kein individuelles, sondern ein gesellschaftliches Problem vor uns. *"Die geduldige und konsequente Er-*

forschung des individuellen Unbewussten eines Mannes" [241] heilt höchstens ein paar Männer, deren Leidensdruck so groß wurde, dass sie die Mühe einer Therapie auf sich nahmen. Die wichtigste Strategie, um das Schweigen und Reden in Sprechen zu verwandeln, ist die beharrliche Aufwertung der Frau auf allen Ebenen. Denn es ist ja die Entwertung der Frau als weibliches Wesen, nicht als Individuum, die im Kopf jedes Mannes ein Konstrukt bildet, das seinerseits das Schweigen produziert. Dieses Konstrukt ist kollektiv: Alle, fast alle Männer teilen es. Es wird nur dann dynamisiert, wenn viele Frauen ihre Rolle als reine "Funktionsträgerin" aufgeben, wie sie das heute bereits teilweise tun. Sie sind aber dabei maßgeblich auf die Sympathie der öffentlichen Meinung, des Zeitgeistes und auch auf das politische Klima angewiesen.

22.
Wesensverschiedenheiten
– ideologisch und biologisch

Im Kapitel 21 "Herr und Knecht" stand das tradierte Verhalten bei der Machtverteilung zwischen Mann und Frau im Vordergrund. Jetzt fragen wir, welche Wertvorstellungen hinter diesem Verhalten stehen, was also zum Funktionalisieren, zum Schweigen oder in krassen Fällen zum Verprügeln motiviert. Es handelt sich bei diesem Verhalten durchaus nicht nur um individuelle Bosheit oder Schwäche einzelner Männer, sondern um kollektive Regelprozesse von ehrwürdigem Alter. Männer haben für ihr Verhalten die Erlaubnis der moralischen Instanzen. "Ich darf das!", sagt es in ihrem Kopf. Im Kopf der Frauen flüstert eine Stimme: "Füg' dich!"

Die Stimme wirkt nicht nur im Kopf, sondern noch stärker im Bauch. Die ganze Körperchemie bildet einen riesigen Resonanzboden für die Flüsterstimme. Wenn eine frisch-fröhliche Karrierefrau in die Welt zieht und alles besser machen wird, stößt sie früher oder später auf allerlei Hindernisse, mit denen sie fertig wird. Womit sie nicht rechnet, ist die "Wesensfalle" im eigenen Bauch. Dort sitzen die Zweifel und Vorbehalte, die Selbstdeutungen und die Versuchung, sich fallen zu lassen. "Soll ich nicht doch lieber nachgeben?" Diesen Selbstzweifeln ist mit rationaler Überlegung allein nicht beizukommen. Ich habe auch kein Rezept, aber ich will das Instrument der Wesensdeutung wenigstens vorstellen.

Die Rangverschiedenheit zwischen Mann und Frau wurde schon geschildert. Dieses Ranggefälle leitet sich von dem Standesunterschied ab, wie er in der feudalen Ehe etabliert wurde. Ein "einfacher" Standesunterschied wäre aber auf Dauer nicht wirksam gewesen, um in einer so engen Lebensgemeinschaft wie der Ehe die Distanz aufrecht zu erhalten. Für die Ehe und Paarbindung war es notwendig, Frauen generell, also "von Geburt an", minderwertig zu machen.

Abb. 35: Aus dem Kopf der Frau springt ein halbes Männergesicht.
Pablo Picasso [Q35]

Um das **Macht*un*gleichgewicht** auch in der Intimität des gemeinsamen Haushalts zu garantieren, genügten physische und soziale Faktoren nicht. Die Weihe des Mythos war notwendig. Seit Jahrtausenden wurde durch Deutungsprozesse eine virtuelle Welt geschaffen, die Männern und Frauen ein bestimmtes "Wesen" zuteilt und damit ihre Wahrnehmung und besonders ihre Selbstwahrnehmung in bestimmte Bahnen lenkt. "Wesen" ist nach der Lehre des Aristoteles ein konstitutives Prinzip des Seienden, das ihm ein bestimmtes Sosein gibt und den inneren Grund seiner Möglichkeiten darstellt. "Wesen" bedeutet den **unwandelbaren Kern** eines Menschen.[242]

Unter "Wesen" verstand man unwandelbare Eigenschaften, die einer Personengruppe (seltener einer Einzelperson) zugeteilt sind. Für diese Zuteilung ist – scheinbar – eine *vom Menschen unabhängige Instanz* verantwortlich, deren Name im Verlauf der Jahrtausende wechselt. Bei den griechischen Philosophen war es der "Seinsgrund", in der christlichen Periode war es die "Göttliche Ordnung", und in der heutigen Zeit sind es die **biologischen Erbfaktoren**, die die Rolle der unabhängigen äußeren Instanz übernommen haben.

In der Geschichte entstanden "Wesensverschiedenheiten" – also die Deutung und Bewertung von natürlichen Merkmalen als "Eigenschaften" – in der Regel erst dann, **wenn dies im Interesse der Eliten lag**. So etwa hatten nach Aristoteles Sklaven wesenhaft keine Seele. Für die Führungsschicht war diese Aussage eine Rechtfertigung, um Sklaven nicht wie Menschen behandeln zu müssen. Das soziale Merkmal "Sklave sein" wurde biologisch umgedeutet und – nach Aristoteles – zum Zeichen für eine innere Verfassung, nämlich: "nicht ganz Mensch sein" – so wie das Merkmal "Frau sein" bei ihm eine unvollständig gebildete Seele anzeigte. *"Der Sklave besitzt den selbstständigen, überlegenden und beschließenden Seelenteil überhaupt nicht, das Weibliche besitzt ihn aber ohne*

Durchschlagskraft, und das Kind besitzt ihn, aber ohne dass er voll ausgebildet ist".[243]

Dies klingt sehr akademisch. Die hier beschriebenen Denkmuster sind allerdings bis heute in unserem Hinterkopf lebendig. Das Merkmal "kleiner und schwächer als der Mann" gilt noch immer als Signal für eine Reihe wichtiger weiblicher Eigenschaften. Aus dem Merkmal "gebärfähig" wurde zum Beispiel die Eigenschaft "schutzbedürftig" und "der Führung bedürftig". Die dominante Gruppe, die aus biologischen Merkmalen Eigenschaften ableitet, hat längst verdrängt, dass sie Deutungen vornimmt und keineswegs im Lehrbuch der Biologie liest.

Im Zusammenleben des Paares spielen "Wesensunterschiede" bis heute eine große Rolle. Eine reiche Literatur zum Thema "Unterschiede" – von John Gray über Deborah Tannen bis zu Dietrich Schwanitz – kreist um das Thema, dass der Mann die Frau nicht versteht und die Frau nicht den Mann, weil sie so verschieden seien. Das Nicht-Verstehen wird als unabänderliche Tatsache beschrieben, schicksalhaft, von einer äußeren Instanz bestimmt. Nur in der Phase der Verliebtheit könnten Mann und Frau in die Welt des anderen eindringen und einander verstehen. Sobald diese Phase abgelaufen sei, lebten beide wieder auf verschiedenen Sternen: Männer auf dem Mars – Frauen auf der Venus.[244]

Das Denkmuster "Wesensdeutung" begleitet uns bis in den Alltag. Wenn der Partner uns mit seinem Verhalten immer wieder ärgert, neigen wir zu der Ausrede: "Der/Die kann nicht anders, so ist eben sein/ihr Wesen. Wird der Ärger zu groß, geh' ich weg." Eine fruchtbare Auseinandersetzung über das ärgerliche Verhalten wird gar nicht erst – oder viel zu spät – versucht. Wesen ist Schicksal. Man könnte die Wesensunterschiede als das durchschauen, was sie sind: Konstrukte im Interesse der dominanten Gruppe. Aber sie sind viel mehr. Die Wesensdeutung – oder Eigenschaftszuteilung – hat nämlich eine fundamentale Folge: Sie entscheidet über die **Tätigkeiten,**

die einer bestimmten Gruppe erlaubt sind. Diese Tätigkeiten fixieren den sozialen Rang.

Erlaubte Tätigkeiten

Frauen sind nach den verschiedenen "Wesenstheorien" nicht nur in den Eigenschaften, sondern auch in ihren Tätigkeiten und Fähigkeiten von Männern ganz verschieden, keineswegs nur auf Grund ihrer physischen Konstitution. Es fällt auf, dass so genannte typisch "weibliche Tätigkeiten" – Kinder, Schönheit und Sozialkontakte, wie ich zugespitzt sage – für die Gesamtgesellschaft weniger wichtig sind als männliche. – Technik, Wirtschaft, Verteidigung. Mathematik betreiben Männer, Psychologie betreiben Frauen. Wie kam es dazu? Hierzu gibt es nur Vermutungen: Als die Kriegerelite begann, die Lebensverhältnisse in Mesopotamien zu bestimmen, erhielt das Waffenschmieden einen höheren Rang als das Töpfern. Es stellt sich die Frage: Warum haben Frauen keine Waffen geschmiedet? Konnten sie das nicht, oder durften sie das nicht? Ein zweites Beispiel ist die Landwirtschaft. Dieses uralte Tätigkeitsfeld der Frauen wurde allmählich (mit der Erfindung des Pfluges, wie einige sagen) männlich. Frauen blieben nur noch als landwirtschaftliche Hilfskräfte erhalten. Die Waffenproduktion mag schon seit grauer Vorzeit ein Männerhandwerk gewesen sein, bei der Landwirtschaft ist das Gegenteil der Fall: Der Ackerbau wurde in der Jungsteinzeit von Frauen erfunden und ausgeführt. Allerdings wird von diesen Tätigkeiten in den Geschichtsbüchern fast nie berichtet. **Wenn man der Überlieferung glaubt, konstruieren Frauen seit der patriarchalischen Revolution gar nichts mehr.** Bewässerungsanlagen, Tempelbau, Festungsbau, Skulpturen, Grabplastiken – keine dieser Techniken war biologisch gesehen ungeeignet für Frauen. Für die schwere körperliche Arbeit beim Tempel- oder Deichbau wurden Frauen sowieso herangezogen, wenn sie der unteren Klasse angehörten (in Indien tragen noch heute vornehmlich Frauen Sand, Steine und Schutt in und aus der Baustelle). Gerade die körperlich weniger beschwerlichen Tätigkeiten des Zeichnens, Entwerfens, das Auswählen und Behauen der Steine, das Modellieren, Erfinden und Erdenken, wurden interessanterweise ausschließlich Männerarbeit.

Ist es wirklich plausibel, dass Frauen hierfür ungeeignet waren? Konnten sie diese Arbeiten aus mentalen Gründen nicht ausführen? Denken wir an die Mausoleen in Lykien (siehe Kapitel 16), von denen man weiß, dass sie von Frauen entworfen und gebaut wurden. Denken wir an die Paläste der Minoer in Kreta, denken wir an die wenigen bekannt gewordenen Großbauten aus der Steinzeit, zum Beispiel in Malta. Mit großer Wahrscheinlichkeit haben Frauen sie entworfen, damals, als sie sich selber noch nicht als "verkrüppelte Männchen" deuteten.[245]

Springen wir in die Jetztzeit: An fast allen Tätigkeiten, die wir Technik nennen – vom Kraftwerk bis zur Spülmaschine und von der Wasserregulierung bis zum Internet – sind Frauen nicht beteiligt. Es handelt sich hierbei um Bereiche, von denen unsere Zivilisation abhängt. Natürlich können Frauen einige dieser Maschinen bedienen oder reparieren, aber herstellen können sie sie nicht. Es gibt wenige Ingenieurinnen, die meisten sind Assistentinnen. Bei den – relativ zahlreichen – Architektinnen, die sich am freien Markt bewegen, fällt auf, dass sie immer mit oder unter einem männlichen Partner firmieren. Allein werden sie von Kunden, Behörden, Bauleuten nur selten ernst genommen.

Seit viertausend Jahren erfindet, konstruiert, oder baut die eine Hälfte der Menschheit so gut wie Nichts. Erbfaktoren, Gene, körperchemische Prozesse gelten als Ursache. Für den unbefangenen Beobachter muss allerdings der plötzliche Kompetenzverlust aller Frauen mit Beginn des Patriarchats verdächtig sein. In jedem Fall verträgt er sich nur schwer mit der These vom Angeboren-Sein.

Verdrängung oder Nichteignung – das ist also die Frage. Für die Zeit der frühen Hochkulturen gibt es nur wenige Zeugnisse. Für die Zeit ab etwa 1000 v.Chr. sprudeln die Quellen über Bildungs- und Berufsverbot reichlicher. Unter den letzten Frauen im griechischen Sprachraum, die andere Frauen unterrichten durften, waren Sappho (um 600 v.Chr.) und Aspasia (Gefährtin des Perikles), die Frauen in Athen zu Hause unterwies, weil eine Schulgründung für Mädchen verboten war (um 450 v.Chr.). Aus dem Mittelalter wissen wir, dass Frauen nur als Nonnen Bildung – etwa Lesen und Schreiben – erwerben durften. Einige von diesen Klosterfrauen wurden berühmt, zum Beispiel Hrotsvitha von Gandersheim als erste deutsche Dichterin, Hildegard von Bingen als Ärztin und Philosophin, und Katharina von Siena als Politikerin. An den Hohen Schulen und Universitäten waren Frauen nicht zugelassen.[246]

Das Bildungsverbot wurde nach harten Kämpfen erst im 20. Jahrhundert aufgehoben, wobei allerdings die Marginalität von Frauen in hoch qualifizierten Berufen immer noch absurd bleibt.[247] Nach dem Zweiten Weltkrieg haben sich die weiblichen Bildungschancen den männlichen angenähert. Damit endet die drei- bis viertausendjährige Epoche des Beiseitedrängens nicht ganz, aber teilweise. **Das ist erst fünfzig Jahre her.** Angesichts der Zeiträume, mit denen wir hier konfrontiert sind, ist dies eine unglaublich kurze Zeitspanne. Eine rationale Begründung für die Bildungsverweigerung wurde selten ausgesprochen.[248] Im allgemeinen Bewusstsein war für das Bildungsverbot nicht etwa der Männerbund zuständig, sondern das mindere, nicht bildungsfähige Wesen der Frau! Dass eine solche massive Wesensdeutung seit fünfzig Jahren aus allen Köpfen verschwunden sein sollte, wäre eine naive Annahme. Stattdessen kriechen die Wesenheiten immer wieder aus den Winkeln, entlarven sich in Worten und Taten, lassen die einen frohlocken und die anderen fügsam werden.

Es gibt viele Unterschiede zwischen dem männlichen und dem

weiblichen Gehirn. Das Thema macht von Zeit zu Zeit Schlagzeilen. So ist zum Beispiel die zerebrale Durchblutung der beiden Gehirnhälften bei Frauen größer, auch im Ruhezustand. *"Müssen sich Frauen beim Denken mehr anstrengen?"*, fragten manche Männer sofort.[249] Es gibt Anhaltspunkte dafür, dass das männliche Gehirn einseitig zielgerichteter arbeitet als das weibliche. **Aber kein einziges der bisherigen Forschungsergebnisse rechtfertigt die radikale Tätigkeitsverteilung**: Technik männlich – Soziales weiblich. Diese Verteilung ist so alt, dass sie wie eine angeborene Vorschrift in unseren Köpfen sitzt und sich dort in dem Paradigma von Sein und Sollen manifestiert. Wer eine Frau ist, **soll** besser nicht nach einer männlichen Tätigkeit streben.[250]

Was ist, wenn alle Männer sterben?

Dass die einseitige Tätigkeitsverteilung eine Folge der "Wesenszuteilung" ist, wurde bisher nicht widerlegt. Die praktische Folge ist, dass der Abstand in der technischen Qualifikation zwischen Mann und Frau rapide wächst. Dieses wachsende Ungleichgewicht könnte die nachhaltige Entwicklung in den westlichen Ländern einengen.

Es war eine Geschichte von Akif Pirinçci, die mir die Relevanz dieser Einseitigkeit schlagartig vor Augen führte. In seinem Roman "Yin" [251] sterben alle Männer an einer geheimnisvollen Krankheit, die sich blitzartig auf der ganzen Welt ausbreitet. Frauen reagieren verstört. Zunächst geht noch alles seinen Gang, aber dann fällt die Energieversorgung aus und damit auch die Wasserpumpen, alle Maschinen, alle Computer. Bald ist Benzin rar. Einige Aggregate können noch gewartet werden, aber sobald ein ganzes Teil ausfällt, ist keine Frau im Stande, es neu zu bauen. Eine Pilotin kann zwar ihren Überschall-Jet fliegen, aber nicht warten. Wie tote Dinosaurier liegen die Skelette von Eisenbahnwaggons, Kränen und Autos da, wo sie gerade ausfielen. Noch schlimmer als der technische Zusammenbruch ist die soziale Katastrophe. Von der höheren sozialen Kompetenz der Frauen ist bei diesem Autor keine Spur zu finden. Das soziale und politische Leben versinkt in Anarchie und Gewalt. Weibliche Netze zerreißen. Marodierende Horden ziehen plündernd durch Stadt und Land. Soldatinnen und Polizistinnen – auf die wir so stolz waren – schließen sich den Horden an. Schließlich tritt eine dicke Frau, halb Mafiosa, halb Kommissarin, auf den Plan, versammelt die Kampfeslustigen um sich, besetzt die Samenbank und erhebt sich zur Diktatorin. Mit Hilfe der Samenbank hoffen die Frauen, wieder männliche Geburten zu produzieren, darum folgen sie ihr. Aber auch die Diktatorin geht im allgemeinen Strudel unter und wird von anarchischen Gruppen beseitigt.

Diese ziemlich makabre Geschichte zeugt von einer grandiosen männlichen Phantasie, aber sie enthält einen realistischen Kern. Es zeigt sich, dass die Sache mit dem Pflug und die anschließende kontinuierliche Verdrängung der Frauen aus den jeweils neuen Techniken nicht nur eine Frage der Chancengleichheit ist, sondern lebensbedrohlich werden kann. Frauen sind heute nicht im Stande, den für unser zivilisatorisches Niveau lebenswichtigen Betriebsstandard aufrecht zu erhalten – und dies gerade in den entwickelten Teilen der Welt. Für einen ökologischen Umbau der Wirtschaft, der oft als weibliches Anliegen gilt, sind Frauen technisch nicht kompetent. Außerdem haben sie **verlernt, einander in Notlagen Gefolgschaft zu leisten.**

Die ”Wesensunterschiede“ des Aristoteles, die so akademisch klingen, zeigen tatsächlich einen hochaktuellen Kreislauf. Frauen wurden von der Beschäftigung mit den so genannten ”high-tech“-Produktionen seit so langer Zeit ferngehalten, dass sie auf Dauer **Interesse und Begabung** verloren. Umfragen zeigen immer wieder, dass Frauen an technischen und politischen Fragen sehr viel weniger Interesse haben als Männer.[252] Im Circulus vitiosus von Ursache und

Wirkung gilt das Desinteresse längst **als Ursache** der aktuellen Tätigkeitsverteilung.

Die heute lebende Männergeneration wird von "**Wegdrängen**" nichts hören wollen. Es geht in den westlichen Ländern inzwischen längst nicht mehr um das Lernendürfen oder um "Technik". Diese Worte habe ich nur gewählt, weil sie sich in die geschichtliche Frühzeit zurückverfolgen lassen. Es geht – allgemein gesagt – um die jeweils neuen, gesellschaftlich hoch bewerteten Tätigkeiten – zurzeit zum Beispiel Informatik oder Gentechnologie. Heute können Frauen alles Fachwissen erwerben. – Allerdings besteht weiterhin die Gefahr, dass sich die dominierende Gleichsetzung von Technik und Männlichkeit immer wieder reproduziert. Dies geschieht dadurch, dass Männer die technischen Kernbereiche für sich reservieren und Frauen für die Anwendungsbereiche zuständig machen.[253]

Inzwischen "verdrängen" Frauen sich selbst. Sie sind stolz darauf, von "dem ganzen Kram" nichts zu verstehen und in keine Grube springen zu müssen, um die Wasserleitung zu reparieren. Für einige Männer ist die hilflose kleine Frau am Straßenrand neben ihrem Auto ein unwiderstehlicher Anblick. Für mich ist dieser Anblick durchaus widerlich – gerade weil ich es selbst sein könnte. Solange Frauen für jedes technische Hantieren nach dem Freund oder Ehemann rufen, verewigen sie den Kreislauf ihres eigenen "Nicht fit-Seins".

Warum tun sie das? Ist das angeboren oder sind es wirklich nur Umwelteinflüsse – hier in Gestalt der kollektiven Wesenszuteilung – die einen solchen Einfluss haben? Bei Umwelteinwirkungen denken wir an Bewusstseinsvorgänge, an Lernen, an Üben, an Erfahrungen. Sollen wir uns den Vorgang "ein weibliches Wesen annehmen" wie einen Lernprozess vorstellen? Kaum. Um etwas so Komplexes wie die Wesenszuteilung zu verinnerlichen, genügen die bewussten Lernprozesse nicht. Die Kommandos der Umwelt wirken anders, nämlich nicht nur auf das Bewusstsein, sondern in erster

Linie auf körpereigene Stoffe, die ihrerseits die Disposition für gewisse ”Eigenschaften“ auslösen, zum Beispiel Aggression oder Sanftmut.[254]

Die Wirkung der Wesensdeutung
auf die Körperchemie

Die Frage, wie und wodurch wir zu dem werden, was die Umwelt erwartet, ist für die Unterschiede der Geschlechter so wichtig, dass ich jetzt einen Abstecher in die ”Körperchemie“ unternehme.

Es gilt heute als wahrscheinlich, dass nicht so sehr die Gene, sondern Hormone, Neurotransmitter und andere biochemische Stoffe die Geschlechtsprägung im Gehirn bewirken, sei es pränatal, sei es nach der Geburt. Testosteron gilt zum Beispiel als Schlüssel zur aggressiven Männlichkeit. Allerdings ist der Testosteronspiegel keineswegs eine angeborene Größe, sondern er hängt von Umwelteinflüssen ab. Der Spiegel steigt zeitlich unmittelbar vor einer Herausforderung an, zum Beispiel vor einer Produktdemonstration oder einem Fußballspiel, und bleibt hoch, wenn ein Erfolg erzielt wird. Erleidet der Mann einen Misserfolg, sinkt der Spiegel und bleibt lange unten.[255] Das männliche Geschlechtshormon, das als **angeborener** Auslöser und Verursacher einer Stimmung und eines Verhaltens gilt, wird nach neueren Forschungsergebnissen auch seinerseits von der Umwelt beeinflusst.

Besonders interessant ist einer der Neurotransmitter, das Serotonin. Dieser Stoff reguliert die Atmung, den Blutdruck und die Verdauung, vor allem aber hat er Einfluss auf die Stimmung, das Selbstbewusstsein und die Durchsetzungsfähigkeit. Serotonin wird auch als Antidepressiva eingesetzt (Prozac, Fluctin). Ranghohe Männer haben meistens einen hohen Serotoninspiegel und sind wenig gewaltbereit. Bei statusschwachen Männern ist es umgekehrt – wie in den Slums amerikanischer Großstädte gemessen wurde.[256] Die Preisfrage lautet: Ist der von den Erbanlagen gesteuerte Serotoninmangel die Ursache der Gewaltbereitschaft – oder ruft umgekehrt der hoffnungslose soziale Status den Serotoninmangel und dieser die Gewaltbereitschaft hervor?

Lange Zeit glaubten die Fachleute, Serotonin sei allein von den Erbanlagen gesteuert. Die Schlägertypen in den Slums wurden als aggressionskranke Individuen angesehen, die man mit Serotonin behandeln müsse. So weit kam es nicht. Inzwischen hat eine Gruppe von Forschern[257] festgestellt, dass die Stimmung zur Gewalt zwar im Körper entsteht und sich dort durch den Serotoninspiegel manifestiert, dass aber im Körper diese biochemischen Prozesse nicht von alleine entstehen. Äußere Einflüsse – etwa das Fehlen einer minimalen sozialen Anerkennung – wirken auf die Körperchemie, die damit **nicht Ursache, sondern Folge** der sozialen Umwelt ist.

Die Frage, wo globale, gesellschaftsrelevante Ge- und Verbote sich auswirken – im Kopf oder im Körper – lässt sich jetzt beantworten: auch im Körper. Die "Wesenszuteilung" der sozialen Eliten wirkt in den biochemischen Prozessen wie ein mächtiger Verstärker, gleichgültig ob es sich um die Angehörigen eines Geschlechts oder einer Rasse handelt.

Zurück zu den Frauen, die technische Tätigkeiten meiden. Vermutlich entsteht auch bei Frauen infolge von sozialen Kommandos und Erwartungen nicht nur ein mentaler, sondern ein biochemischer Prozess, der den Serotoninspiegel senkt. Die Wirkung ist eine Zurücknahme des Selbstbewusstseins, **die sich zum Beispiel als weibliche Tendenz auswirkt, das eigene Können selbst bei gegenteiliger Erfahrung zu unterschätzen.**[258] Diese negative Selbsteinschätzung liegt nicht nur an der rationalen Einsicht oder am Lerneffekt, sondern auch an biochemischen Prozessen. Unabhängig vom Intellekt hat die Körperchemie längst auf die institutionalisierte Erwartung der Gesamtgesellschaft an alle Frauen reagiert und die Stimmung "Das kann ich nicht" produziert.

Wenn schwarze "inner-city-kids" einen Serotoninmangel aufweisen, der seinerseits durch anhaltende Missachtung ausgelöst wird und sie aggressiv macht, dann ist ein analoger Prozess bei Frauen eher noch wahrscheinlicher, weil die weiblichen Schwankungen im Hormonspiegel durch Schwangerschaft, Geburt oder Menopause ohnehin Eingangstore für die Stimmungsveränderungen bilden. Im Unterschied zu den "city-kids" richtet sich die Aggression bei Frauen nicht nach außen, sondern nach innen.

Zur Illustration besuchen wir Gaby, die seit sechs Monaten ein Baby hat. Bis zur Geburt waren Paul und sie ein vergnügtes Ehepaar, das sich gut verstand. Beide arbeiteten, jeder hatte sein eigenes Geld, eigene Freunde und gemeinsame Freunde. Beide teilten sich die Hausarbeit – Paul bügelte seine Hemden selbst. Mit dem Erscheinen des Kindes trat eine subtile Veränderung der Machtbalance ein. Paul ging alleine aus – es gelang nur selten, einen Babysitter zu organisieren. Gaby erhielt jetzt Geld von Paul, sie wurde finanziell abhängig. Seit sie den ganzen Tag zu Hause war, schob ihr Paul seinen Teil der Hausarbeit zu – wie das in fast allen deutschen Haushalten der Fall ist.[259] Gabys Stimmung veränderte sich. Sie wurde matter und ängstlicher, die Umwelt interessierte sie nicht mehr so sehr. Paul reagierte darauf zuerst fürsorglich und dann herablassend. Außerdem wollte er genauso wie der Kleine von Gaby verwöhnt werden – sie sollte jetzt seine Hemden bügeln!

So ist es natürlich nicht immer, aber doch oft genug, um Frauen vom Kinderwunsch abzuhalten. Sie haben bei Freundinnen erlebt, dass die Umdeutung ihres Status von der kompetenten Gefährtin zur Kinderbetreuerin eine Reduktion ihres Selbstwertgefühls und ihrer tatsächlichen Kompetenz auslöste.

Wie von innen gesteuert

Die Wesensdeutungen der Eliten waren und sind deshalb so erfolgreich, weil sie doppelt wirken: einmal über das soziale Lernen und zum zweiten über die "Stimmung", die vom Körper ausgelöst wird und Aktivitäten verhindert oder bestärkt. Der betroffene Mensch erlebt sich wie von innen gesteuert, so als sei sein Verhalten angeboren. Angeboren heißt bis heute "unbeeinflussbar". Die neuere Forschung sagt allerdings, dass genetische Dispositionen erst durch die Umwelt entfaltet werden. Die Umgebung stimuliere die Synapsen, durch die sich bestimmte Veranlagungen entwickeln. Ohne Stimulierung durch die Umwelt bilden sich diese Veranlagungen nicht oder viel schwächer aus. Und was passiert, wenn die Stimulierung über viele Generationen in Richtung der hier beschriebenen Wesensdeutung verläuft? Dann werden auf dem Umweg über die Körperchemie vorwiegend die gewünschten "weiblichen" Veranlagungen entfaltet. Dies würde erklären, warum einige der **entfalteten typisch weiblichen** Dispositionen so ausgezeichnet zum Patriarchat und seinem Wertekodex passen. Die biochemischen Wege, auf denen Erfahrungen die Gene beeinflussen, sind bis heute nur Spezialisten bekannt, aber dass die Mutation von Eigenschaften nicht nur vom Zufall, sondern auch von der Erfahrung gesteuert werden, hat sich herumgesprochen.

Viertausend Jahre wurden Wesensunterschiede an der Schöpfungsordnung und an dem niedrigeren moralischen Niveau der Frauen festgemacht. Seit der Neuzeit wurde die Biologie hierfür die wichtigste Rechtfertigung. Allerdings **kann auch die Biologie nicht schlüssig erklären**, warum Männer es nötig hatten, Frauen seit über viertausend Jahren zu Wesen zweiter Klasse zu machen und ihnen den Zugang zum Wissen zu verweigern. Das macht viele biologische Theorien über die mentalen Unterschiede der Geschlechter suspekt.

Heute entdecken wir, dass die Kultivierung der Wesensunterschiede zum Zwecke der Herrschaftssicherung, mit der Fürsten, Priester, Dichter und Männerbünde sich viele tausend Jahre so viel Mühe machten, nicht mehr ganz so opportun ist. Die Liebesbeziehung, die wir alle haben wollen, funktioniert nur, wenn die Partner sich verstehen. Als ”Wesensverschiedene“ verstehen sie sich nicht. **Dass Mann und Frau sich nicht verstehen können, wurde plötzlich ein Thema.** Fachleute schreiben darüber dicke Bücher, ohne den wichtigsten Punkt anzusprechen: **Jeder Partner sieht bis heute oft nicht den Anderen, sondern das ”Wesensbild“.** Die Angst, diese Bilder loszulassen, die scheinbar Ordnung in das Zusammenleben bringen, wirkt wie ein Filter, hinter dem die Person des Anderen nur undeutlich sichtbar ist.

Zum Schluss noch ein Beispiel: Ein besonders markanter Wesensunterschied betrifft den Sex. ”Männer folgen eher ihrem Trieb – Frauen sind gefühlsbetont und verlieben sich.“ Auch in der Frauenbewegung ist dies ein Glaubenssatz. Ein junger Mann sieht das anders: *”Das ist ein Klischee. Sich einzureden, dass Männer nur triebgesteuert und Frauen emotional sind, ist falsch. Gefühlsbetont sind Männer genauso wie Frauen. Und es gibt viele Frauen, die eine ausgeprägte Sexualität haben. Das müssen sie nur mal zugeben. Die Unterschiede zwischen Männern und Frauen werden alle herbeigeredet. Und sie helfen schon gar nicht, Kinder groß zu ziehen.“* [260]

Bis heute erwartet die öffentliche Meinung, dass Frauen nur dann mit einem Mann ins Bett gehen, wenn sie ”Ich liebe dich“ sagen können. Eine Frau kann weder sich selbst, noch den Eltern oder den Freundinnen gegenüber zugeben, dass sie mit jemandem nur aus sexueller Lust ins Bett geht. Ohne Verliebtheit ist miteinander schlafen anstößig. Also wird sie sich eher verstellen, als gegen die sozialen Regeln verstoßen, die auch einen Schutz bedeuten. – Sind Frauen vielleicht genauso triebgesteuert wie Männer, aber nehmen dies ihrem ”Wesen“ zuliebe nicht wahr? Bisher wissen wir das nicht. Es wird noch lange dauern, bis die Wahrnehmung von Unterschieden zwischen Mann und Frau von den alten Machtinteressen frei sein werden.

... auf den Punkt gebracht

1. Die dominanten Eliten teilen den Minderheiten (solchen, die biologische Unterschiede aufweisen) negative Eigenschaften zu. Sie werden zu Wesensmerkmalen dieser Gruppen. Die Betroffenen verinnerlichen dieses "Wesen". Religionen und Ideologien lieferten den Eliten die Rechtfertigung für diese Wesensdeutung und tun dies teilweise heute noch.

2. Die Wesensdeutung erlaubte es, die zur "Minderheit" erklärten Frauen von jedweder Bildung und vielen Tätigkeiten auszuschließen. Dieses Verbot erwies sich bis heute als durchschlagend erfolgreich. Frauen scheuen vor technischen Berufen zurück und sind nicht in der Lage, das heutige technologische Niveau aufrecht zu erhalten. Dies gilt besonders für die entwickelten Länder.

3. Die Generation der um 1960 Geborenen ist die erste, die von keinem "Bildungsverbot" betroffen war und sich dem Satz "Technik ist unweiblich" nicht beugen muss. In drei Generationen wissen wir, ob sich neue Talente entwickeln.

4. Demotivierende Umwelteinflüsse wirken nicht nur über das Lernen und bewusstes Denken auf Frauen ein, sie werden in einer bisher nicht genug erforschten Weise von biochemischen Prozessen verstärkt. Dies vermittelt den Eindruck, die leibliche Konstitution sei so, wie die Wesensdeutung es vorschreibt.

5. Die Wesensdeutung hat die Funktion, Distanz zu schaffen, und dies nicht nur gegenüber Frauen, sondern auch gegenüber anderen unterlegenen Gruppen (zum Beispiel den schwarzen "inner-city-kids", die wir in diesem Kapitel erwähnt haben). In den letzten Jahrzehnten wurden die Hierarchie bewahrenden Distanzmuster in den so genannten westlichen Ländern schwächer. Aber es toben noch immer viele alte Distanzteufel durch das Leben des Paares.

23.
Ehe ist Suche nach dem Ähnlichen –
Leidenschaft ist Suche nach dem Fremden

Die patriarchalischen Eliten waren und sind an sozialer Distanz interessiert. Hierzu dienten die Konstrukte der "Wesensverschiedenheit", wie wir gerade sahen. Es gab und gibt aber unterhalb der offiziellen Ebene auch eine gegenläufige Tendenz. In den Familien und bei den Individuen blieb die alte Vorstellung erhalten, nach der Mann und Frau sich als ähnlich empfinden und von der Umwelt auch so wahrgenommen werden. Auf der Ebene starker und großer bürgerlicher Familien, wie sie in den europäischen Städten entstanden, war die Ideologie der Wesensverschiedenheit sehr viel weniger ausgeprägt. Einer "wesenhaft" minderwertigen Frau hätte kein Mann ähnlich sein wollen!

„Ehe ist Suche nach Verwandten!", so lautete eines Tages die Überschrift in einer deutschen Tageszeitung. Unter den vielen Schlagworten zu "Ehe ist …" war dies eine ungewöhnliche Aussage. Eine Forschergruppe des Labors für Sozialanthropologie am Collège de France in Paris entwickelte ein Computerprogramm, um eine alte These des berühmten Ethnologen und Anthropologen Claude Lévy-Strauß zu bestätigen oder zu widerlegen: Menschen, die eine Ehe eingehen, suchen dabei nach Verwandten. Die Forscher entdeckten, dass sich bei der Untersuchung von 2 450 Eheschließungen über zwölf Generationen hinweg nach fünf Generationen die meisten Paar-Bindungen abstammungsmäßig wieder so darstellen wie in der ersten Generation. Allerdings betraf dies einen Stamm in Burkina Faso, bei dem die Heiratsgewohnheiten sich noch nach traditionellen Regeln ausrichten. Wirklich aussagefähig wäre eine solche Untersuchung erst in einem modernen Land mit mobiler Bevölkerung. Genau das haben die Forscher vor: Eine

Großstadt wie Paris oder Berlin soll als nächstes untersucht werden.[261]

Die Ehe unter Verwandten, die hier wie eine wilde Spekulation klingt, war in den frühen Zeiten selbstverständlich. Das Exogamiegebot[262] verbot den Beischlaf mit Eltern und den direkten Brüdern und Schwestern in der eigenen Sippe. Die Nachbarsippen, zu denen männliche Adoleszenten zum Paaren wanderten, bestanden aber natürlich auch aus Verwandten der zweiten oder dritten Generation. In der Regel entwickelten sich in vielen Kulturen wechselseitige Paarungssippen. In jedem Fall wurden nicht "Fremde", sondern entferntere Verwandte zu Partnern.[263] Noch in der Zeit der römischen Patrizierfamilien, etwa bei den Familien der Julier und Claudier, kann man die Verwandtenehen an den Stammbäumen ablesen. In Indien regelt sich das bis heute über die Subkasten. Ein junger Mann weiß genau, in welche Dörfer oder Stadtteile er fahren muss, um eine "ähnliche" Frau zu finden. Sogar in Deutschland tauchten in den Sozialwissenschaften immer wieder Theorien darüber auf, ob eine ähnliche Umgebung in der Kindheit die Ehe günstig beeinflussen könne. Hierzu wurde beispielsweise die "Heiratsdistanz" gemessen: Die Kilometer-Entfernung des Geburtsortes von Ihm und Ihr. Eine geringere Heiratsdistanz – als Indikator für Vertrautheit – sollte die Ehe angeblich stabiler machen.[264]

Diese wenigen Beispiele aus verschiedenen Epochen zeigen, dass in vielen Kulturen eine Verwandtschaft der Ehepartner als günstig galt, sei es aus familienpolitischen Gründen, sei es weil dies einen harmonischen Verlauf der Ehe verhieß. Außerdem gibt es viele Anhaltspunkte dafür, dass der Rang von Frauen bei einer Ehe unter Verwandten eher erhalten blieb, als bei einer Ehe unter Fremden. Wenn die Familie der Frau in die Familie des Mannes hineinreicht, sie also auch dort Verwandte findet, wo sie während der Ehe lebt, so stärkt diese Vertrautheit ihre Gleichwertigkeit gegenüber dem Ehemann, heißt es in einem Bericht aus dem Mittelalter.[265] Die Möglichkeit, sie auszubeuten, verstärkte sich dagegen, wenn die Frau in der Mannesfamilie ganz fremd war. Dies gibt es sogar heute. Wir erinnern hier noch einmal an die im Kapitel 8 geschilderten "Mitgift-Verbrechen" in Nordindien, die nur möglich sind, wenn die Frau von der eigenen Sippe weit entfernt lebt.[266]

Die "verwandtenfreundliche" Tendenz in den Heiratssitten wurde allerdings im europäischen Hochmittelalter unterbrochen, vielleicht weil integrierte Familienklane für Feudalherren schwerer regierbar waren. Verwandtschaft wurde nach und nach zum Ehehindernis. Seit dem 11. Jahrhundert begann die Kirche, die vorher keinen Einfluss auf die Ehe hatte, die Eheschließungen zu reglementieren und Verwandtenehen bis zum siebten Glied, später dem vierten Glied zu verbieten.

Partnerwahl mit der Nase

Noch vor zwei bis drei Generationen wurde auch in den westlichen Ländern im "Milieu" geheiratet. In erster Linie begründeten die Konfession und die Herkunft (Geld, Bildung, Ansehen, Landsmannschaft) die wünschenswerten Ähnlichkeiten. Die Herkunft hat heute nur einen geringen Stellenwert. Umso interessanter ist es, eine wissenschaftliche Theorie vorzustellen, die die Ähnlichkeit für die Partnerwahl an die erste Stelle stellt. Eine Gruppe biologischer Anthropologen behauptet: Wir verlieben uns in Menschen, die uns ähnlich sind. Ihr genetisches Modell der Partnerwahl erklärt, warum dies so sei: Ähnlichkeit sichere einen genetischen Bonus und stabilere Beziehungen. In Toronto wurde auf dem Jahreskongress der "American Psychological Association" 1996 eine Studie vorgestellt, die sagt: *"Wer einen Menschen heiratet, der ihm ähnlich ist, führt eine glücklichere und stabilere Ehe als Paare, die sehr unterschiedlich sind."* [267] Die Merkmale, die Ähnlichkeit begründen, sind: Herkunft, physische Ähnlichkeit, Intelligenz, übrige Persönlichkeitseigenschaften. Das genetische Modell der Partnerschaft zeigt sogar den Weg, auf dem die Partner zueinander finden: Die Ähnlichkeit erweist sich am Geruch. Am Duft erkennt der Mensch instinktiv: *"Dein und mein Immunsystem passen gut zusammen."* [268] Dies klingt fabelhaft. Wenn unsere Gene so tadellose Signale und Duftstoffe aussenden, wie hier unterstellt wird, müssten alle Ehen gelingen. Nachweislich tun sie es nicht. Auch dafür hat Karl Gramer, einer der Anthropologen dieser Schule, eine Begründung. Wir hören nicht auf die Stimme der Gene, genauer gesagt: Wir riechen nicht hin. *"Man gerät immer an den Richtigen! Das Problem ist nur: Viele Menschen wissen nicht, dass der angeblich falsche Partner eigentlich der richtige ist."* [269] Unsere Einbildung lasse Erwartungen an einen idealen Partner entstehen, der unserem konkreten Selbst ganz unähnlich ist. Mit dieser Schlussfolgerung wird die schöne genetische Theorie als Ratgeber unbrauchbar. Was tun, wenn meiner Nase der falsche Partner köstlich duftet?

Die Partnersuche "per Geruch" ist also im praktischen Leben nicht zuverlässig. Einige haben die Erfahrung gemacht, dass Verliebtheit tatsächlich durch die Nase gehen kann. Unser Geruchssinn sitzt in einem evolutiv sehr alten Teil unseres Denkapparates und könnte für die sexuelle Anziehung ein guter Pfadfinder sein. Als Spurensucher für etwas so hoch Komplexes wie eine moderne, dauerhafte Partnerschaft in den wachsenden Metropolen der Welt wurde unsere Nase von der Evolution aber wohl nicht ausgebildet.

Das Modell der Partnersuche "per Ähnlichkeit" wird von der kulturellen Tradition gestützt. "Die beiden passen aber gut zusammen!" sagen die Verwandten, Nachbarn und Kollegen, wenn zwei junge Leute einander in der äußeren Gestalt ähnlich sind. Die Mitwelt erwartet eine gelingende Partnerschaft und suggeriert das dem Paar. Allerdings ist es mir mehrfach begegnet, dass offensichtlich "ähnliche" Paare überhaupt nicht harmonierten und anschließend mit einem scheinbar "Unähnlichen" glücklich wurden. Welche der vielen Ähnlichkeiten partnerrelevant sind, bleibt bis heute ein Geheimnis. Jeder hat sein Geheimnis, ich auch. Meines ist ganz unromantisch: Ähnlichkeit wird den Respekt voreinander festigen und das gegenseitige "Niedermachen" klein halten.

Viele Theorien der Partnersuche deklarieren Verhaltenweisen als geschlechtsspezifisch, die in Wirklichkeit ausschließlich von den sozialen Bedingungen abhängen. Ein besonders auffallendes Beispiel ist die Theorie der genetisch gesteuerten Partnerwahl. *"Die Frau wähle nach Status, der Mann nach Attraktivität"*, so fand David Buss in einer Fragebogenaktion mit 10 000 Personen in 37 Ländern heraus.[270] Dieses Ergebnis sagt nichts anderes als: Mann und Frau haben sich an die sozialen Umweltbedingungen rational angepasst. Die Frau kann Status nur über den Mann bekommen, ihr eigener ist ohnehin niedrig. Der Mann weiß, dass er Status nur aus sich selbst haben kann, ein Status der Frau ist eher störend. Andererseits hebt **ihre Attraktivität sein** soziales **Ansehen**. Die Wahl nach Status versus Attraktivität hat nichts mit dem Geschlecht als solchem, sondern mit der heute üblichen Rangverteilung zu tun. Die Regel muss lauten: **Rangniedere sind bei der Partnerwahl besonders an Ranghöheren interessiert. Ranghöhere können es sich leisten, nach ihrem Geschmack zu wählen.** Sobald Frauen einen adäquaten Status erreichen, wählen sie ebenfalls nach Attraktivität und nicht nach Status. Dies kann man heute an weiblichen Stars beobachten.

Ich erwähne die Untersuchung über die Partnerwahl nach männlichem Status oder nach weiblicher Attraktivität deshalb, weil sie zeigt, dass Wissenschaftler auch heute immer wieder – leichtfertig – gesellschaftlich bedingte Verhaltensmuster für biologisch determiniert und ergo geschlechtsspezifisch halten. Damit wird die Wahrnehmung von Ähnlichkeiten verdunkelt.

Philosophisch finden wir zuletzt bei Platon einen gemeinsamen Nenner für die Ähnlichkeit von Mann und Frau. Platon sagte, dass

Frauen ebenso tüchtige "Wächter" – das heißt oberste Staatsbeamte – sein können wie Männer.[271] Seit Platon werden bis heute überwiegend die Verschiedenheiten analysiert. Bei diesen Analysen entstehen kuriose Deutungen, wenn biologische Unterschiede nicht ins kulturelle Konzept passen. So ist zum Beispiel die sexuelle Potenz gemäß unseren kulturellen und sozialen Normen eine prädominant männliche Eigenschaft. Biologisch allerdings zeigt sich, dass die Potenz der Frau größer ist als die des Mannes, sowohl beim mehrfachen Orgasmus als auch über die ganze Lebensstrecke. Dies wird bis heute wie ein Staatsgeheimnis behandelt. Die meisten Frauen halten es für unschicklich, über ihre Potenz zu reden; Männer hüten sich, dies zu tun.

Ähnlichkeit ist mit Sicherheit einer der wichtigsten Parameter in der Partnerschaft, die Frage ist nur: Welche Ähnlichkeit? Welche Eigenschaften und Neigungen sind für eine dauerhafte Zuneigung wichtig? Welche Bilder, welche Gedanken bewegen sein und ihr Gemüt? Welches Lachen, welche Zärtlichkeit macht beide munter? In welchen Werten, Interessen, Bedürfnissen sind sie sich ähnlich oder ganz verschieden? Verliebte sehen aneinander häufig Zeichen für Ähnlichkeit, aber dies können Trugbilder des Eros sein. Gemeinsame Interessen mögen sich leicht entdecken lassen, gemeinsame Werte oder divergierende Bedürfnisse treten erst später zutage.

Nachhaltiges Verstehen und Empathie beruht darauf, dass die Stimmung meines Partners in meinem Kopf Erinnerungen an eigene Stimmungen wachruft und ich diese – und damit ihn – verstehe. Ähnliche tun sich da leichter. Dennoch dürfen wir nicht verschweigen, dass Ähnlichkeit in einigen Lebenssituationen auch ihre Schattenseiten hat. Jede Ähnlichkeit, die im Verlauf einer Beziehung wahrgenommen wird, vertieft die Vertrautheit. Genau diese Vertrautheit kann auf Dauer die Lust erschweren.

Leidenschaft ist Suche nach dem Fremden

Ähnlichkeit und Fremdheit haben für die Partnerbeziehung eine antagonistische Spannung. Die Ehe oder Partnerbindung als Suche nach Verwandten ist der eine Pol, den wir gerade beschrieben haben. Der andere Pol der Paarbeziehung ist die Suche nach dem oder der Fremden. Die Suche nach dem Fremden ist mit der Lust verknüpft, die Suche nach dem Ähnlichen mit dem Vertrauen. Diese widersprüchlichen Gefühlsmuster haben eine lange Geschichte. Nicht die sexuelle Anziehung selbst, aber deren Stellenwert in der sozialen Ordnung verschob die Gewichte zwischen Lust und Vertrauen.

In der Sippenzeit war der Beischlaf mit dem Fremden erlaubt und geboten. Die Beziehung diente der Lust und der Fortpflanzung, aber nicht einer ehelichen Gemeinschaftsgründung.[272] Der patriarchalische Feudalismus warf dieses Muster radikal über den Haufen. Die Paarbindung diente jetzt der Neugründung einer Gemeinschaft, genannt Familie, der Inbesitznahme und Unterordnung der Ehefrau sowie dynastischen und materiellen Interessen. Die Ähnlichkeit der Herkunft war erwünscht, manchmal Bedingung. Nicht Sex, sondern Nachkommen waren das Ziel der Ehe. Sinnliche Lust wurde minderwertig. Natürlich gab es Lust und Leidenschaft und sinnliches Vergnügen auch in der Zeit des Feudalismus, allerdings selten innerhalb der Ehe, sondern mit Dienerinnen, Bäckerstöchtern oder Mätressen. Lust und Leidenschaft konzentrierten sich also in dieser sehr langen Periode von etwa drei- bis viertausend Jahren auf **Fremde**, nämlich auf die Frau aus dem Volk, die nicht zur Feudalschicht gehörte. Die Ehe blieb den **Ähnlichen**, Standesgemäßen vorbehalten und war nicht immer, aber oft lust- und leidenschaftslos.

Die Erfindung der Liebesehe warf das Muster der Paarbindung um, und zwar sowohl das Muster der Sippe als auch das der feudalen Ehe. Jetzt sollten Lust und Leidenschaft, die sich während des

Feudalismus mit dem **Fremden oder der Fremden entfaltet hatten**, zur inneren Grundlage der Ehe werden. Das Ideal der Liebesehe – sexuelles Vergnügen **und** Herzensfreundschaft sind auf alle Zeit vereint – konnte während des bürgerlichen Patriarchats in der Realität noch einmal unterlaufen werden. Die gesellschaftlich erwünschte Frigidität der Bürgersfrauen ließ das Liebesspiel mit den "Bäckerstöchtern", also den **Fremden**, im 19. Jahrhundert und zu Beginn des zwanzigsten munter weitergehen.

Erst die Demokratisierung und Frauenbefreiung, die nach dem zweiten Weltkrieg in Gesetzen konkretisiert wurde, stellten die Liebesehe wirklich auf die Probe. Dies ist kaum fünfzig Jahre her.[273] Seitdem wurde die Ehe instabil. Die Scheidungszahlen wachsen, und die öffentliche Meinung hat sich angepasst: Mehr als die Hälfte aller Deutschen glaubt nicht, dass die Ehe eine Bindung auf Lebenszeit sei.[274]

Das Phänomen der Instabilität der Ehe hat viele Gründe. Wir greifen an dieser Stelle nur einen Grund heraus, nämlich die Diskrepanz

Abb. 36: Leidenschaft ist Suche nach dem Fremden.
Egon Schiele, 1917. "Die Umarmung".[Q36]

251

zwischen der begrenzten Dauer der sexuellen Lust und dem Ewigkeitsanspruch der Partnerschaft. Dass Liebe und Lust vergänglich sind, wussten die Dichter schon immer. Ihre Lieder galten der Lust mit der Fremden, nie mit der Dauerpartnerin – es sei denn sie war tot.

So wie zur Minnezeit die Körperlust ein (heimliches) Anhängsel der Seelenliebe war, ist heute die Seelenliebe ein Anhängsel der Körperlust. Liebe, das wird schon kommen, wenn wir nur lange genug genussvoll miteinander schlafen! Das Muster der Liebesehe verlangt, dass Mann und Frau nicht nur Lebenspartner, sondern auch die einzigen Sexualpartner sein sollen. Dies ist ein anspruchsvolles und ein in der Geschichte bisher einmaliges Ideal. Im Alltag zeigt sich zur Betrübnis der Beteiligten, dass der Verschmelzungszustand zeitlich begrenzt ist. Die Leidenschaft lodert, solange die Begegnungen selten sind. Eine Frau erzählte mir, dass sie ihren Liebsten nur einmal im Jahr trifft und diese Begegnung zelebriert wie ein Fest. Sie wusste, dass nur die **ungestillte Gier und die nicht erfüllte Sehnsucht** das Begehren lebendig hält. Wenn Romeo und Julia zusammenwohnen, hören sie auf, einander "fremd" und leidenschaftlich begehrenswert zu sein.

"*Wir müssen wählen*", sagt Michael Mary,[275] "*zwischen einer Beziehung, die kurz und leidenschaftlich, oder einer, die lang und leidenschaftslos ist.*" Diese Alternative ist höchst unbeliebt. Wem auch immer ich diese Frage stellte, war schockiert. Die meisten Gesprächspartner sagten: "Ich will eine lange **und** leidenschaftliche Beziehung." Dies zeigt, wie unangefochten die heute gültige Theorie der Liebe ist, die sagt: **Sexualpartnerschaft ist Lebenspartnerschaft**. Es bedeutet gleichzeitig: Wird der Sex weniger leidenschaftlich, muss die Paarbindung zu Ende gehen.

Nach der Theorie der Liebesehe kann die erotische Spannung nicht an Intensität verlieren. Für das Schwinden der Lust muss es eine Ursache geben. Meistens wird der Andere verantwortlich gemacht: "Immer bist du so aufdringlich, so dick, so ungestüm, so kalt und lasch. Du bist schuld, dass ich dich nicht mehr begehrenswert finde!" Die Lust währt ewig – sagt die Theorie – **also kann nur der Andere schuld sein.** Die Quelle des gegenseitigen Zornes sprudelt heftig und bitter. Sie zerstört, was an Sympathie noch übrig ist.

Woher kommt der Antagonismus von Vertrautheit und Begehren? Was ist hier genetisches Erbe und was ist sozialer und kultureller Einfluss? Auf diese Frage habe ich keine eindeutige Antwort gefunden. Wir beobachten, dass das Begehren den Abstand zum Gewohnten, Sicheren braucht. Allzu große Intimität und Vertrautheit wirkt dämpfend auf das sexuelle Verlangen.[276] Begehren kann man nur, was man noch nicht hat oder selten hat.

Die verschiedenen Zeithorizonte von Begehren und Vertrautheit tauchen erst seit sehr kurzer Zeit als Problem auf. Die Betonung des Sexes entwickelte sich nach dem ersten Weltkrieg, also vor nur drei Generationen. Seitdem wird die Liebe zwar weiterhin als heiliges Gefühl gedeutet, aber gleichzeitig mit sexueller Anziehung identifiziert. Eine Beziehung ohne Leidenschaft gilt als suspekt! Wir haben heute die "Erlaubnis" zu frühem Sex, zum Heiraten und zur Scheidung, zur ehelosen Lebensgemeinschaft und zur Besuchsehe, ganz zu schweigen von Clubs und Sex im Internet. **Wir dürfen alles, aber wir müssen auch!** Nach der heute gültigen Paartheorie fragt der Therapeut seine Klienten erschrocken: "Was, Sie schlafen nicht mehr miteinander?" und verordnet dies und das, in jedem Fall eine Paartherapie.

Der herrschenden Theorie zum Trotz wählen einige Zeitgenossen die Alternative "beständige Partnerschaft" und nehmen eine geringere Leidenschaft in Kauf. Wenn sie kundige Pfadfinder im Leibes-Terrain des Anderen wurden, bleibt auch der Sex erfreulich. Solange sie füreinander interessant und anziehend sind – aus welchen nicht sexuellen Gründen auch immer – kann diese Lösung sehr befriedigend sein, besonders, wenn die Zärtlichkeit, sanfte Schwester der Leidenschaft, erhalten bleibt.

Für viele Menschen ist dieses Modell aber unbrauchbar, weil es der erotischen und, wie sie glauben, damit auch der menschlichen Spannung entbehrt. Sobald die Lust geringer wird oder eine Nebenliebe am Horizont auftaucht, ist ihre Lebensgemeinschaft einsturzgefährdet. Wir sollten ihre Leidenschaft nicht "nur" dem Körper zuordnen, denn die körperliche Liebe ist fast immer beseelt und kann ein Vorgeschmack der Vollendung sein. Trotzdem haben die Erosbetonten Zeitgenossen ein Problem. Das Rad ihrer Beziehungen dreht sich besonders schnell.

Die Lust auf den Fremden, die heimliche Liebe oder den Seitensprung gab es schon immer. Was es aber bis vor kurzem nicht gab, war das Gebot: Lebenspartnerschaft ist Sexualpartnerschaft, und Sexualpartnerschaft ist Lebenspartnerschaft. Erst diese neue Philosophie zwingt jeden, Mann und Frau, Jung und Alt, zwischen der Lust auf den Fremden und der Zuneigung zum vertrauten Partner bewusst zu wählen.

Diese Wahl fällt uns schwerer, als es sich die Theoretiker der Liebe seit Romantik und Aufklärung träumen ließen. Am liebsten hätten Männer – und in Zukunft vielleicht auch Frauen – beides: Abwechslung im Sex und Beständigkeit in der Liebe. Hierzu möchte ich die Leserzuschrift eines Mannes (21 Jahre alt, von Beruf Koch) wiedergeben: *"Warum soll man jeden Tag Pommes essen, wenn man auch Tortellini bekommen kann? Ich gehe fremd, weil es halt Spaß macht. Das ist doch kein Verrat an der Liebe. Damit hat Sex doch nichts zu tun. Meine Freundin darf auch machen, was sie will."* [277] Der junge Mann wirft die zurzeit gültige Liebesphilosophie über den Haufen. Immerhin gesteht der Mann seiner Freundin die gleichen Rechte zu, wie sich selbst.

Tortellini und Pommes – beides wollen – ist das die Lösung, die alle Partner fröhlich macht? Der Vorschlag ist keineswegs neu. Schon Charles Fourier (1772 – 1837) empfahl seinen Zeitgenossen freien Sex neben der Partnerliebe. Bisher wurden diese Konzepte kaum in die Tat umgesetzt. Partnertausch auf offener, gesellschaftlicher Bühne – das will bisher keiner. Wer Abwechslung will, macht einen Seitensprung, oder er beantragt die Scheidung. Diese Strategien sind uns vertraut, aber sie produzieren Leid und Eifersucht – kein Tortellini-Vergnügen!

Ist Ähnlichkeit und Vertrautheit bei der Bewältigung der Eifersucht hilfreich? In der Theorie schon, in der Praxis wird man oft überrascht. Etwa die Hälfte unserer Zeitgenossen würde einen Seitensprung niemals verzeihen, behaupten die Meinungsforscher.[278] Danach müsste die andere Hälfte der Bevölkerung weniger eifersüchtig sein. Verstecken sich hier die Ähnlichen? Das hätte ich gern, aber wir wissen es nicht. Das Potential für Eifersucht ist auf jeden Fall gewachsen – einfach, weil die Gelegenheiten zugenommen haben und auch Frauen häufiger einen Seitensprung machen. Das erschüttert die Erde. Dieser Eifersucht wenden wir uns jetzt zu.

24.
Eifersucht – die dunkle Seite der Liebe

Seit wann gibt es Eifersucht? Eifersucht entstand vielleicht in der Bronzezeit, als ein Mann eine Frau ganz für sich allein haben wollte. Kein Mann besaß bis dahin eine Frau ganz für sich, immer musste er auf "teilen" gefasst sein. Kommandogeber war nicht der Partner, sondern waren die Sippenangehörigen, die in die Beziehung "hineinreden" konnten. Die Anführer wollten diesen Zustand nicht länger dulden. Schließlich waren die Männer inzwischen zu erfolgreichen Kriegern geworden. Es wurden Gesetze erlassen, die ihnen erlaubten, im Krieg Frauen zu rauben und im Frieden eine Frau per Vertrag zu erwerben. Dieser Erfolg machte die Männer zu Herren am eigenen Herd, aber das hatte auch eine unvorhergesehene Schattenseite. Eine Frau als Eigentum haben bedeutete: sie eifersüchtig überwachen müssen.

Um die Eifersucht einzugrenzen, wurden immer neue Überwachungsmethoden erfunden. Frauen durften zum Beispiel den Marktplatz von Athen nicht mehr betreten, oder sie mussten als Damen der Kreuzritter (angeblich) einen Keuschheitsgürtel tragen. Ein besonders auffälliges Gebot aus heutiger Zeit ist die Verschleierung von Frauen in den meisten islamischen Ländern.

Ist Eifersucht wirklich eine Seite der Liebe? Nein, sagten die Kirchenväter, wahre Liebe ist niemals eifersüchtig. Der Hl. Paulus drückt dies im 1. Korintherbrief so aus: *"Die Liebe ist langmütig und freundlich. Die Liebe eifert nicht, sie sucht nicht das Ihre, sie lässt sich nicht erbittern ..."* [279]

Eifersucht – Laster oder Prüfung?

Diese Botschaft ist bis heute aktuell. Zweitausend Jahre nach Paulus tauchen bei den Philosophen der "Frankfurter Schule" die gleichen Grundgedanken auf. Bei Erich Fromm zum Beispiel entspringt Eifersucht dem Habenwollen, einer Ursünde. *"Eifersucht ist der exuelle Niederschlag des Privateigentums"*, heißt es bei Ernest Bornemann. *"Angst vor der Freiheit des anderen Menschen ist der Grund jeden Terrors"*, nennt Adalbert Schmidt die Eifersucht und trifft damit ins Schwarze. Dann fährt er fort: *"Eifersucht und Gewalt stehen in enger Beziehung zum Privatbesitz."* [280] Eifersucht ist hier die Frucht einer Sünde, bei Paulus ist dies die Sünde der Gottferne, bei den Marxisten unserer Tage ist die Sünde der Privatbesitz. In jedem Fall ist bei beiden – sonst so unähnlichen Denkrichtungen – Eifersucht ein Laster.

Abb. 37: Alter Mann und junge Frau. Edvard Munch, "Eifersucht" [Q37]

Für das praktische Leben bedeutet das: Der Eifersüchtige fühlt sich schuldig, zumindest schwankt er zwischen gerechter Empörung und Schuldgefühl. Er wird ermahnt, sein lasterhaftes – in heutiger Sprache: sein "sozial unerwünschtes" – Verhalten einzudämmen. Die Theorie, Eifersucht stamme aus Besitzgier, hat allerdings inzwischen an Bedeutung verloren. Die Entlarvung geschah durch die Kinder der 68er-Revolution (*"Wer zweimal mit demselben pennt, gehört schon zum Establishment"*). Diese "Kinder" erklärten ihre Beziehung per politischen Willensakt für eifersuchtsfrei. Der Beschluss war aber total wirkungslos, die Revolutionäre kehrten bald in die Zweierbeziehung zurück und waren genauso eifersüchtig wie "Normalos". Eines aber blieb: Viele Eifersüchtige nehmen sich ihre Eifersucht übel, weil sie ein unmodernes Gefühl ist, kleinlich, besitzergreifend, engherzig und von Abhängigkeit zeugend. Auch wir schämen uns der Eifersucht und geben sie ungern zu.

Solche Gefühle und Gedanken rufen bei einigen Menschen Protest hervor. Warum soll sich nur der Eifersüchtige schämen? Er ist schließlich das Opfer. Muss sich das Opfer schuldig fühlen, aber der Täter nicht? Das ist ungerecht! Ja! Aber bei Liebe und Sex gibt es keine Gerechtigkeit.

Es gibt auch andere Stimmen. Bei Hans Jellouschek etwa finden Eifersüchtige ein milderes Urteil: *"Wenn die Beziehung zu meinem Partner nahe und intim ist, wird Eifersucht sich melden als eine ganz natürliche Reaktion."* *"Eifersucht hat nichts mit Besitzanspruch zu tun"*, fährt Jellouschek fort – *"Liebe darf, ja muss manchmal eifersüchtig sein, aber wenn sie versucht, Macht über den anderen zu üben, zerstört sie sich selbst."* [281] Bei Jellouschek ist Eifersucht kein Laster, sondern eine **Prüfung**.

Eifersucht spielte in der Weltgeschichte immer wieder eine Rolle, auch wenn dies in den offiziellen Berichten verschwiegen wird. Es sind Sagen, die davon berichten. So zum Beispiel erzählt die Nibelungensage die Geschichte einer Eifersuchtstragödie. Eine andere Eifersuchtsgeschichte ist so bemerkenswert, dass ich sie hier wiedergebe. Sie steht in der 7. Geschichte des sechsten Tages des "Decamerone" von Boccaccio. Fillippa wurde von ihrem Ehemann Rinaldo in den Armen ihres Liebhabers im eigenen Schlafgemach erwischt. Rasend vor Eifersucht verklagte sie ihr Gemahl vor Gericht. Fillippa hatte nach dem Gesetz den Tod verdient. Anstatt zu fliehen stellte sich Fillippa den Richtern und sagte: "*Ich werde nie leugnen, dass Rinaldo, mein Gemahl, mich in dieser Nacht in den Armen des Lazarino angetroffen hat, aber Ihr werdet auch wissen, dass Gesetze allgemein mit Einwilligung jener abgefasst sein müssen, die sich daran halten sollen. Das gegenwärtige verpflichtet bloß die armen Weiber, die doch eher als die Männer mehrere befriedigen können. Wann willigte aber je eine Frau in dieses Gesetz, oder wann wurde sie auch nur darum befragt? So ungerecht dasselbe also ist, so stelle ich doch euch frei, es zu meinem Nachteil zu vollstrecken. Nur eine einzige Gnade bitte ich mir von euch aus: vor dem Urteilsspruch meinen Mann zu fragen, ob ich ihm nicht, so oft er es verlangt hat, ohne Widerrede zu Willen gewesen bin.*" Rinaldo bejahte dies sogleich.*

"*Nun*", fuhr die Frau alsbald fort, "*so frage ich euch denn, Herr Richter, was sollte ich, da ich ihm stets so viel gewährte, als er brauchte und ihm Vergnügen machte, mit dem Überrest machen? Ihn vor die Hunde werfen? War es nicht besser, einem Kavalier, der mich liebt, damit zu dienen, als ihn umkommen und verderben zu lassen?*"

Die ganze Stadt hatte sich bei der Untersuchung gegen diese angesehene und berühmte Dame eingefunden und jedermann musste über ihre artige Frage lachen. Einstimmig spendeten sie ihr und ihrer Rede Beifall. Sie forderten den Richter auf, das harte Gesetz so zu ändern, dass es hinfort nur solche Frauen treffen solle, welche aus Gewinnsucht ihre Männer hintergingen.[282]

An dieser Geschichte von Boccaccio (1313 – 1375) ist vieles

sensationell. Lange vor der Aufklärung sind in dieser nur scheinbar unterhaltenden Erzählung Elemente einer Rechtsphilosophie enthalten, die erst vierhundert Jahre später wieder aufgegriffen wurden: Gesetze, die allgemeinste Form eines Vertrages, müssen mit Einwilligung jener abgefasst sein, die sich daran halten sollen, einschließlich der Frauen! Boccaccio, der in die geistige Strömung des Humanismus gehört, spricht auch mit erstaunlicher Offenheit über die weibliche Potenz, die ja bis heute ein Tabu ist. Die wichtigste Lehre dieser Geschichte für unseren Zusammenhang ist: Lernt der Eifersüchtige zu unterscheiden, ob ihm durch den Seitensprung tatsächlich etwas Wesentliches entgeht?

In der Zeit des Boccaccio nahm die ”heimliche Liebe“ der Ehefrau oder dem Ehemann nichts weg – denn nicht Liebe war Bestandteil des Ehevertrages, sondern Gehorsam und die Pflicht zum Beischlaf. Mit der Institution Liebesehe wurde das anders. Jetzt ist der Seitensprung nicht mehr Ergänzung der adligen oder bürgerlichen Ehegemeinschaft, sondern er greift die Fundamente der Ehe an.

Wie viele Seitensprünge gibt es?

Wenn die sexuelle Anziehung – wie einige Experten, von denen ich im vorigen Kapitel berichtet habe, vermuten – im Verlauf der Partnerschaft unausweichlich abnimmt, haben die Partner die Wahl, sich damit abzufinden, gemeinsam einem Swinger-Club beizutreten, oder die Lust mit einer Nebenliebe aufzufrischen. Staat und Gesellschaft nehmen heute daran keinen Anstoß mehr. Umso mehr tun dies die rechtmäßigen Ehepartner. Prinzipiell wird die Affäre dem Partner verheimlicht, wobei allerdings einige Männer nach kurzer Zeit ”Zettel in den Hosentaschen zurücklassen, die zur Reinigung müssen“. Das heißt, sie verstreuen zu Hause Hinweise auf ihre Affäre. Sie wollen halb bewusst die ”Erlaubnis“ der Ehefrau erwirken oder sogar erzwingen. Frauen in der gleichen Lage hüten meistens die Heimlichkeit der Nebenliebe wie ihren Augapfel. Die hier genannten Strategien gelten nur dann, wenn beide die bestehende Partnerschaft aufrechterhalten wollen. Die ebenso häufige Problemlösung "Scheidung" betrachten wir hier nicht, weil sie in Bezug auf Eifersucht auf eine Wiederholung hinausläuft.

Werfen wir einen Blick auf die Anzahl der Sexualpartner: Wie viele Seitensprünge gibt es? Eine Umfrage stellte im Jahr 2001 fest, dass die Anzahl der Sexualpartner von Männern (im Schnitt) mit 10,6 und von Frauen mit 7,0 angegeben wird. In Indien – das wir hier als Referenz für eine noch ältere feudale Gesellschaft anführen – werden 1,8 Sexualpartner genannt. Ich gehe davon aus, dass die Zahlen für Indien in etwa denen für Deutschland vor etwa einhundert Jahren entsprechen.

Noch deutlicher wird die Aussage bei der Untreue: 49 % der Männer und 37 % der Frauen sagten bei der Befragung, dass sie mehr als einmal mit einem anderen als dem Partner geschlafen haben. Bei den Ehepaaren waren es etwas weniger, nämlich 35 %. Den häufigsten Partnerwechsel hatten Singles mit 56 % (egal ob vor der Ehe oder als Geschiedene, Verwitwete oder getrennt Lebende). Die Häufigkeit des Sexualverkehrs wird im Durchschnitt mit 97 Mal pro Jahr (Indien 95 Mal) angegeben.[283]

Die Lust auf den Fremden scheint mit der Dauer der Partnerschaft zu wachsen. Seitensprünge sind heute ein Massenphänomen. Allerdings erst seit etwa drei Generationen, früher waren sie eher ein Privileg der männlichen Oberschicht. Die große Zahl der Seitensprünge und die damit einhergehende Eifersucht hängen mit der inzwischen veränderten Partnerschaftsphilosophie und mit dem Lebensstandard zusammen.

Zwischen Männern und Frauen bestehen Unterschiede in der Eifersucht. Bei einer Befragung von 6 482 Personen in den USA stellte sich heraus, dass Männer als Gründe für ihre Eifersucht den sexuellen Betrug angeben: "Sie hat mit ihm geschlafen!" Dies entspricht dem alten Grundkonzept der Ehe: Sexuelle Kontrolle. Bei Frauen taucht Eifersucht eher dann auf, wenn der Partner sich emotional zu einer anderen Frau hingezogen fühlt. Dies empfinden Frauen als Verlust und auch partiell als eigenes Versagen.[284] Wichtige Gründe werden in dieser Untersuchung nicht erwähnt. Frauen mit Kindern sind oft vom Mann finanziell abhängig. Deshalb machen sie gute Mine zum bösen Spiel mit der "Anderen". Und noch ein Grund spielt eine Rolle: Beim Mann ist Potenz ein knappes Gut. Sexuelle Untreue trifft ihn mehr als die Frau, deren Lust kein ganz so knappes Gut ist. Sie hat "Überreste", wie Fillippa bei Boccaccio so artig sagt.

Standesemotionen

Bei der Eifersucht spielen zwei gesellschaftliche Aspekte eine Rolle: einmal die "Wahrung des Gesichtes", und zum zweiten die "öffentliche Steuerung". Beide Aspekte geben wir selten zu. Wir denken und fühlen in den Bahnen, die die herrschenden Ideen uns erlauben. Immer wieder ertappen wir uns dabei, dass wir etwas fühlen, weil es von uns erwartet wird. Ein gewisser Teil der Eifersucht beruht auf solchen von außen gesteuerten Erwartungen. Es ziemt sich für den Ehemann oder die Ehefrau, Eifersucht zu zeigen: "Du liebst mich nicht, wenn Du nicht eifersüchtig bist." Die Umgebung hält einen Mann oder eine Frau, die keine Eifersucht zeigen für "kalt".

Der eifersüchtige Mann hat bis heute gefühlsmäßig ein Recht auf den Schoß der Frau. Er ist vor der Gesellschaft und vor sich selbst gerechtfertigt, wenn er den moralischen Verfall seiner Frau bei einem Seitensprung für unendlich tiefer hält als den eigenen. Er wird sich vielleicht sogar verpflichtet fühlen, sie massiv unter Druck zu setzen, weil die Aufrechterhaltung der Ordnung zu seinen Pflichten gehört. Ich nenne diese Gefühle "Standesemotionen". Sie

überlagern die persönlichen Gefühle des Verlassen- und Verraten-
seins gegenüber dem geliebten und jetzt treulosen Partner.

Die Frau hat historisch keinen exklusiven Anspruch auf das Gemächte des Mannes. Ihre Standesemotionen – das heißt derjenige
Teil der Gefühle, der mit öffentlichen Erwartungen zu tun hat – sind
wegen ihres minderen öffentlichen Status geringer als beim Mann.
Sie verliert zwar auch an Gesicht, wenn der Mann sie betrügt, aber
die Umgebung lastet eine Affäre des Mannes seltener der Frau an.
Als "Abhängige" hat sie aber einen Anspruch auf Sicherheit in der
Welt als Ausgleich für ihre Dienstleistungen. "Ich habe alles für
dich getan!", lautet das Stichwort. Die Sicherheit reicht von der
materiellen Versorgung für sich und die Kinder bis – in geringerem
Umfang – zum Ansehen im jeweiligen sozialen Umfeld. Das
Sicherheitsstreben und der Wunsch, keine lächerliche Figur zu werden, mischen sich bei der Frau ebenso mit persönlichen Eifersuchts-
motiven, wie das beim Mann der Fall ist.

Die Standesemotionen als Teil der Eifersucht sind uns als solche
selten bewusst. Sie geben aber den persönlich motivierten Gefühlen
einen sozialen Rahmen – der Betroffene wird bedauert oder aus-
gelacht – und verstärken das Gefühl des Rechthabens oder des Be-
schämtseins. Eifersucht ist kein ausschließlich individueller Ge-
fühlskomplex.

Lässt sich Eifersucht zähmen?

Heimliche Lieben können ein Leben lang halten, wenn sie wirklich
heimlich bleiben (siehe François Mitterand), sie können auch nach
vier Wochen beendet sein. Auch wenn sie beendet sind, kann die
Eifersucht fortbestehen, weil sie inzwischen zum Gefühlshaushalt
des Paares gehört. Der *"Spielertrag"* [285] besteht zum Beispiel darin,
dem Mann ein dauerhaftes Schuldgefühl zu suggerieren und/oder
der Frau das Etikett "Hexe" oder "Hure" zu verpassen.

Wie lässt sich Eifersucht zähmen?

Ein **erster Weg** hierzu heißt schlicht: Die Nebenliebe muss eine **heimliche Liebe** bleiben. Auch Männer können lernen, dass Takt und Diskretion Vorbedingungen sind, wenn der gegenseitige Respekt erhalten bleiben soll. Sie geben sich oft wenig Mühe mit der Heimlichkeit, weil sie den Seitensprung als ihr Recht betrachten.

Frauen sollten – sagen die Paartherapeuten – Seitensprünge **nie** offen bekennen, weil sie beim Partner eine Kränkung hervorrufen, mit der dieser in der Regel nicht umgehen kann.[286] An diesem Rat wird die alte hierarchische Ordnung zwischen den Geschlechtern deutlich. Selbst wenn Frauen sich hinreißen lassen, von ihren ehemaligen Liebhabern vor der Ehe zu erzählen, kann der Dialog so enden: "Ich wollte Spaß haben." "Nein, du wolltest mich verletzen." Es kann eine dauernde Verbitterung zurückbleiben.

Die Heimlichkeit mag ein Weg sein, um Eifersucht zu vermeiden, aber Heimlichkeit ist auch ein Verrat an der Liebe. Früher oder später kommt es heraus.

Ein **zweiter Weg** sind die rationalisierenden Theorien, ich nenne sie Alibitheorien. Dabei sind zwei Denkschulen auszumachen: Die eine Schule vertritt den Standpunkt, dass die Lebenspartnerschaft nicht unbedingt ein ganzes Leben lang um Sexualität zentriert sein muss, **dass also Sexliebe etwas anderes sei als Partnerliebe.** Diese Denkschule sagt folgerichtig: Die Partnerliebe wird durch eine **sexuell motivierte Nebenliebe** *nicht* beeinträchtigt. Die Eifersucht kann sich in Grenzen halten, auch deshalb, weil nichts weggenommen wird als lau gewordener Sex.

Für die zweite Denkschule, die an der "*ganz personalen Liebe*" festhält,[287] ist diese Haltung nicht mit unserer anthropologischen und psychologischen Veranlagung vereinbar. Der Mensch sei eine Ganzheit, der Raum seiner Intimität sei nicht beliebig teilbar. "*Darum ist es unvermeidlich, dass eine zweite auf Dauer angelegte sexuelle Beziehung oder auch zwar kurzfristige, aber wiederholte sexuelle Außen-*

beziehungen die Intimität der Paarbeziehung auf Dauer zerstören, die Partnerliebe geht daran zugrunde." [288]

Der Seitensprung bringt Wonne und Lust, aber er bedarf einer Rechtfertigung, weil er sowohl gegen die Normen aller Weltreligionen als auch gegen humane Liebesideale verstößt. Es bleibt ein Rest von schlechtem Gewissen, der durch rationalisierende Theorien Erleichterung finden kann. Die These, "die sexuelle Leidenschaft ist von der Liebe zum Partner ganz verschieden", ist eine solche **Alibitheorie**, mit der Männer ihre größere Lust auf Abwechslung rechtfertigen. Sie schwören heilige Eide, die Nebenliebe täte der Partnerliebe keinen Abbruch, im Gegenteil: "Nur deshalb habe ich die Lust an meiner Frau behalten." Allerdings ist die These als männliches Alibi bald obsolet. Die Nagelprobe für die Theorie von der heilsamen Wirkung des Seitensprunges – heilsam für die Ehe – steht uns noch bevor, und zwar spätestens dann, wenn Frauen sie für sich reklamieren.

Bis vor kurzem galt es als erwiesen, dass Frauen genetisch bedingt weniger Interesse an Sex haben als Männer. Es war gewissermaßen die evolutionsbiologische Aufgabe der Frauen, durch kritische Inspektion der potentiellen Liebhaber und wählerisches Verhalten zu verhindern, dass jeder Hinz und Kunz sich fortpflanzen konnte. Nur die Besten, allen voran der Alpha der Horde, wurden zum Begatten zugelassen. In dieses vertraute biologische und moralische Muster vom sexuell aktiven Mann und der treuen, monogamen Frau haben neuere Forschungsergebnisse eine Bresche geschlagen. [289] Der sexuelle Appetit der Frauen sei ebenso hoch wie der der Männer. Allerdings wurde er bis vor kurzem von einer erlernten Anpassung an das Patriarchat und der Angst vor Bestrafung zurückgedrängt. Dies habe sich geändert. [290]

Noch heute riskieren Frauen bei einem Seitensprung eher einen Skandal als Männer. Sicher ist aber, dass ziemlich viele Frauen heute Seitensprünge machen. Die Zeitschrift *STERN* brachte eine

Reportage über Frauen und ihre Liebhaber. Danach wollten die meisten Frauen den Ehemann keinesfalls verlassen. **Genauso wie Männer verteidigten auch Frauen die "Alibitheorie"**, nach der Leidenschaft und Partnerliebe nebeneinander koexistieren können, ohne dass sie einander hemmen.[291]

Auf dem weiten Feld von Partnerliebe und Seitensprung – vom größten Schmerz, dass man vom Partner nicht mehr geliebt wird, bis zur Wut auf den/die Nebenbuhler/in – gibt es viele Möglichkeiten. Eine lautet "Ich bringe sie/ihn um" und entspringt dem hilflosen Bemühen, den eigenen Partner freizusprechen und dem/der Anderen alle Schuld zuzuschieben. Es gibt sicher Leute, die vor Eifersucht rasen. Ich selbst habe Eifersucht eher als bohrende Kränkung erlebt, mehr wie einen Schwelbrand denn als ein loderndes Feuer. Eifersucht entspringt aus verletztem Narzissmus. Nur der Verletzte selbst kann den Brand löschen – durch einen Prozess im eigenen Kopf. Manche nennen es Selbsthypnose, ich nenne es **Rekonstruktion des Selbst**.

Der Eifersüchtige hat sich weit vom eigenen Zentrum entfernt, wie die Mastspitze eines Segelbootes im Sturm. Er ist nicht im Lot. Seine/Ihre Aufmerksamkeit dreht sich nur noch um den/die Geliebte/n und dessen neue/n Freund/in. Er/Sie übersieht und überhört alle anderen Kommunikationsangebote, solange, bis er sich zwingt, zu seinem Selbst zurückzukehren. Die Rekonstruktion des Selbst beginnt übrigens mit den Fragen, die bei Boccaccio anklingen: *"Welchen Verlust erleide ich tatsächlich: Den Verlust der Liebe? Den Verlust meiner Ehre? Den Verlust meiner Geborgenheit? Will ich an dem Untreuen festhalten, und um welchen Preis?"*

Was kann Eifersucht zähmen? Ich habe die praktische Strategie der Heimlichkeit genannt und die rationalisierende "Alibitheorie", die davon ausgeht, dass die sexuelle Leidenschaft neben der Partnerliebe existieren kann, ohne sie zu beeinträchtigen. Die "Alibitheorie" klingt vernünftig, sie passt vorzüglich zu den modernen Lebenskonzepten, und manchmal bewährt sie sich: Die Liebe übersteht alle Seitensprünge. Allerdings bewährt sie sich in anderen Fällen nicht: Die Entfremdung der Partner lässt sich nicht aufhalten. Wenn man die Alibitheorie ernst nimmt, ist Eifersucht überflüssig. – Wenn Eifersucht trotzdem auftaucht, wird sie zur sozial unverträglichen Störung. Damit sind wir wieder bei Ernest Bornemann und der Frankfurter Schule – und beim Hl. Paulus: Eifersucht ist ein Laster.

Diese Schlussfolgerung – der/die Betrogene ist schuld, weil er/sie immer noch mit Eifersucht herumquengelt, obwohl die Therapeuten doch gerade die schöne neue Theorie erfunden haben – macht mich skeptisch. Die Alibitheorie ist keineswegs so fortschrittlich, wie einige Eheberater, etwa Michael Mary, vorgeben. Sie passt nämlich auch vorzüglich in die Zeit des Patriarchats, als Nebenfrauen üblich und Ehefrauen einverstanden waren. Beide wussten, dass ihnen nur die eine Seite der Liebe zustand.

Für die Zähmung der Eifersucht sollten wir uns **nicht nur auf eine einzige** Theorie verlassen. Es gibt auch andere Strategien: Eifersucht wird gezähmt, wenn der untreue Partner den anderen liebevoll behandelt, obwohl er gerade kopfüber in eine/n andere/n verliebt ist. Das klingt für skeptische junge Leute nach Heuchelei. In Wirklichkeit stammt diese Kunst aus Empathie, man kann auch sagen: aus Herzensbildung. Der Seitenspringer kann sich in den Verlassenen hineinversetzen und so handeln, dass keine zusätzliche Kränkung entsteht. Stattdessen erleben wir immer wieder, dass männliche Seitenspringer die Lebenspartnerin in der Öffentlichkeit blamieren, sie kritisieren und beschimpfen oder ihr die neue Partnerin durch die Medien bekannt geben. Dies kommt in seltenen Fällen auch bei Frauen vor.

Es gibt noch andere Verhaltensweisen, um Eifersucht zu zähmen. Von Seiten des Abenteurers ist es Takt, von Seiten des Verlassenen Toleranz. Takt gehört keineswegs zu den höfischen Sitten, die in einer demokratischen Gesellschaft überflüssig sind. Takt bedeutet in der heiklen Lage des Seitensprungs, sich dem Lebensgefährten und der Umwelt gegenüber so zu verhalten, wie jeder es sich in einer analogen Lage für sich selber wünschen würde: zum Beispiel diskret und liebevoll. Kein Macho und keine Amazone können behaupten, sie wüssten nicht, was taktvolles Verhalten sei: Sie können das im eigenen Kopf lesen. Eine ganz andere Frage ist, ob sie es wollen, ob sie es für nötig halten, dem in dieser Situation Unterlegenen Aufmerksamkeit zu schenken.

Toleranz ist als gleichgültiges Gewährenlassen in Verruf gekommen. Toleranz ist aber auch der bewusste Verzicht auf Kontrolle und der Respekt vor der Freiheit des anderen. In Bezug auf die Eifersucht könnte Toleranz zur Großmut werden, nämlich **dem anderen seinen Spaß zu gönnen**. Dies hängt natürlich von den Dimensionen der Partnerschaft ab, von der Zuneigung und von der Fähigkeit, die Zuneigung zu zeigen und von dem Interesse, das die Partner füreinander haben.

"Was sollte ich mit dem Überrest machen?", fragt Filippa in der Geschichte von Boccaccio und weckt damit ein Lächeln auf den Gesichtern der Umstehenden. Ein Lächeln, das ihr Leben rettet, denn nach dem Gesetz hätte sie sterben müssen. Genau solche "Überreste", also sexuelle Potentiale, die im normalen Eheleben ungenutzt bleiben, sind die Quelle von Seitensprung und Eifersucht. Es ist sicher nicht nur der Sex, der eifersüchtig macht – ich habe hier zum Beispiel die Eifersucht von Kindern auf Eltern oder Freunde ausgeklammert –, aber unter Jugendlichen und Erwachsenen ist bei Eifersucht fast immer Sex im Spiel. **"Ist Eifersucht eine Seite der Liebe?"**, haben wir am Anfang dieses Kapitels gefragt. Die unvermeidliche Antwort heißt: **Wenn Sex eine Seite der Liebe ist, ist es Eifersucht auch**. Eifersucht ist die dunkle Seite der Liebe. Auf Eifersucht verzichten können wir nur, wenn wir auf Liebe verzichten – und zwar auf die ganze, nicht die zweigeteilte Liebe.

25.
Sündiger Sex – heiliger Eros

Eros hat ein doppeltes Gesicht, eins, das schön und edel ist, und ein anderes, das wie ein Satyr aussieht. In den frühen Mythen der Griechen ist Eros aus dem Welt-Ei geschlüpft, als erster der Götter, ohne den kein anderer hätte geboren werden können. Das passte den Patriarchen durchaus nicht. Spätere Mythen sagen, Eros sei Aphrodites Sohn. *"Er war ein wilder Knabe, flog auf goldenen Flügeln umher und verschoss wahllos seine Pfeile oder setzte Herzen mit seinen schrecklichen Fackeln in Flammen."* [292] Das Bild des Eros schwankte bei den Griechen von einer andächtigen zu einer lächerlichen Figur.

In der vorpatriarchalischen Zeit hatte Eros dagegen nicht nur eine private, sondern auch eine soziale und religiöse Funktion. Sexualität und Tod waren durch den Glauben an die Wiedergeburt verknüpft. Der Tote kehrte in den Mutterschoß zurück und wurde aus ihm neu in den Stamm geboren. Nicht nur in der Steinzeit, auch bei den Ägyptern finden sich Spuren dieses Konzeptes. Auf einem Wandbild aus der Grabkammer des Senefer, Bürgermeister von Theben, trägt die Frau des Toten seinen Samen in einem Gefäß, damit er von ihr im Jenseits wiedergeboren werden kann. [293] Steinplatten aus frühkeltischer Zeit in Irland zeigen den gleichen Gedanken durch die doppelte Spirale. [294]

Sexualität garantiert das Fortleben der Sippe, das machte sie heilig. Außerdem ließen sich die Erregung und Besessenheit, die Eros auslöst, für den Kontakt mit den Himmlischen verwenden. Trance und Ekstase waren von früh an bei Priesterinnen und Schamanen üblich, angefacht durch Tänze, Trommeln, Pilzgifte und Kräutertränke. Die Sexualität war damit in den vorpatriarchalischen Zeiten doppelt

Abb. 38: Jüngling und Hetäre beim Liebespiel. Lokri, um 430 v.Chr. [238]

heilig, einmal wegen der Wiedergeburt, zum zweiten als Weg, um durch Ekstase zur **Erkenntnis** vorzustoßen. Der Glaube, über Eros existiere ein Zugang zu einem jenseitigen Bereich, ging auch später nie ganz verloren. In einigen Kulten des Mittelmeerraums, bei gnostischen Sekten, im Mithras-Kult und im Shakti-Kult der Inder galt Eros als Tor zur Erkenntnis. Diese Vorstellung hat sich ausgerechnet im tibetischen Lamaismus bis heute erhalten, bei dem Sexualität für die Vollendung der spirituellen Reise unverzichtbar ist.[295]

Viele Forscher vermuten, die Bedeutung des Geschlechtsaktes für die Kinderproduktion sei erst zwischen 5000 und 3000 v.Chr. erkannt worden. Erst dann habe man entdeckt, dass der männliche

Samen für die Empfängnis unerlässlich sei. Diese Entdeckung habe die patriarchalische Revolution ausgelöst. Ich teile diese Vermutung nicht, sondern glaube, dass die Bedeutung des Samens bereits um 15 000 v.Chr. bekannt war, und dies aus folgenden Gründen: Sexualität war gewissen Regeln unterworfen, die Zeiten, Orte und Partner betraf. Grundsätzlich aber wurde Sexualität vor Einführung des Patriarchats positiv bewertet. Sexuelle Symbole wie Schoßdreieck und Phallus sind an den heiligen Stätten der Steinzeit weit verbreitet. Es ist höchst unwahrscheinlich, dass die Höhlenmaler um 15 000 v.Chr. nichts von der Bedeutung des männlichen Samens für die Fortpflanzung gewusst haben sollen.[296]

In der Sippenzeit oblag die Wahl des Sexualpartners der Frau. Sie wählte mit Vorliebe "den Fremden", den, der von irgendwoher gewandert kam. Hieran erinnern noch die griechischen und keltischen Sagen: Der Fremde war oft ein Gott in Menschengestalt, ein Löwe oder ein Schwan. Es ist der Fremdling, der erotische Neugier inspiriert. Im Manne aus der Fremde begegnet die Frau dem Göttlichen und er der Göttin in der fremden Frau. Diesem alten Muster sind wir schon als "Leidenschaft für den Fremden" begegnet.[297]

Die politische Reglementierung des Sexes

Die patriarchalischen Revolutionen zwischen 3000 v.Chr. und 700 n.Chr. beendeten die freie Partnerwahl im Sexualverkehr, jedenfalls für die Oberschicht. Ganz besonders wurde den Frauen der Verkehr mit den Männern des jeweils unterworfenen Volkes verboten. Jede Frau durfte nur mit einem Partner schlafen, für Männer wurden die Regeln gelockert. Diese gewaltige Einschränkung konnte nur dadurch erreicht werden, dass Sexualität allmählich als das Böse, Unreine, Verwerfliche umgedeutet wurde.

Sexuelle Verbote wurden nicht aus religiösen Gründen im engeren Sinne erlassen, sondern aus sozialen Gründen: um der politischen

Organisation des feudalen Staates willen, der zu seiner Durchsetzung die Botmäßigkeit von Frauen erforderte. Seit der Bronzezeit wurden neue Religionen entwickelt, die den Mann-Gott erst als Kriegshelden (Marduk, Jehova), später als Lichtgott (Iran) und schließlich als Vatergott (bei Juden und Christen) in den Mittelpunkt rückte. Diese neuen Religionen wurden bei den irdischen Vätern zu Instrumenten, um die bisher politische und soziale Frauenunterordnung zu einer spirituell und moralisch begründeten Frauenentwertung zu machen.

Evas Sündenfall

Dass die Sexualität nicht aus religiösen Gründen dämonisiert wurde, sondern aus politischen Gründen, gilt auch für die Juden, deren Geschichten die Bilder und das Denken Europas entscheidend prägten. Die Hebräer lebten als patriarchalische Gruppen unter den matrizentrischen Völkern Kanaans, von denen sie sich abgrenzen mussten, soweit sie sie nicht erobern konnten. Eine zusätzliche Abwertung der Frau war hierzu politisch opportun. In den Büchern Mose, die im 6. Jh. v.Chr. aufgeschrieben wurden, wird diese politisch gewollte Abwertung des Weiblichen in der genialen Geschichte vom Sündenfall zu einem Mythos verdichtet, der zweitausendsechshundert Jahre lang wirksam blieb. Die Transponierung des politisch Notwendigen in eine religiöse Glaubenssprache zeigt sich hier exemplarisch. Eva wird von der Schlange verführt, von den verbotenen Früchten am Baum der Erkenntnis zu essen. Sie verführt ihrerseits Adam.

Jehovah gab den Kindern Israels viele detaillierte Gebote. Die Gebote sind von der gleichen Rationalität, die das ganze Schrifttum der Juden auszeichnet. Das Gebot, nicht vom Baum der Erkenntnis zu essen, bleibt dunkel. Auch andere Einzelheiten der Geschichte sind nur zu erraten. Die Schlange ist der weiblichen Kraft zugeordnet, weil sie sich häutet und damit auf das Abwerfen des Alten und die Wieder-herstellung des Neuen hinweist. Schlangen wurden als heilige Tiere in den Tempeln der Göttin, auch in Kanaan, gehalten, sie symbolisieren deshalb den Feind Israels. Eva, unse-re Urmutter, könnte, wie einige For-scher vermuten, die kanaanitische Göttin Chavah zum Vorbild haben, die um 1350 v.Chr. Stadtgöttin von Jerusalem war.[298]

Das Wort "Erkenntnis" hat im Alten Testament einen engen Zusammen-hang mit dem Geschlechtsakt. Eine Frau erkennen, bedeutet, mit ihr den Beischlaf vollziehen. Hinter dem Ver-bot, vom Baum der Erkenntnis zu

Abb. 39: Adam. Relief auf einem Sarkophag aus dem 4. Jahr-hundert. (Vatikan, Rom).[239]

essen, könnte sich das Verbot verbergen, mit der Kanaaniterin sexu-ell zu verkehren. Zwischen Juden und ihren Nachbarn war die Ver-mischung viele Jahrhunderte üblich, später, mit der Verfestigung des Staates, wurde dies nicht mehr geduldet. Adam wurde zum Signal dafür, dass eine Vermischung des auserwählten Volkes mit seinen Nachbarn schreckliche Folgen hat. Im ersten Buch Mose ist aller-dings von verbotener Lust nicht mehr die Rede. Der Ungehorsam gegen Gott wird auf das Essen der Frucht übertragen. Und doch war das erste, was Adam und Eva gemäß dem biblischen Berichte nach dem Genuss der Frucht "erkannten", ihre eigene Nacktheit. Dies legt einen sexuellen Kontext der Missetat nahe.

Die Folgen der Missetat haben ein kosmisches Ausmaß. Alle kom-menden Geschlechter der vom Weibe Geborenen büßen mit Leiden für diese Erbsünde. Das wichtigste Resultat der Vertreibungsgeschichte ist: Eva, die Stammmutter aller Frauen, ist schuld an der Vertreibung aus dem Paradiese. Deshalb dürfen und müssen alle Frauen bestraft werden. Die Paradiesvertreibung ist ein besonders prominentes Beispiel für die Verquickung von religiöser mit politischer Rechtfertigung.

Weil Eva schuld ist, soll sie da büßen, wo sie gesündigt hat: in der Verführung. Ihre Sexualität wird diskriminiert, sie wird unrein und gefährlich. Wo immer sie Aktivität entfaltet, kann sie wegen ihres Geschlechts zurückgedrängt und als Hure verleugnet werden. Die Tabuisierung des Geschlechtlichen färbt selbstverständlich auch auf den Mann ab: Er muss von da an Angst haben, seine Blöße unbedeckt zu lassen – so etwa Adam und später Noah. Zur Angst, als Ehebrecher erwischt zu werden, tritt die Kastrationsangst. Es gibt mittelalterliche Abbildungen, auf denen Adam sich beschämt ein Tuch vor das Gemächte hält. Ein besonders eindrucksvolles Exemplar ist als Relief auf einem Sarkophag im Vatikanischen Museum aus dem 4. Jahrhundert zu sehen.

Sexualität und Askese

Im Christentum erfuhr die Kriminalisierung der Sexualität mit Paulus und Augustinus gegenüber dem Judentum eine Steigerung. Zu jener Zeit war das Problem des Weiterlebens nach dem Tode durch den Leib-Seele-Dualismus gelöst worden: Der vom Weibe geborene Leib ist jetzt nur noch ein Gefängnis der Seele, von dem diese sich im Tode befreit. ("Gefängnis der Seele" ist ein Ausdruck von Platon, der die Christen beeinflusst hat.) Die Seele, und nur sie, enthält den ganzen Menschen. Damit wird der weibliche Beitrag zum Leben unwichtig. Dazu passt, dass die Frau bei Aristoteles lediglich Leihmutter war, weil sie vom Mann ein befruchtetes Ei erhielt.

Sex wurde jetzt zur Lust, die von der Sehnsucht nach Gott ablenkt. Der Mensch ist zur Askese durch die Kreuzigung des Fleisches

(Gal. 5, 24) berufen. Ehe wird eine zweitbeste Lebensform (neben der zölibatären), wenn und solange sie wie ein Werkzeug der Askese gehandhabt wird. Hier zeigt sich die drakonische Seite des patriarchalischen Systems auch gegenüber Männern.[299]

Der Kernsatz des Augustinus, mehr als dreihundert Jahre nach Paulus, lautet: *"Ehelicher Geschlechtsverkehr zum Zwecke der Fortpflanzung ist Verwendung der an sich bösen fleischlichen Wollust zu einem guten Zweck."* [300] Diese Gedanken aus der Zeit um 400 n.Chr. wurden noch in einer Enzyklika vom 31.12.1930 "Casti connubii" wiederholt und auf das Verbot der Empfängnisverhütung, das bis heute gilt, angewendet.

Mit dem augustinschen Christentum erhält die Diskriminierung der Frau und der Sexualität einen neuen Höhepunkt. Von nun an wird die Sexualität nicht mehr in erster Linie deshalb diffamiert, damit hierdurch die Frau gezügelt werden kann, sondern die Verworfenheit der Sexualität hat sich verselbstständigt: Ihre Betätigung stört die Kreuzigung des Leibes und die Hingabe an Gott. Gott selbst will Sexualität nur zur Zeugung von Kindern. Dies geht über die Gebote der jüdischen Propheten weit hinaus.

Die hier beschriebene christliche Version der Kriminalisierung des Erotischen ließe sich um eine hinduistische, buddhistische, oder konfuzianische Version ergänzen. Der Kernpunkt heißt überall: Frauen müssen entwertet sein – deshalb auch der Sex. Alle Religionen haben sich hierbei als Hilfskräfte für das Patriarchat bewährt. Sobald die Gesetze des Staates in Fragen der Sexualität "liberaler" werden, schließen sich die Religionen an – mit einem Zeitverzug.

Die sexuelle Befreiung

Wozu reden wir hier über die alten Konstrukte von Wollust und Sünde, von Eros und Schuld? Haben wir das nicht alles hinter uns gelassen? Ich glaube nein. An der Oberfläche gelten heute gewiss andere Ideale, aber aus den tieferen Schichten des Bewusstseins tauchen immer wieder Gefühle auf – Gefühle über die Frau und über den Mann, Gefühle über Reinheit und Schuld, die sich ohne die Wertvorstellungen der Vergangenheit nicht verstehen lassen.

Die Lehre von der Minderwertigkeit des Sexuellen wurde ein Eckpfeiler des abendländischen und morgenländischen Denkens, und dies nicht etwa nur bis zur Zeit unserer Großeltern, sondern bis heute. Noch heute hat das Sexuelle wegen seiner langen Diskriminierung und vielleicht auch seiner Überhöhung in der Askese eine besondere Faszination. Diese Faszination verleitet dazu, die Sexualität als "Quelle von Glück und Seligkeit" zu überschätzen. Auf der anderen Seite ist die "Triebunterdrückung" als Tugend aus dem modernen Sprachgebrauch keineswegs verschwunden: Wir nennen sie mit Sigmund Freud "Sublimierung". Die bis heute folgenreichste Konsequenz aus der Verachtung des Eros ist die Neigung, Sex als Mittel der Herrschaft und oft zu Misshandlungen zu gebrauchen.

Die Angst vor dem Eros, die immer mit Angst und Abscheu vor der Frau verknüpft ist, lauert auch im Unbewussten der Postmodernen. Allerdings würde niemand heute diese Angst zugeben, sie entlarvt sich höchstens manchmal in giftigen Zoten. Eros ist inzwischen gesellschaftsfähig, sogar bei Hofe. Überall sind Erotika präsent – am Kiosk, in Videos, im Internet. Echte Puffs wirken vergleichsweise bieder. "Frauen sind die heiße Ware der Medien", klagt eine bestimmte Art von Frauenlobby und fordert erneut Sextabus. Dabei schaden Sextabus immer den Frauen. Historisch gesehen wurden Sextabus geschaffen, **damit die weibliche Sexualität** anrüchig werde und Frauen erfolgreich als minderwertig erklärt werden konnten.

Die Kommerzialisierung des Sexes ist die eine Seite. Die andere Seite ist, dass Sex und Eros von beiden Partnern ernst genommen werden. Dabei ging die Hoffnung, erotisches Erleben vermittle eine Ahnung jenseitiger Herrlichkeit, auch heute nicht ganz unter. Mit Hilfe des Eros einen Zipfel des Unbekannten lüften – das beseelt die

Erwartung an den Freund oder die Freundin: "Du wirst mich erlösen, du wirst mich glücklich machen."

Eros war schon immer ein gewaltiger Inspirator religiöser Dynamik. Einen schwachen Abglanz dafür, dass sich die Sehnsucht nach Verschmelzung auf das Universum erweitert, lassen Verliebte erkennen, die häufiger als andere junge Leute in Kirchen und Tempeln Kerzen oder Räucherstäbchen anzünden. Vielleicht ist die Sehnsucht nach kosmischen Zusammenhängen ein Ergebnis des Glücksgefühls. Es gibt allerdings auch sehr nüchterne Deutungen. Biochemiker können uns heute die Hormone und Neurotransmitter aufzählen, deren Produktion von erotischen Gefühlen angeregt wird, und die anschließend ihrerseits als Verstärker auf die Verliebtheit zurückwirken. Selbst bei Biologen hat sich allerdings die Ansicht, Verliebtheit sei **nur** eine chemische Reaktion, bisher nicht durchgesetzt.[301]

Eros – Quelle des Aufruhrs

Das zügellose Treiben der "Wollust" war seit dem Ende des zweiten Weltkrieges Gegenstand zahlloser Kommentare, Untersuchungen und gesellschaftsphilosophischer Betrachtungen. Eros inspiriert nicht nur tiefe Gefühle, sondern auch sexuelle Lust – zwei Seiten einer Münze. Man könnte sagen, Wollust sei der einsame Genuss des reinen Sexes, Eros verlange nach dem Du. Mit Wollust allein lässt sich zwar keine Bindung schaffen, aber ohne sie lässt sich in demokratischen Breiten schwerlich eine Bindung knüpfen.

Nach dem Abklingen der Hippie-Bewegung ist die allgemeine Enthemmung, die von vielen erwartet wurde, ausgeblieben: Der Liebeskult der Postmoderne, die leidenschaftliche Paarbindung in und außerhalb der Ehe, die fast religiöse Inbrunst, mit der Liebe den Charakter eines Erlösungs- und Zärtlichkeitsversprechens bekommt, deuten nicht auf ein Ausufern des "Sex als Droge", wenn auch eine neue Kultur des Eros noch auf sich warten lässt. Es ist, als ob die exklusive erotische Beziehung, in der Treue eine große Rolle spielt, Lebenssinn stiften soll. Auf eine neue Weise berühren sich Sexualität und Heiliges – freilich nur noch ein sehr vage religiös zu nennendes Heiliges. Es passt eher zur "Gottesstimme als Selbsterfahrung": Was heilig ist, bestimme ich. Ulrich Beck spricht von der Liebe als postmodernem Ersatz für Religion.[302]

Eros, viele tausend Jahre lang von der Orthodoxie als sündig verfolgt, galt der Obrigkeit stets als Quelle des Aufruhrs. Entsprechend streng waren die Gesetze. Bis in die 70er-Jahre des vorigen Jahrhunderts konnten Eltern der Kuppelei angeklagt werden, wenn sie den Freund oder die Freundin des eigenen Kindes unter ihrem Dach übernachten ließen. **Und es stimmt, dass Erotik Aufruhr stiftet!** Seit Eros aus der Heimlichkeit hervortreten darf, wissen alle, Groß und Klein, dass erotische Wonnen nach Abwechslung verlangen. Die Gelegenheiten zur "Nebenlust" wachsen und damit die Unruhe im eigenen Haus.

Trotz allem leben wir heute mit dem befreiten Eros sehr vergnügt, die Vorteile wiegen für die meisten die Nachteile auf. Fast nie wird reflektiert, dass Eros nur deshalb befreit werden konnte, weil die sexuelle Diskriminierung von Frauen gesetzlich aufgehoben wurde. Sündig war Eros nur so lange, als damit Frauen botmäßig gehalten werden sollten. Das soziale Klima hat sich durch die Befreiung des Eros nachhaltig geändert. Hans und Marie können sich auf jedem Marktplatz offen in die Augen sehen. Noch vor kurzem waren die Kontaktbarrieren aus Distanz und Furcht sehr viel höher, und sie sind es heute noch in den meisten Ländern der Welt.

Eros vertieft das Verstehen – da sind sich alle einig. Für viele Ratgeber und Paarspezialisten ist Eros sogar das einzige Medium der Verständigung zwischen Mann und Frau. Beide Geschlechter sind angeblich auch **mental völlig verschieden.** Deshalb können sie einander **nicht verstehen.**[302] Eros sei die einzige Kraft, die den Abgrund der Verständnislosigkeit kurzfristig überbrücke. Sobald Eros das Weite suche und die Verliebtheit schwände, ließe auch das Verstehen unweigerlich nach. Beide sitzen am Küchentisch und öden sich an. Die berühmte Kluft zwischen "sachorientiertem" Mann und "beziehungsorientierter" Frau tut sich auf. *"Die unterschiedliche 'Gehirnverkabelung' der beiden Geschlechter lassen Männer und Frauen über dieselben Dinge auf vollkommen unterschiedliche Weise sprechen"*, so sagen es Eheberater der biologischen Schule.[304]

Sind also – biologisch gesehen – Mann und Frau zwei Königskinder, die auf – genetisch – getrennten Meeresufern leben und sich nur für kurze Zeit auf der Barke des Eros begegnen?[305] Dies würde heutige Paare von der Verantwortung für eine gedeihliche Partnerschaft entlasten. Das "Nichtverstehen" wäre für alle Zeiten festgeschrieben, denn die **Gehirnverkabelung** ist in alle Ewigkeit gültig. Wir müssten unsere Zehelein falten und das Nichtverstehen für die nächsten Äonen hinnehmen.

Nein, müssen wir nicht! Mag auch das eine oder andere "Gehirnkabel" eine Rolle spielen, die massiven **Mentalitätsunterschiede** zwischen Mann und Frau, die bis heute immer wieder beobachtet werden, gehen in erster Linie auf **Interessen, Hierarchien und Machtverteilungen** zurück, die sich zu Mythen, Ideologien und sozialen Kommandos verdichtet haben. Immer wieder stellt sich heraus, dass auch die Biologie ihre Daten so deutet, dass sie zu den Interessen passen. Ein gutes Beispiel ist Charles Darwin, der *"das weniger entwickelte weibliche Gehirn"* als charakteristisch für niedere Rassen erklärte.[306]

Mentalitätsunterschiede gehen überwiegend auf einem jahrtausendelangen Erziehungsprozess zurück, der allerdings nicht nur das Bewusstsein, sondern auch den Leib erfasst.[307] Es handelt sich um kulturelle Muster, die im Leib Spuren hinterlassen – nicht um irreversible genetische Veranlagung. Die Kommandos dieser Muster sind zwingend, aber nur solange bei den Eliten eine hierarchische Weltanschauung vorherrscht. Diese Phase ist zu Ende

– Eros ist heute (fast) überall willkommen. Die Königskinder können zusammenkommen – ob sie beieinander bleiben, ist eine andere Frage.

Eros, der wilde Knabe, der wahllos seine Pfeile verschoss und den Griechen suspekt war, ist heute ein Gast, der sorgfältig gepflegt werden will, sonst macht er sich davon. Eros wird nicht nur durch das Nachlassen des Begehrens, sondern noch häufiger durch Taktlosigkeit und Missachtung in die Flucht geschlagen – mehr, als man bei der "coolen" Generation erwarten sollte. Vielleicht lernen wir in den nächsten Jahrhunderten einen liebevolleren Umgang mit dem befreiten Eros.

26.
Reziproke Partnerschaft

Löst der befreite Eros die Ehe auf? Hatten die Griechen und die Kirchenväter – die ich hier stellvertretend für viele andere Mahner nenne – Recht, als sie Eros für lächerlich oder sündig erklärten? Ja, im Sinne der patriarchalischen Weltanschauung hatten sie Recht. Eros gefährdet die Ehe. Die Ehe beruhte auf Pflichten und vor allem auf dem Standesunterschied von Mann und Frau, wie er auch heute noch in weiten Teilen der Welt gültig ist – keineswegs basierte die Ehe auf Eros oder Liebe.

Bei uns, in den westlichen Ländern, ereignet sich ein Paukenschlag: Der **Standesunterschied zwischen Mann und Frau** wurde vor etwa zwei Generationen legal aufgehoben. Es sieht aus, als habe sich Eros anschließend selber vom Makel der Sünde befreit.[308] Dies ist eine Revolution, die wir schon gar nicht mehr wahrnehmen. Was wir plötzlich wahrnehmen, ist die Liebe, die jetzt kein peinlicher Störenfried der Familienordnung mehr ist, sondern Fundament für die Ehe selbst. Liebe hat heute den höchsten Rang in unserer Wertordnung. Und doch: Liebe stiftet nicht nur Ehen – Liebe löst Ehen auch auf.

”Warum überhaupt noch Ehe, wenn sie doch so wenig haltbar ist?“ fragt Katja Kullmann folgerichtig in ihrer Beschreibung der Generation Ally, der nach 1965 geborenen Frauengeneration. ”Wir machen es besser!“, sagt sie. ”So muffig nebeneinander leben wie unsere Eltern? Nie!!! Wir machen Karriere und leben zufrieden als Singles oder in offenen Partnerschaften. Wir sind die Generation der ’SILS’ – single income, love seeking.“ [309] Und dann wird der Ton plötzlich sanft: ”Wir träumen beharrlich davon, dass wir mit dem Mann unserer Wahl nach einem erfüllten Leben Händchen haltend *auf einer Bank unter einem Obstbaum sitzen – obwohl wir so oft sehen müssen, dass Ehemänner und Ehefrauen sich mit der Zeit lieber aus dem Weg gehen.*" [310]

Diese wenigen Sätze zeigen, dass die "Generation Ally", deren Eltern und Großeltern die Änderungen im Ehe- und Familienrecht durchsetzten, den Zwiespalt von Liebe und Freiheit erlebt, der früher durch Heuchelei und Unterwerfung verdeckt war. Dies ist zwei Generationen her – fest verwurzelt sind die neuen Paradigmen noch nicht. Wir alle – und besonders Männer – denken und handeln mit Vorbehalten. Wir wollen selbstredend eine reziproke Partnerschaft, andererseits sitzt uns der Standesunterschied beharrlich im Gemüt – und zwar bei Männern und bei Frauen, wenn sie es sich hinter einem Mann bequem machen. Es gibt keine neuen "Bräuche" oder Anstandsregeln für den Umgang von Mann und Frau, und weil es die nicht gibt, greifen viele weiter auf die alten patriarchalischen Bräuche zurück. *"Ich mache Kohle – Naddel putzt"* lautet eine charakteristische Formulierung.[311]

Wissenschaftler, Therapeuten, Medien und Politiker verschleiern die Standesunterschiede zwischen Mann und Frau mit "natürlichen" Unterschieden. Mit ihnen kann man inzwischen die Straße pflastern. Es wird nicht beachtet, wie viele dieser scheinbar natürlichen Unterschiede in Wirklichkeit durch den Standesunterschied geschaffen und erhalten werden. Ich habe hier viele Beispiele genannt. Mit welcher Hartnäckigkeit wir heute noch an Drehbüchern festhalten, die Sumerer und Babylonier, Griechen und Römer codiert und inszeniert haben, muss all die verblüffen, die Geschichtliches für Schnee von gestern halten. Tatsächlich spielen wir – auch in Jeans und T-Shirt – die alten Rollen unverdrossen weiter und zerbröseln damit unsere neue Partnerschaft. Wie das vor sich geht, zeigt sich an Geschichten von heute. Eine Geschichte beginnt auf dem Schulhof.

Schulhof-Muster

Auch heute fliegen auf dem Schulhof abwertende Witze durch die Luft, mit denen Jungen **ihre Überlegenheit und ihre Verachtung** unter Beweis stellen. Jungen müssen "schneller, klüger, gerissener" sein als ihre Konkurrenten. Wehe, wenn sie von den Normen der Gruppe abweichen – dabei erwischt werden, wie sie mit Mädchen spielen, etwas über sich selbst preisgeben, Gefühle zeigen – dann gehören sie nicht mehr "dazu". Nicht dazu gehören sie auch dann, wenn sie sich an dem obligaten Wort-Krieg "durchgefickte Hure, Fotze, Schlampe …" nicht beteiligen.

Junge Männer zwischen 14 und 18 haben ihre Pflicht zur Überlegenheit längst verinnerlicht, wenn sie den ersten Flirt beginnen. Und die Mädchen? Wie sind die gestimmt, wenn sie zum ersten Mal einen Freund haben? Seit sie neun Jahre alt sind, ist ihr Selbstbewusstsein geschrumpft.[312] Ihre Fragen und Sprüche lauten: "Darf ich das?" – "Bloß nicht vordrängeln!" – "Bin ich denn schön?"

Eines Tages sind unsere beiden Protagonisten – der "richtig" sozialisierte junge Mann und die "richtige" Frau – Ehepartner, die auf ein Labyrinth zusteuern. Zunächst sind sie verliebt, das Labyrinth ist ein anmutiger Garten. Zum ersten Mal im Leben brauchen sie vor einem anderen Menschen nicht ihr tiefstes Selbst vergraben. Sie können offen sein und sprechen, nicht nur reden. Irgendwann – nach fünf Monaten oder fünf Jahren – wird das sexuelle Begehren matter. Das einfühlsame Zuhören, die spielerische Kommunikation versickern. Stattdessen kehrt das "Schulhof-Muster" zurück: **Überlegenheit zeigen** und **Verachtung** "erwecken".

Der Mann ist der Boss – und das Kind. Er will ständige Aufmerksamkeit. Es ist sein Recht, bedient zu werden, die Frau zu kommentieren, sie zu kontrollieren, sie warten zu lassen. Es ist sein Recht, seine **Frau klein zu machen**, und damit ihr Selbstbewusstsein zu untergraben – oft durchaus beiläufig, etwa mit dem kleinen Satz

"Hast du das schon wieder nicht erledigt?" Kein Wunder, dass das Äquivalent zur männlichen Überlegenheit bei der Frau ein tief sitzender Mangel an Selbstvertrauen ist. "*Jahrhundertelang hatten die Venusfrauen diese tief sitzende Angst, unwürdig zu sein, dadurch ausgeglichen, dass sie besonders die Bedürfnisse Anderer achteten*", schreibt John Gray, der zurzeit bekannteste Autor von Ehebüchern.[313]

Er verschweigt allerdings, **warum** seine Venusfrauen Angst haben, unwürdig zu sein. Frauen haben diese tief sitzende Angst bis heute, stellt Barbara Bierichs für die Generation der um 1965 Geborenen fest. "*Frauen besitzen in vielen Bereichen die besseren Techniken, aber sie quälen sich mit Selbstzweifeln.*"[314]

Sind Frauen das "dämliche" Geschlecht? Nur wenige Frauen haben sich auf Freiheit und Verantwortung bewusst eingestellt. Deshalb geraten ursprünglich selbstständige Frauen nach einigen Ehejahren immer wieder in die Haltung des Gefolgschaftleistens und der Angst, Liebe und Romantik zu gefährden. Sollen wir tatsächlich erwarten, dass Männer ihre Überlegenheit artig in kleine Tücher falten, solange Frauen auf ihrer Angst, Ergebenheit und – manchmal – Lethargie beharren und auch noch den starken Mann bewundern? Da können wir lange warten! Noch immer sitzt der Mann auf dem hohen Ross seiner zwanghaften Überlegenheit, und die Frau hockt unten und will mit aufs Pferd.

Wir konditionieren uns immer noch gegenseitig zum Standesunterschied. Noch immer "*... lernen Mädchen, ihre eigenen Bedürfnisse anderen Menschen zuliebe zu unterdrücken, während Jungens beigebracht wird, ihre eigenen Bedürfnisse und die aller anderen zu ignorieren*", sagt Terence Real.[315] **Der Standesunterschied ist eine der wichtigsten Ursachen von Ehekrisen.** Allerdings wird diese Ursache verschleiert, beschönigt und unter den Teppich gekehrt: Die wichtigste Ursache ist angeblich die genetisch bedingte Verschiedenheit von Mann und Frau. Überlegenheit und Verachtung werden durch solche Theorien unsichtbar gemacht. *"Männer legen die chronische Unzufriedenheit der Frauen im öffentlichen und privaten Bereich immer noch als Bestätigung dafür aus, dass Frauen eben doch von Natur aus irrational und unersättlich sind."* [316]

Das Drehbuch ändern

Lässt sich das Drehbuch für die Partnerschaft ändern? Ja! Wer sollte das tun? Anfangen müssten die Männer, denken die Frauen; schließlich haben Männer die Ehe erfunden. – Männer haben auch längst angefangen. Männer haben – angefeuert durch Frauenrechtlerinnen – die Gesetze gemacht, die Frauen rechtlich befreit haben. Wie gewaltig dieser Schritt war, erleben wir in den Ländern ohne Rechtsstaat und Demokratie. Erschöpft von dieser Tat, deren Folgen sie nicht vorausgesehen hatten, erwarten die Männer nun von den Frauen, dass sie die Dilemmata der nachpatriarchalischen Partnerschaft lösen und auflösen. Aber die blöden Zicken tun das nicht. Jetzt haben wir sie befreit – und sie kriegen es nicht geregelt und machen uns weiter Vorwürfe!

Frauen müssen ...

Wenn Frauen ihre Partner oder die Partnerschaft ändern wollen, sind Reden nicht genug. Sie können nur sich selbst ändern und ihre Söhne beeinflussen. Eines Tages begreifen sie, dass nicht die Umstände sie einengen, sondern die Konstrukte im eigenen Kopf, die diese "Umstände" deuten. Sobald sie aufhören, nur auf die Doppelstrategie "Überlegenheit und Verachtung" zu reagieren, zu giften, zu kontrollieren und zu nörgeln, werden sie frei, andere Dinge zu tun: zu arbeiten und Geld zu verdienen, neue Freunde zu finden – eine Umgebung aufzusuchen, in der sie nicht **klein gemacht**, sondern anerkannt werden. Dies geschieht – aber zu selten. Erst wenn der Mann erlebt, dass er nicht mehr die einzige Sonne ist, um die sich seine weiblichen Planeten drehen, wird er Änderungen geneigt sein.

... und Männer?

Was haben Männer davon, wenn sie die Doppelstrategie aufgeben? Sie erfahren, dass sie in der Partnerschaft kein Nullsummenspiel vor sich haben, in dem einer das gewinnt, was der andere verliert. Sie haben keine Angst mehr, die Oberhand zu verlieren und gewinnen Zugang zu den eigenen Gefühlen und Wünschen, was zurzeit als unmännlich verdrängt wird. Sie können besser geben und nehmen[317] und werden in ihren Beziehungen zufriedener, als wenn sie einseitig an der vom Männerbund geprägten Distanz festhalten. Sehr viele Männer wünschen sich Nähe, besonders dann, wenn sie keine Angst haben müssen, dass der weibliche Dunstkreis sie vereinnahmt, sondern Distanz und Respekt walten. – Aber es drohen auch Gefahren: Solche Männer können leicht als "illegitim" angesehen werden, als *"Bastarde des Patriarchen, Deserteure im Kampf der Geschlechter."*[318] Im Volksmund werden sie einfach zu Weicheiern.

Gefühle zu zeigen braucht allerdings kundigen Männern keine Angst vor Unmännlichkeit einzujagen. Bei diesem Thema gehen wir alle den Deutungen der heutigen Experten auf den Leim. *"Die Zustände der Binnenwelt, die man Gefühle nennt, sind eine Domäne der Frau." "Bei Gefühlen ist der Mann wortkarg."* Diese beklagenswerte Gefühlsarmut gehe auf biologische Dispositionen zurück, behaupten Fachleute. Die homerischen Helden hätten bei solchen Sprüchen ein homerisches Gelächter angestimmt – und genauso die Männer des Mittelalters und des Barocks. Wenn jemand reich an Gefühlen war – gleichsam für Gefühle zuständig – dann war es der Mann! Frauen galten in jenen langen Perioden als nüchtern und tüchtig, mehr am Praktischen interessiert als am Sentiment. Auch die Kinderaufzucht war ein strenges und keineswegs gefühlsträchtiges Geschäft.[319] Die gefühlvolle Frau ist erst durch das Konstrukt der "romantischen Liebe" geschaffen worden, also historisch eine Späterscheinung.[320]

Wenn Männer heute gefühlsärmer sind als Frauen – und dies gilt bei Jung und Alt als "Fakt" – dann sind sie dies durch die kulturelle Prägung von einigen hundert Jahren, aber nicht durch biologisches Schicksal. Dies bedeutet auch: In einem anderen kulturellen Klima und in einer reziproken Partnerschaft könnte bei Männern die Bereitschaft wachsen, nicht nur narzisstische Gefühle, sondern Empathie zu entwickeln. Es gibt diese Bereitschaft heute schon, nämlich dann, wenn die Männer verliebt sind! Wunderbarerweise verschwinden viele der angeblich "typisch männlichen" Eigenschaften während der Verliebtheit.

Der Abbau des psychologischen Patriarchats wird sich konkret am Geld, an der Arbeitsteilung im Haushalt und an der Kinderarbeit zeigen. Der Familiensoziologe Auguste Y. Napier schildert den Prozess, den wir vor uns haben, präzise so: *"Es gibt egalitäre Ehen. Keine Ehe allerdings begann egalitär. Egalitäre, funktionierende Partnerschaften wurden erarbeitet. Die meisten Menschen haben nicht von ihren Eltern gelernt, wie man Entscheidungen gemeinsam, kooperativ und gleichrangig trifft."* Und er fährt fort: *"Am Anfang der Ehe finden wir heraus, dass unser Partner/unsere Partnerin uns unvermeidlich ausnutzt, wenn wir es zulassen. Er/Sie wird uns dominieren und seinen oder ihren Wünschen unterordnen. Der einzige Weg, Sklaverei in der Ehe zu entgehen, heißt Gleichheit zu fordern."* [321] Und, so ergänze ich, sie auch zu implementieren. Keine Feministin hat sich bisher getraut, eine so eindeutige Handlungsanweisung zu empfehlen.

Die reziproke Partnerschaft – zuständig: beide

– Reziprok ist eine dauerhafte, gleichrangige Beziehung zwischen Personen, der zuliebe beide abwechselnd auf die Durchsetzung eigener Wünsche verzichten. Diese Bedingung ist der Dreh- und Angelpunkt der Partnerschaft. Achtung und Selbstachtung, nicht allein Liebe ist das Rückgrat einer reziproken Beziehung.

– In einer reziproken Ehe verantwortet sich jeder selbst. Weder der Mann noch die Frau machen das Schicksal oder die Eltern für seine/ihre heutige Lage haftbar. Die Psychoanalyse hat in den letzten einhundert Jahren unsere Neigung gefördert, die Verantwortung für eigenes Versagen in die Vergangenheit und auf andere Menschen zu projizieren. Mutter, Vater, Bezugspersonen oder deren Abwesenheit sind "schuld", wenn irgendetwas oder gar das ganze Leben misslingt. Dies gilt erst recht für den Ehepartner. Die Frau hat sich dem Manne anvertraut, ihm die Verantwortung für sich selbst und ihr Glück übergeben – und jetzt hat er sie verraten! Also ist ihr Leben verpfuscht. Er ist schuld, und sie hegt den großen gerechtfertigten Groll.

– In einer reziproken Partnerschaft übergibt die Frau dem Mann nicht die Verantwortung für das eigene Lebensglück. Sie weiß, dass sie sich selbst glücklich machen und den eigenen Lebenssinn finden muss.

Wenn sie Kinder in die Welt setzt und damit vom Mann finanziell abhängig wird, fordert die Frau als Ressource das halbe Nettoeinkommen des Mannes, damit sie in einer ohnehin belasteten Periode nicht als Bittstellerin dasteht. Von ihrer Hälfte wird sie ebenso zum Unterhalt der Hauswirtschaft beitragen, wie der Mann von der seinen. Dieses Verfahren schafft Klarheit in den finanziellen Beziehungen. Es hat Signalwirkung nach innen und nach außen. Gleichzeitig wird damit manifestiert, dass die Arbeit mit Kindern einen sozialen Wert hat. Die geringe Kinderzahl in der westlichen Welt hängt auch damit zusammen, dass Kinderkriegen ein privates Managementproblem der Frau ist, bei dem die männlichen Partner "höflich" zur Seite treten.

Frau zögert nicht, zeitweise fremde Hilfe für Haushalt und Kinder zu engagieren oder Kinderhorte zu benutzen. Dass Kinder vierundzwanzig Stunden am Tag die Gegenwart der eigenen Mutter brauchen, um zu gedeihen, ist ein Phantom, das einige Psychologenschulen in den letzten vierzig Jahren im deutschen Sprachraum kreiert haben. Es diente Patriarchen, Matronen und Behörden dazu, berufstätigen Müttern den Schuldkomplex der Rabenmutter aufzuladen. In ungünstigen Fällen verwendet auch der Partner dieses Phantom als Waffe im Machtkampf mit der Partnerin. In Frankreich und Skandinavien gilt dieses Phantom nicht.

–   Die Frau macht ihren eigenen Wert nicht allein von der Anerkennung des Partners oder seinem Tadel abhängig. Sie entgeht da-

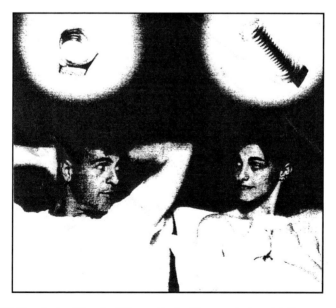

Abb. 40: Der einzige Weg, der Sklaverei in der Ehe zu entgehen, ist die reziproke Partnerschaft.[Q40]

289

mit einer endlosen Täter-Opfer-Spirale in ihrem eigenen Kopf. Sie verdient wieder ihren eigenen Lebensunterhalt, sobald die Kinder versorgt sind und knüpft eigene soziale Kontakte. Sie **neidet dem Mann nicht die seinen** – vom Fußball bis zur Geschäftsreise.

– Frau hat den Mut, ihren Willen dem Mann gegenüber klar auszusprechen und danach zu handeln. Viele Vorwürfe werden dann überflüssig. Vorwürfe erniedrigen den, der sie macht. "Wenn ich nachmittags Dienst habe, passt du bitte auf die Kinder auf." **Das Reziproke in der Ehe besteht auch im Handeln, das durch eindeutige Signale angekündigt ist.**

– Der Mann entdeckt, dass sein Überlegenheitsbedürfnis eigentlich aus der Angst stammt, mit den Patriarchen und Brüdern nicht mithalten zu können. Individuell ist der einzelne Mann zu dieser Entdeckung oft durchaus bereit. Aber wenn er Ärger hat, oder sogar mit der Frau Ärger hat, lauscht er immer wieder gerne dem Ruf der vorbeireitenden Schar: "Du bist groß, sie ist klein." Der Ruf ist ansteckend, prompt zeigt der Mann seiner Partnerin nur noch selten, dass er sie gut findet. Das reziproke Verhalten schwindet, das während der Verliebtheit das "natürliche" war.

Die reziproke Partnerschaft ist damit keineswegs erschöpfend beschrieben. In den Kapiteln 20 bis 26 habe ich noch viele weitere Aufgaben genannt und dabei immer wieder die Verabredung von Regeln oder festen Bräuchen empfohlen. Ich bin überzeugt, dass in allen sehr engen Beziehungen – gerade dann, wenn sie nicht mehr hierarchisch sind – Regeln die Partner daran hindern, sich gehen zu lassen oder sich auszubeuten. Feste Bräuche ordnen das äußere Verhalten und wirken damit auf die innere Haltung zurück. Regeln sind übrigens durchaus nicht aus der Mode.[322]

Feste Bräuche für die Zweisamkeit

Für die Zukunft gilt ein klares Kommando: Der Mann muss sein Verhalten ändern, wenn die Frau ihn darum bittet. Ich höre natürlich im Geiste den Protestschrei; dann verliert der Mann das Mark aus den Knochen. Dieser Protestschrei ist ein archaisches Relikt aus der mehrtausendjährigen Ehegeschichte, die wir hier betrachtet haben. Es ist Zeit, das Relikt loszulassen und sich der Frage zuzuwenden, unter welchen Bedingungen **glückliche Ehen** überhaupt bestehen können.

Auf der Suche nach glücklichen Ehen durchsuchte der inzwischen auch in Deutschland bekannte Psychologe John Gottmann seine umfangreichen Dateien. Er fand heraus, dass – anders als er erwartete – gegenseitiges Zuhören im empirischen Test weder mit Glück noch mit Dauerhaftigkeit korreliert. **Langfristig erfolgreich schien eine Ehe nur zu sein, wenn eine Frau auf nicht-offensive Art ihre Bedürfnisse äußerte und die Ehemänner ihr Verhalten bereitwillig änderten.** Diese empirischen Daten sagen also, dass so genannte ”Softies die besten und erfolgreichsten Ehemänner“ sind. Die amerikanische Öffentlichkeit war ebenso fasziniert wie empört.[323]

John Gottmann bringt das Fazit meiner langen Reise durch die Geschichte der Ehe auf den Punkt: **Eine erfolgreiche Ehe ist in Zukunft nur zu haben, wenn ”Ehemänner ihr Verhalten bereitwillig ändern.“** Das klingt parteiisch – wo bleiben hier Gerechtigkeit und Ausgewogenheit? Die Ausgewogenheit liefert die Geschichte. Seit vielen tausend Jahren ändern meistens Ehefrauen ihr Verhalten bereitwillig, wenn der Ehemann seine Bedürfnisse äußert. Diese Zeit neigt sich dem Ende zu. Wenn die Ehe weiter bestehen soll, muss sie neu aufgestellt werden, und hierzu muss der Mann seine Haltung ändern. Das Ungleichgewicht zwischen Mann und Frau wurde ”von oben“ geschaffen und wird auch heute unterschwellig von den männlichen Eliten aufrechterhalten. Ein neues Gleichgewicht, heute und in Zukunft, kann nur gelingen, wenn es auch von "oben" gewollt und durchgesetzt wird.

Nicht nur Männer, auch Frauen müssen eine andere Konditionierung ihres Bewusstseins und ihrer "Stimmung" vornehmen, zum Beispiel einige Kommandos in ihrem Kopf ändern: "Kann ich ja doch nicht!" – "Soll er doch machen!" – "Ich bin stark, wenn du bei mir bist." – "Karriere ist lästig." – "Macht, das ist nichts für mich." etc. Solche "fixen Ideen" hemmen nicht nur die eigene Persönlichkeit, sondern auch die reziproke Partnerschaft.

Ein Indikator für reziprokes Verhalten ist die Beteiligung des Partners an der Haus- und Kinderarbeit. Bis jetzt ist damit kein Staat zu machen, wie Untersuchungen zeigen.[324]

Trotzdem ist die reziproke Partnerschaft im Kommen – auf leisen Sohlen, allen Rückschlägen zum Trotz. Vielleicht braucht es Generationen zu ihrer allgemeinen Verbreitung. Die reziproke Partnerschaft ist angenehmer, vielleicht auch fröhlicher als die konventionelle Paarbindung. Ob sie dauerhafter sein wird, lässt sich bis jetzt nicht sagen. Das Reziproke kann sich im Verlauf des Zusammenlebens auch wieder verlieren, besonders wenn Kinder kommen. Jede Ordnung, die nicht durch ständige Energiezufuhr erhalten wird, zerfällt.

Erinnern Sie sich? Entropie hieß das in der Schule. Was wir da nicht lernten ist, dass dieses Gesetz keineswegs nur die Thermodynamik betrifft, sondern auch menschliche Beziehungen. Ohne Energiezufuhr – sprich energische Anstrengung – erreichen Beziehungen schnell den Zustand maximaler Unordnung und zerfallen.

Wir wollen feste Bräuche für die Zweisamkeit, und gleichzeitig wollen wir überhaupt keine Bräuche, sondern Spontaneität pur. Am nächsten Tag träumen wir sogar auch heute von Gemeinschaftsformen, die von der Paarbindung unabhängig sind, und in der Kinder nicht allein von der "Liebe zu zweit" abhängen. Dieser Traum war einst in der Sippenordnung realisiert. Zugehörigkeit war damals wichtiger als Liebe.

Über den Widerspruch von festen Bräuchen und Spontaneität, von Dauer und Veränderbarkeit hat kein geringerer als der größte deutsche Dichter, Johann Wolfgang Goethe, nachgedacht. Er entwarf in seinen "Wahlverwandtschaften" ein Ehemodell der Zukunft, in dem sich Freiheit mit "festen Bräuchen" verbindet. Ich will diese Zeilen hier zitieren:

"... auch bei dem Ehestande ist es nur diese entschiedene, ewige Dauer zwischen so viel Beweglichem in der Welt, die etwas Ungeschicktes an sich trägt ... Eine Ehe solle nur auf fünf Jahre geschlossen werden. Es sei dies eine schöne ungrade heilige Zahl und ein solcher Zeitraum eben hinreichend, um sich kennen zu lernen, einige Kinder heranzubringen, sich zu entzweien und, was das Schönste sei, sich wieder zu versöhnen." [325]

Nach fünf Jahren kann der Ehevertrag erneuert werden – oder auch nicht. Jeder wird sich also anstrengen, dem Anderen zu gefallen. Was hier wie eine Gedankenspielerei daherkommt – und Goethe hat sie in einen dicken Roman versteckt, weil er um die moralische Sprengkraft wusste – haben wir scheinbar heute mit unseren Scheidungen verwirklicht. Haben wir?

Nein, denn die unterschwellige Meinung zur Ehe und Scheidung lässt sich eher so umschreiben: "Probieren wir es! – Mal sehen, wie lange es gut geht." Dadurch wird in die Ehe eine Art Zufallsgenerator eingebaut. Das Fünf-Jahres-Modell der Ehe verlangt vorherige Prüfung und eine Festlegung – wenn auch auf eine begrenzte Zeit. Es enthält die Chance zur Verlängerung, aber nicht zum willkürlichen Abbruch. Vor allem verlangt das Modell die Bereitschaft zur Achtsamkeit von Anfang an. Das sorglose Fallenlassen in die Verschmelzung wird gebremst.

Ich habe mir und Ihnen das Vergnügen gegönnt, den prominentesten deutschen Dichter hier in Sachen "Ehe" zu Wort kommen zu lassen.

Sein Modell hat nur sehr entfernte Verwandtschaft mit unseren reziproken Prinzipien, zumal die Gleichrangigkeit von Mann und Frau
damals nur eine Utopie in Bildungszirkeln war. Aber es ist verblüf-
fend, dass in Europa schon Ende des 17. Jahrhunderts wieder Ideen
von der Gleichwertigkeit und Gegenseitigkeit gedacht und ausgesprochen wurden. Es wurde erkannt, dass die "Ewigkeit" der Ehe
auf einem rein menschlichen Fundament beruhte, der Feudalordnung nämlich.

Die alte Ehe, die den Standesunterschied begründete, ist in unseren
Breiten auf dem Rückzug. Die Gesetze, die das bewirkten, haben
eine der erfolgreichsten – und leisesten – Revolutionen der Weltgeschichte eingeleitet. Noch immer klammern sich Männer an das
alte Muster "Überlegenheit und Verachtung", und Frauen an "Kann
ich ja doch nicht!". Aber auf lange Sicht ist die neue Ehe ohne
Standesunterschied, die reziproke Partnerschaft, die einzige Alternative zum Leben als Single.

27.
Liebe als Passion und Liebe als Kunst

Liebe ist in aller Munde. "Ich liebe dich", schallt es aus Lautsprechern und Fernsehboxen. Selbst im altväterlichen Japan klingt "Ich liebe dich" als Zauberwort in vielen Songs. "Ich liebe dich", sagt der junge Mann, wenn ein Mädchen zögert, sich seinen Wünschen zu fügen. "Aber ich liebe doch nur dich!", sagt er einige Jahre später, wenn die Affäre mit einer Anderen sich nicht mehr verheimlichen lässt. "Ich liebe dich", sagt das Mädchen beschwörend, wenn es den Freund festhalten will, oder die Frau, die sich zwischen zwei Männern nicht entscheiden kann und beide zu beschwichtigen trachtet. All diese Liebesbeteuerungen sind sicherlich ernst gemeint. Die Frage ist nur, welche Liebe die Betroffenen im Sinn haben.

Die griechischen Philosophen unterschieden drei Weisen der Liebe: Eros, Philia und Agape: Eros habe ich vorgestellt, und Philia wird gleich auf dem Fuße folgen. Agape werde ich auslassen und dafür die Zugehörigkeit betrachten. Aus dem weiten Feld der Liebe will ich jetzt folgende Aspekte herausgreifen:

1. die Liebe des Begehrens und die Liebe als Kunst oder als "Vermögen"
2. Liebe als Handlung
3. Liebe wider die Vernunft und Liebe wider die Selbstsucht
4. Liebe aus Zugehörigkeit
5. Liebe und Distanz

Die Liebe des Begehrens
und die Liebe als Vermögen

Die Liebe des Eros haben wir im vorigen Kapitel betrachtet – von außen, denn von innen fühlt sie sich bei jedem anders an. Im öffentlichen Bewusstsein steht ausschließlich die Liebe des Eros im Vordergrund. Nur die Erosliebe hat einen Heiligenschein, nur sie stillt die postreligiöse Erlösungssehnsucht,[326] nur sie wird als "richtige Liebe" ernst genommen. Was aber ist Liebe des Eros? Bei den griechischen Philosophen ist Liebe immer Begehren und Begehren ist Entbehren. *"Die Liebe"*, schreibt Platon, *"liebt, was sie entbehrt, aber nicht hat."* [327] Sobald sie es hat, verspürt die Erosliebe Sättigung und Langeweile. Darum enden die meisten Liebeslieder traurig.

Es gibt eine ganz andere Weise der Liebe. Sie stammt nicht aus dem Entbehren, nicht aus dem Drang, einen anderen zu besitzen – sondern aus dem "Vermögen", sich zu freuen und "es" zu genießen. "Es" kann ein guter Tropfen sein oder die eigenen Kinder, ein Mann oder eine Frau, ein Baum oder ein Lied. Diese andere Weise der Liebe wird Philia genannt. Spinoza hat diese Definition der Liebe als Erster formuliert, später hat Stendhal sie ergänzt.[328]

Bei der Philia-Liebe begehren wir auch, aber das Begehren hat eine andere Bedeutung, nämlich nicht Sehnsucht nach Verschmelzung, sondern Freude am Anderen, so wie er ist. "Der Gedanke, dass es dich gibt, macht mich froh." Eine solche Liebeserklärung verlangt nichts vom anderen. Bei der Eros-Liebe geht es stets um das Verlangen, ein Bedürfnis zu stillen, ein Entbehren zu beseitigen. In der Freiheit der Philia-Liebe bedeutet "sich freuen" nicht verlangen, sondern danken, nicht besitzen sondern genießen.[329]

Vielleicht sagen Sie jetzt, dies seien alles Heile-Welt-Sprüche? Und doch können wir an Erfahrungen anknüpfen, um dieses Liebeskonzept zu verstehen. Wenn wir uns an die Momente erinnern, in denen wir lustlos und niedergeschlagen waren, was hat uns dann gefehlt? Nicht Objekte oder Personen – die waren immer da – sondern die Kraft, zu genießen und zu lieben. Die Mehrzahl aller seelischen Leiden stammt aus der Unfähigkeit, sich selbst und andere mit Freude wahrzunehmen. Die Aussage, dass Liebe in erster Linie von unseren Fähigkeiten, unserem Vermögen abhängt, macht vielleicht all diejenigen wütend, die gerade Liebeskummer haben. Aber auch sie werden sich erinnern, schon einmal Liebe als reine Freude am Anderen erlebt zu haben – und sei es als Kind.

Manche werden Philia immer noch für ein Hirngespinst der Bildungsbürger halten. Sie werden fragen, ob es möglich ist, vom leidenschaftlichen Eros in die heitere Philia überzugehen – und dies ohne sich zu langweilen. Dies ist möglich, allerdings keineswegs selbstverständlich, weil dieser Aggregatzustand der Liebe eine andere Haltung zum Leben verlangt. – Und doch gibt es immer wieder Paare, die aus ihrer ''amour-fou-Periode'' auftauchen und feststellen, dass sie durchaus nicht mehr den Wunsch haben zu verschmelzen, dass sie sich aber trotzdem am Anderen freuen, so wie er ist, ohne das Bedürfnis, ihn mit Haut und Haaren zu besitzen. Solche Metamorphosen sind nicht selten. Paare, die länger als zehn Jahre zusammenleben, haben nur die Wahl sich anzuöden, sich gegenseitig zu schikanieren, sich zu trennen oder in sich die Liebe der Philia zu erwecken.

Die Philia-Liebe ist nicht heilig und nicht selbstlos. Sie ist dem Sex so zugeneigt wie anderen Genüssen. Philia ist nur in einem Punkt das Gegenteil von Eros: Sie verlangt das eigene Glück nicht vom Geliebten, sondern von sich selbst. Der Liebende behält die Verantwortung und liefert sich nicht aus. Was dies bedeutet, will ich an einem Beispiel zeigen: In einem Film über Ehekonflikte sagt die Frau auf dem Höhepunkt der Auseinandersetzung zum Mann: ''*Du siehst mich nicht, du siehst mein Kleid oder meinen Busen, aber nie mich selbst. Deshalb kann ich mich selbst auch nicht sehen.*" [330] – Die Frau hat sich psychologisch vom Partner so abhängig gemacht, dass sie sich selbst nicht mehr wahrnehmen kann. In diesem Zustand kann sie Philia nicht erwecken.

Wir wollen nicht verschweigen, dass Philia landläufig die Freundesliebe oder Freundschaftsliebe genannt wird und – ein bisschen herablassend – als kleine Schwester des großen feurigen Eros gilt. Denis de Rougemont, dem wir im 16. Kapitel über die Liebe und das Abendland schon begegnet sind, unterscheidet Eros und Philia so: **Verliebtsein ist ein Zustand – Lieben eine Handlung.** – Lieben eine Handlung?

Liebe als Handlung

Ich sage es noch provozierender: Liebe ist ein Tun. In der Regel gilt Liebe als Gefühl und als Gedanke, als eine Befindlichkeit oder als Reflexion – für mich ist lieben immer Geben und Nehmen. Liebe wird getan und nicht nur gefühlt. Ein schönes Beispiel ist der "Kleine Prinz" von Antoine de Saint-Exupéry. Er liebt seine Blume nicht zuletzt deswegen, **weil** er sie täglich gegossen hat.[331] Liebe ist Geben und Nehmen. In der Liebe kann sich keiner nur auf Worte, Ideen oder Prinzipien berufen. Liebe spielt sich immer auch im Leibe ab – und nicht nur im Unterleib.

Beim Geben und Nehmen geht es um einen Aspekt der Liebe, der als anrüchig gilt: den Ausgleich der Interessen. In der Liebe, so wird unterstellt, erfolge dieser Ausgleich "automatisch". Dies mag für die Zeit der Leidenschaft gültig sein, in der jeder den anderen weit in das eigene Territorium eindringen lässt. Wenn die erotische Verschmelzung nachlässt, müssen beide zu einer Abgrenzung ihrer Sphären finden. "Automatisch" geschieht der Ausgleich von Einfluss und Interessen nie – Verhandlungen sind notwendig und "Verträge".

Wir sind in der Liebe selten völlig selbstlos, sondern haben sehr wohl auch eigene Interessen im Auge. Es ist "nicht korrekt", darüber zu sprechen, egal in welchem Milieu, und oft geben wir die eigenen Interessen auch uns selbst gegenüber nicht zu, sondern verbergen sie hinter stolzen Worten. Dass wir in der Liebe eigene Interessen verfolgen, steht im Widerspruch zum Dogma von der Heiligkeit der Liebe und wird deshalb verdrängt.

Wir tauschen in der Partnerschaft ständig Dienstleistungen, Zärtlichkeiten, Ermutigungen und Gemeinheiten aus. In unserem Herzen sitzt ein Seismograph, der jede Beschädigung des inneren Ichs als Verletzung anzeigt. Wenn einer immer mehr geben muss, als er bekommt – und sei dies auch nur subjektiv so empfunden – wird er entweder rebellisch, oder er verstummt.

Bei den Transaktionen der Liebe ist es immer der **Nehmer**, der die Ausgewogenheit beim Geben und Nehmen bestimmt, auch wenn der Geber das noch so ungerecht findet! Der Empfänger, egal ob Mann oder Frau, hat die Macht, die Annahme von Liebesgaben zu verweigern. Der mit Fürsorge überhäufte Mann verweigert die Annahme des Kuchenstücks und flieht. Die Frau nimmt ein noch so enthusiastisches "Aber ich liebe dich doch!" nicht an, wenn es den Minussaldo in der Gemütsbilanz nicht ausgleichen kann, den Bevormundung oder Gleichgültigkeit von Seiten des Mannes dort geschaffen haben. Jeder kann den Partner zur Not auch **zwingen, ihm etwas zu geben – ihn zum Nehmen (Annehmen) zu zwingen, gelingt nicht**.

Was die Ausgewogenheit im Geben und Nehmen erschwert, ist, dass die meisten Menschen das Geben des anderen spontan geringer einschätzen als das eigene Geben. Der Mann repariert (endlich!) das Garagentor, und die Frau dankt ihm nur verbissen, weil die Kinder brüllen und sie gerade seine Hemden bügelt. Schnell wird die Arbeit des anderen zur Lappalie: "Was hast du denn schon zu tun?!"

Das ganze Feld der gegenseitigen Ausbeutung gehört zum Geben und Nehmen. Heute fühlen sich oft Männer ausgebeutet. Sie fürchten, ihren Partnerinnen mehr geben zu müssen, als sie zurücker-halten, und sie fürchten, zum dummen Jungen degradiert zu werden. Männer betreiben bis heute die Wohlstandsmaschine, ohne die wir nicht leben können. Dieses Ungleichgewicht wird bei einem noch immer aktuellen Tauschgeschäft deutlich: "Geld gegen Wohlver-halten". Männer mit hohem Einkommen bleiben von Ehekrisen re-lativ verschont, weil ihr Einkommen für die Frau einen adäquaten Gegenwert bildet, haben amerikanische Familiensoziologen festge-stellt.[332] Als Ergänzung wirft die bekannte Schriftstellerin Ester Vilar den Frauen vor, dass sie aus der Ehe eine Versorgungsanstalt ge-macht haben und sich die Kinderaufzucht teuer bezahlen lassen.[333] Ganz so oft kann dies nicht "teuer" bezahlt werden, sonst wären Frauen im Alter nicht so viel ärmer als Männer – auch in den ent-wickelten Ländern.

Geben und Nehmen sind ein notwendiges Gegengewicht zur Liebe der guten Absicht, die sich im Kopf abspielt. In der Regel werden immaterielle Werte ausgetauscht: ein Zuhören, ein Ermuti-gen, ein Lächeln, eine Zärtlichkeit. Nichts ist zu banal, als dass es nicht zum Liebestun dazugehört, auch nicht der Knopf an seinem Lieblingshemd oder ein neuer Lippenstift, den er ihr mitbringt. Meistens sind wir zu kopflastig, um den kleinen Gesten und Taten Aufmerksamkeit zu schenken. Diese Kopflastigkeit wird bei einer Kränkung zum Verhängnis. Die Kränkung wird im Kopf immer größer. Was hat er/sie damit gemeint? Was wollte er/sie damit sagen? Für unser bewusstes Denken wird es schnell wichtiger, Recht zu haben, als wieder glücklich zu sein!

Wehe, wir glauben in dieser Situation an eine Konfliktbewältigung im Streitgespräch! Mit brillanten Argumenten mag der eine den anderen überhäufen, und dem anderen klingt es wie in den Wind ge-sprochen. Auf das Tun kann als Vehikel der Kommunikation nicht verzichtet werden. Eines Tages holt der Mann zum Beispiel Omas altes Sofa aus dem Keller, worum die Frau ihn schon lange gebeten hatte. Inzwischen will sie es eigentlich gar nicht mehr. Es drängt sie, das Sofa sofort abzustauben, aber dann macht sie Tee und trinkt ihn mit dem Mann, vergnügt. Erst das Tun überzeugte die Frau, dass der Mann sie verstand, und sie reagierte darauf. Das Tun erdet die Liebe.

Liebe spielt sich meistens in unserer Einbildung ab, in Gedanken, Gefühlen und Bildern. Deshalb bedarf Liebe immer wieder der Bestätigung und Rückmeldung des Leibes. **Dies nenne ich die Erdung der Liebe.** Der englische Ausdruck "to **make** love" gilt in meinen Augen nicht nur für den Sex, sondern für das ganze Zusammenleben. Die wirksamste Erdung der Liebe ist das Tun – Nehmen und Geben.

Liebe wider die Vernunft und Liebe wider die Selbstsucht

Die Abneigung dagegen, Liebe auch als Geben und Nehmen zu begreifen, hängt mit zwei Visionen zusammen: 1.) mit der romantischen Kultur der Paarbeziehungen, was dazu führt, jeder Art von **Vernunft** in der Partnerliebe zu misstrauen; 2.) mit der religiösen Tradition der Selbstentäußerung, die inzwischen säkularisiert wurde: Liebe sei um ihrer selbst willen zu geben, nie dürfe sie auf Erwiderung warten. "Liebe ist ein Sein, kein Haben", sagte Erich Fromm, der auf die jetzige Generation einen großen Einfluss hatte.[334] Beide Visionen – die der Liebe wider die Vernunft und die der Liebe als von Natur aus heilig und selbstlos – halte ich für irreführend.

Betrachten wir zuerst die Vernunft: Verstehen ist ein Schlüsselvorgang in der Partnerschaft. Jemanden "verstehen" ist für die meisten Menschen anstrengend. Beim Streit scheidet intuitives Verstehen aus. Wir können einander mit Emotionen der Wut nicht erreichen. Der einzige gemeinsame Nenner ist die Vernunft. Jeder muss seinen dumpfen Zorn in Worte fassen und dabei abwägen, welche Worte der Partner am ehesten verstehen wird. Dies ist ein mühsamer Prozess von Versuch und Irrtum. In heller Wut verweigern wir ihn. Der andere soll uns gefälligst auch ohne vernünftige Artikulation verstehen! Das Resultat ist Tumult. Wenn wir der Vernunft in der Liebe misstrauen, werden solche Resultate häufig sein.

Die reine selbstlose Liebe, wie sie Erich Fromm erwartet, vollzieht sich in der Selbst-Hingabe, in der der Mensch seine höchste Entfaltung findet. Hingabe und Selbstvergessenheit gehören tatsächlich zu den schönsten Erlebnissen überhaupt, sie machen glücklich, egal ob die Hingabe einer Tätigkeit oder einer anderen Person gilt. Selbstlose Liebe, die nicht auf Erwiderung hofft, wird auch heute noch wie selbstverständlich von Frauen erwartet. Diese Einseitigkeit belastet das Konstrukt der selbstlosen Liebe wie eine Hypothek. Selbstlose Liebhaber sind selten – auch Erich Fromm hat sie nicht beschrieben. In meiner Wahrnehmung gilt die These, Selbstlosigkeit sei die Voraussetzung der Liebe, nur für die Sippe und insbesondere für Kinder und für die Liebe zu Gott, wie sie die Mystiker beschrieben haben.

Die Liebe aus Zugehörigkeit

Selbstlos ist zum Beispiel die Liebe in Sippe und Familie – oder ist dies gar keine Liebe? Biologen sprechen vom Egoismus der Gene, der uns dazu verleitet, den Blutsverwandten zu bevorzugen.

Bis Mitte des 20. Jahrhunderts war der Kontakt der Familienangehörigen untereinander häufig. Heute haben sich die Bande zwischen den Mitgliedern des Klans, einschließlich des nachehelichen Scheidungsklans, stark gelockert, wenn man den Meinungsforschern folgt. Nach meiner Erfahrung trifft das nur bedingt zu. Familienbande werden sehr wohl gepflegt, aber sie gründen sich nicht mehr auf Zwang und finanzielle Abhängigkeit, sondern auf Zuneigung und Hilfe. In gewissen Lebensphasen nehmen Familienmitglieder voneinander wenig Notiz, etwa als junge Erwachsene. In dieser Zeit sind die Eltern langweilig oder ärgerlich. Dann plötzlich werden die Telefondrähte wieder heiß, und die Besuche häufen sich. Es ist diese Diskontinuität in den Lebensphasen, die das irreführende Bild der "Familie als Auslaufmodell" in den Untersuchungen provoziert.

Die Sippe der Blutsverwandten und langjährig Angeheirateten ist – dem öffentlichen Gerede vom Zerfall der Familie zum Trotz – die über die ganze Strecke des Lebens wichtigste soziale Gruppe in Deutschland; wichtiger als die Fun-Group, die Arbeitsgruppe oder die Wohngemeinschaft. Warum? Viele Gründe werden genannt: Geborgenheitsbedürfnis, die Suche nach den eigenen Wurzeln, oder auch ganz praktisch die Hilfe in Notfällen, die Anverwandte uns schwerer verweigern können als Fremde. In der Frühzeit war die Sippe für das Überleben der Hominiden ausschlaggebend. Ein einsamer Affe war und ist ein toter Affe.

Dass Zugehörigkeit – und nicht die Partnerliebe – für den Menschen das wichtigste Bedürfnis darstellt, fand Abraham Maslow schon 1929[335], als er alle menschlichen Bedürfnisse nach ihrer Dringlichkeit auf einer Skala anordnete. Das Bedürfnis nach Zugehörigkeit rangiert nach Maslow direkt hinter den physiologischen Bedürfnissen wie Schlaf oder Nahrung. Zugehörigkeit – belongingness – ist laut Maslow stärker als das Verlangen nach Selbstbehauptung oder Sex.

Für die Kommentatoren des Zeitgeistes klingen solche Bedürfnisse absurd. Wie können Familien immer noch eine Rolle spielen, wo doch die Chancen zur Selbstverwirklichung außerhalb dieses engen Kreises so viel größer sind? Der Trend zum Individualismus ist tatsächlich ungebrochen, nur: Heute stört die Familie diesen Trend viel weniger als zur Zeit des bürgerlichen Patriarchats. Familie, das war noch vor kurzem Strafe, Bevormundung und Nörgelei. Ermutigung fehlte. Die Jugendrevolte in den 60er- und 70er-Jahren hatte ihre nachhaltigsten Folgen im Binnenklima der Familien. Unter dem Druck, die Kinder ganz zu verlieren, änderten die Eltern ihr autoritäres Verhalten. Teilweise schlug es in Permissivität um.

Zum physischen Überleben brauchen wir die Kerngruppe heute nur als kleine Kinder. Später sind es vor allem die Notlagen, in denen wir die Unseren neu entdecken. Eine Notlage besonderer Art entsteht bei Trennung oder Scheidung. Der erwachsene Mann oder die Frau sind auf die seelische Unterstützung durch Eltern oder Großeltern oder Geschwister angewiesen, um den schwierigen Prozess der Scheidung einer Ehe durchzustehen. Tatsächlich **wächst die Bedeutung der Ursprungsfamilie gerade durch die Instabilität der Ehe**. Es sieht so aus, als ob die Sippe der Blutsverwandten die Defizite der krisengeschüttelten Paarbindungen und Kleinfamilien kompensiert. Dies gilt nach meiner Wahrnehmung für Männer genauso wie für Frauen.

Es gibt Paare, die von der erotischen Verzauberung direkt in die Liebe der Zugehörigkeit springen wollen. Sie bereiten einander jahrelang ein Heim, frühstücken sonntags im Bett, vögeln ein bisschen und sehen der "Maus" im Fernsehen zu. Die Frau wird zur Mutter, die alles verzeiht, und der Mann verliert sein Geheimnis, er wird zum Kind. Der Kuschelbetrieb erstickt auf Dauer die Spannung. Philia, die Liebe unter Erwachsenen, hat in diesem Muster keine Chance, neue Interessen und neue Freuden zu entfalten.

Die ursprüngliche Kernbeziehung in Sippe und Familie wird meines Erachtens auch in Zukunft den Zeitströmungen trotzen, auch wenn sie nicht mehr die patriarchalische Schwerkraft hat wie vor fünfzig Jahren, sondern zunehmend Elemente der Sippe aufnimmt. Zugehörigkeit, Vertrauen und Zuneigung werden weiterhin als Gegengewicht zu den Tendenzen der Bindungslosigkeit und Abenteuerlust in modernen Gesellschaften bestehen bleiben. Den Single allerdings erlöst die Sippe nicht aus dem Gehäuse seiner Einsamkeit. Die Sippe kann die Partnerschaft nicht ersetzen.

Liebe und Distanz

Das Bedürfnis nach Zugehörigkeit, unerlässlich wie es ist, kann für die Partnerschaft zur Falle werden. Da unsere Aufmerksamkeit in erster Linie der Paarbeziehung gilt, wenden wir uns zum Schluss einer Facette zu, die der gemütswarmen Zugehörigkeit auf der Gefühlsskala genau gegenüberliegt: der Distanz.

Eine von vielen Klippen in der Liebe ist der Gegensatz von Distanz und Hingabe. Hingabe und Verstehen heißt hier, sich mit dem anderen zu identifizieren und das Selbst dabei partiell aufzugeben, der Gemeinsamkeit zuliebe. Distanz bedeutet, die eigene Integrität, die eigenen Interessen und Wünsche zu beachten und nach ihnen zu handeln. Das heute noch verinnerlichte Programm für Frauen heißt Hingabe, nicht Distanz. Das macht es Männern leichter, ihrerseits den Wunsch nach Distanz sorgloser auszuleben, weil sie wissen, dass die Partnerin die Gegenposition hält.

Distanz halten bedeutet nicht, den anderen weniger zu lieben, sondern den Raum zu erweitern und sich selbst und dem anderen Luft zu lassen. Die Verschmelzungsliebe in der erotischen Phase ist eine Wiederholung der Mutter/Kind-Symbiose, der wir entwachsen müssen. Theoretisch wissen wir das alles, praktisch kommen unsere Kinderwünsche nach einem immer verfügbaren Partner dazwischen. Männer tun sich zwar scheinbar leichter, die Distanz zu halten oder sie nach dem Ende der Leidenschaft zurück zu gewinnen. Dafür sind sie aber in Versuchung, das Distanzverhalten der Partnerin als liebesfeindlich zu werten: "Du bist nicht mehr für mich da!" – "Wenn Du mich liebst, wirst du dies tun und jenes lassen!" etc. Liebe und Liebesentzug werden hier zur Drohung.

Eine nachhaltige menschliche Entwicklung gibt es nicht durch Zweisamkeit.[336] Das romantische Muster "Wir tun alles zusammen!" führt Frauen noch häufiger als Männer in die Irre. Sobald jemand sein Glück und sein inneres Wachsen vom anderen erwartet,

Abb. 41: Museumsgarten in Sanliurfa,
Türkei, ca. 2. Jahrh. [Q41]

tritt Stagnation ein. Früher oder später bricht einer der beiden Partner aus, oder er verstummt. Distanz wahren kann heißen: eigenen Zielen nachgehen, arbeiten, eigene Freunde und Freundinnen gewinnen und vieles andere mehr. Junge Paare richten die eigene Beziehung darauf ein, dass jeder seinen Freiraum hat. Aber ich habe auch heute noch junge Frauen erlebt, die sich nicht trauen, mit der Freundin zu telefonieren, wenn der Partner im Haus ist.

Ich betone die Distanz, weil unser Kinder-Ich sich vor dem Verlassenwerden fürchtet. Es will Nähe, nicht Distanz. Der Wunsch nach Nähe mag dem Kinde angeboren sein, aber die romantische "Verklärung" dieser Nähe führt beim Erwachsenen zu einer falschen Heilserwartung. Ohne Distanz ist Liebe selten nachhaltig.

Khalil Gibran [337] sagt das so:

... aber lasst Raum zwischen euch.
Und lasst die Winde des Himmels zwischen euch tanzen.
Liebet einander, aber macht die Liebe nicht zur Fessel ...

Singt und tanzt zusammen und seid fröhlich,
aber lasst jeden von euch allein sein.
So wie die Saiten einer Laute allein sind und doch
von derselben Musik erzittern.

Und steht zusammen doch nicht zu nah.
Denn die Säulen des Tempels stehen für sich.
Und die Eiche und die Zypresse wachsen nicht im
Schatten der anderen.

Was ist Liebe? Es gibt tausend Antworten. Liebe stelle ich mir als Raum vor, den wir uns schaffen, oder den wir um uns "krümmen", wie es in der Gravitationslehre heißt. Wenn der Raum der Liebe nicht zerfallen soll, muss das Interesse am Anderen wach bleiben – und dieses Interesse wird von Werten wach gehalten, die beiden "wert sind". Auf Gefühl, aber auch auf die Mitwirkung des Verstandes kann bei der Inszenierung der Liebe nicht verzichtet werden, genauso wenig wie auf gemeinsame Rituale – noch besser gemeinsame Interessen oder sogar gemeinsame Projekte. Mein eigener Partner ärgert mich manchmal, aber er langweilt mich nie. Er vertrat schon als Student die These: "Wir sind zwei Eier!" Diese jugendlich-kecke Absage an das Verschmelzen hat sich bewährt. Und Ähnlichkeit hat sich bewährt!
Liebe ist beides: ein Geschenk des Himmels und ein Resultat der Wachsamkeit. Wir halten den Raum der Liebe für selbstverständlich. Und doch rinnt der Sand des Zornes und der Gleichgültigkeit unaufhaltsam in diesen Raum herein. Wenn beide den Sand nicht jeden Tag wieder hinausschaufeln, bleibt eines Tages kein Platz mehr für die Liebe.

Schlussbemerkung

Seitensprung der Geschichte

Was wird aus der Ehe? Unsere Reise durch die Geschichte der Ehe zeigt die Antwort in Umrissen. Die Ehe ist keine anthropologische Konstante, sondern sie entsprach dem politischen Willen einer bestimmten Epoche der Weltgeschichte. Ehe verdrängte die Sippe und wird in Zukunft ihrerseits von anderen Sozialsystemen verdrängt. Schon heute ist Ehe bei den jüngeren Jahrgängen nicht mehr selbstverständlich. Dies hat viele Ursachen. Die wichtigste Ursache ist die Abkehr von der feudalen Über- und Unterordnung und die Hinwendung zum Individuellen und Demokratischen.

Die Auflösung der Ehe geht ganz allmählich vor sich. Im Jahre 2001 gab es zum Beispiel "erst" 2,2 Mio. nichteheliche Paare im Vergleich zu 19,5 Mio. Ehepaaren.[338] Andererseits wird der Anteil der Verheirateten mit jedem Geburtsjahrgang niedriger. Die von 1962 – 1965 Geborenen sind (mit 35 Jahren) nur zu 52 % verheiratet, gegenüber 79 % bei der Jahrgangskohorten 1944 – 1949.[339]

Der strukturelle Wandel ändert das Lebensgefühl. Bei einer Umfrage sagten zum Beispiel 79 % der Befragten, zu einer glücklichen Partnerschaft sei Ehe nicht nötig. Für das "Leben zu Zweit" wird also im Bewusstsein der Beteiligten die Ehe nicht mehr gebraucht. Allerdings sagen gleichzeitig 76 % der Befragten aus derselben Stichprobe: *"Kinder gehören zu einem erfüllten Leben."*[340] Die Kombination dieser Antworten suggeriert, Ehe sei auch für die Kinderaufzucht nicht nötig. Hier sind Zweifel am Realitätssinn der Befragten anzumelden.

Natürlich können auch nichteheliche Paare Kinder großziehen. Aber: Ein wichtiger Grund dafür, keine Ehe einzugehen, ist die leichtere Trennung. Diese geringere Stabilität der Beziehung erhöht für die Frau das Risiko, während der Kinderphase vom Partner verlassen zu werden und ohne seine Mitarbeit und Unterstützung auskommen zu müssen. Sie wird eher auf die Realisierung ihres Kinderwunsches verzichten als in einer Ehe. Hier bekommt sie zwar auch sehr selten die Mithilfe des Partners, aber wenigstens einen gewissen sozialen und finanziellen Rahmen.

Für eine glückliche Partnerschaft ist die Ehe nicht notwendig. Diese Meinung teilen inzwischen viele jüngere Mitbürger. Nicht allen wird dabei klar sein, dass mit dem Wegfall der Ehe auch die Familie keine eindeutige Kerngruppe mehr sein wird. Das gilt sowohl für die Kleinfamilie – Mann und Frau sind nicht mehr verwandt – als auch für die erweiterten Herkunftsfamilien, deren Konturen bei wechselnden Partnern undeutlicher werden.

Das Konzept "Keine Ehe" lässt offen, wie die Aufzucht von Kindern organisiert werden könnte. Zur Lösung dieses Problems habe ich weder bei den Experten noch bei den Politikern Vorschläge gefunden. Die Familienpolitik dreht sich um Steuer- und Rentenfragen, weil der demographische Wandel Allen Angst macht. Dies ist wichtig, aber es genügt nicht. Deshalb mache ich hier selbst zwei Vorschläge:

Mein erster Vorschlag geht davon aus, dass viele Männer sich für ihre Kinder interessieren und zum Beispiel öfter als Scheidungsväter gegen den "vereitelten Umgang" klagen. Dieses Interesse nehme ich ernst und schlage vor, dass sich ein Paar vertraglich verpflichtet, für die Aufzucht eines Kindes mindestens fünf Jahre zusammen zu bleiben. Der Mann garantiert seine aktive Mitwirkung bei der Kinderarbeit, die es der Frau ermöglicht, ihren Beruf weiter auszuüben, so wie es in Schweden heute bereits üblich ist. In der Ehe sind die Verpflichtungen aus der Partnerbeziehung und aus der Kinderaufzucht gleichgerichtet, hier werden sie getrennt vereinbart. Kinder würden in diesem Fall für einige Jahre in der Obhut der biologischen Eltern aufwachsen.

Das Modell "Biologische Eltern" kann misslingen. Meine Skepsis beruht auf der Erfahrung, dass Väter eigentlich ihre Sprösslinge am liebsten sauber gewaschen zum Küssen und Spielen gereicht bekommen, nicht öfter als ein- bis zweimal pro Woche. Außerdem kann man bestimmte historische Überlegungen nicht ganz außer Acht lassen: Wenn wir uns an die Steinzeit erinnern (Kapitel 1 bis 5), dann hatten die Männer als Bettgefährten nichts mir ihrer Brut zu tun. Das wurde erst mit der Ehe anders. Durch die Ehe wurden die Frauen untertan. Die Männer gewannen die Macht – aber sie bekamen gleichzeitig die Verantwortung für die Versorgung des Nachwuchses. Heute sind Frauen berufstätig und wollen nicht mehr untertan sein, meistens erledigen sie zusätzlich alle Kinder- und Hausarbeit. Das erzeugt das Gefühl, ausgebeutet zu werden. Bei Männern erzeugt es den Wunsch, der alten patriarchalischen Verantwortung für Kinder ganz zu entkommen.

Wenn also der Vaterschaftswunsch nicht häufig genug ist, um dem ersten Modell Nachhaltigkeit zu verschaffen, sollten Frauen – so lautet mein zweiter Vorschlag – sich (wieder) in Sippen organisieren. Die Sippe hat den großen Vorzug, dass "Liebe" einerseits und Nachwuchs andererseits auf ganz verschiedenen Bahnen geregelt sind. Die klassische Sippe (siehe Kapitel 1) besteht aus Blutsverwandten – Mutter, Brüder, Töchter, Söhne etc. Ob sich blutsverwandte Sippen heute noch bilden können, ist fraglich. Man wird "Als ob"-Lösungen akzeptieren, so wie bei den "Als ob"-Familien im ersten Modell. Ein Hauch von Sippe lässt sich schon heute überall beobachten: Die Familie der Frau steht innerhalb der Herkunftsfamilien fast überall im Vordergrund.

In der Sippe entgehen Kinder den vielfältigen Problemen der Scheidung, des Machtkampfes der Eltern und der Spaltung der Loyalität zwischen Vater und Mutter. Dafür gibt es andere Nachteile. Heute sind Vermögen und Einkommen zwischen Männern und Frauen durch die lange Zeit des Patriarchats so extrem ungleich verteilt, dass die Sippe, die in diesem Modell die Kosten der Erziehung allein trägt, finanzielle Engpässe haben könnte. Die Reihe der Schwierigkeiten ließe sich fortsetzen.

Ich habe kühn an ein uraltes System angcknüpft, um die Diskussion über die Zukunft unserer Sozialsysteme zu beleben. Es gibt zahlreiche Vorschläge, wie Staat und Gesellschaft den Kinderwunsch von Frauen unterstützen können.[341]: Wenig wird davon in die Tat umgesetzt! Mir kommt es darauf an, dass Frauen angeregt werden, sich zur Realisierung ihres Kinderwunsches eine Sippe zu schaffen, wenn sie bei ihrem Partner kein Echo finden. Isoliert ein Kind zur Welt bringen, ist in den meisten Fällen ungünstig.

Die Ehe ist keine zeitlos gültige Lösung für das Zusammensein von Mann und Frau, sondern eine – wenn auch sehr lange – Phase der Kulturgeschichte. Ehe hatte ihre Vorzüge, aber auch den gravierenden Mangel, Frauen entwerten zu müssen, um die männliche Überlegenheit zu rechtfertigen, was bis heute nachwirkt. **Als Prüfstein der Tauglichkeit erweist sich die Fähigkeit eines Systems, die Fortpflanzung zu sichern. Dies tut die Ehe heute nicht mehr ausreichend.** Und die außerehelichen Bindungen? Tauglicher sind sie nicht! Wonach wir suchen, ist eine erweiterte Kerngruppe, die einen **Raum für Zugehörigkeit** schafft und die Paarbindung erdet und transzendiert. Ohne Zugehörigkeit werden wir zu armen Schelmen.

Ehe ist immer noch ein Leitbild. Morgen können Umstände eintreten, die diese Lebensform wieder neu "in Mode" bringen – hoffentlich ohne feudalen Rückfall. Übermorgen werden die zahlreichen Kinderlosen der "Generation Golf"[342] – die zwischen 1965 und 1975 Geborenen – entdecken, dass der fehlende emotionale Austausch mit der nächsten Generation ihre Inspiration begrenzt.

Im Hinblick auf die Tauglichkeit, uns fortzupflanzen, bekommen wir **einen Wettbewerb der Systeme:** erstens die Ehe – eher mit als ohne Scheidung; zweitens die freie Partnerschaft mit und ohne

Erziehungsverpflichtung; drittens eine moderne Form der Sippe, zu der Frauen sich auf Zeit zusammenschließen, nicht auf Blutsverwandtschaft gegründet, sondern auf dem Interesse, gemeinsam Kinder aufzuziehen, wenn Männer sich nicht an der Aufzucht beteiligen wollen. Einen Wettbewerb sozialer Systeme hatten wir bisher noch nie. Was wir hatten, waren – zeitlich hintereinander – die Monopole von Sippe oder Ehe. Dass wir verschiedene Bindungssysteme wählen können **– aber auch wählen müssen –**, ist historisch neu. Es kommt einem Paradigmenwechsel gleich. Keine Gebotstafeln verstellen den Aufbruch zu neuen Ufern – wir sollten nur **ein** Ufer erreichen. Mit Sicherheit werden sich die Systeme gegenseitig beeinflussen. Vielleicht wird die Ehe durch den Wettbewerb reziproker und die freie Partnerschaft kinderfreundlicher.

Zum Schluss möchte ich allen familiengeneigten Seelen, die mit Ehe und dem zeitaufwändigen und manchmal lästigen Familienklüngel – von Großeltern und Onkeln bis zum "nachehelichen Scheidungsklan" – eher gute Erfahrungen gemacht haben, empfehlen, ihre familienfreundliche Lebensweise fortzusetzen und für alle anderen heiter auszustrahlen. Im Wettstreit der Systeme werben sie für die Familie – und die Ehe.

Anmerkungen

Einleitung

1   Kullmann, Katja: Generation Ally, Frankfurt am Main 2002, S. 11

2   Welt am Sonntag, 7. März 2004, S. 13

3   vgl. Bierach, Barbara: Das dämliche Geschlecht, Weinheim 2002

4   vlg. Doyle, Laura: The Surrendered Wife, St. Monday Publis, California 2001

Teil I – Der Gesellschaftsvertrag vor der Ehe
Kapitel 1 – Sexualität ohne Herrschaft

5   vgl. König, René: Die Familie der Gegenwart, o.O. 1994

6   Tyrel, Hartman: Die Familie als Urinstitution, In: Kölner Zeitschrift für Soziologie udn Sozialpsychologie, Opladen 1978, S. 619

7   Leakey, Richard: Origins 1977, S. 160

8   Hassan, Fekri A.: Demographic Archaeology, New York 1981, S. 141

9   Wie mühsam dieser Prozess bei jungen Pavianen abläuft, hat Shirley Strump sehr amüsant geschildert. (Strump, Shirley: Leben unter Pavianen, Wien 1989, S. 158 ff)

10 Jonas, Doris F., Aufstieg und Niedergang weiblicher Macht, In: Weib und Macht, Hrsg. Fester, Richard, Frankfurt am Main 1992, S. 172 f

11 Jonas, A. David, Was war und was noch ist, Frankfurt am Main 1992, S. 211 ff

12 Fester, Richard: Protokoll der Sprache. In: Weib und Macht. Frankfurt am Main 1992, S. 79

13 Ardrey, Robert: Der Gesellschaftsvertrag, München 1974, S. 304

14 Jonas, Doris F. / Jonas, A. David: Das erste Wort, Frankfurt am Main 1982, S. 200 f

15 vgl. Diamond, A.S.: The History and Origin of Language, London 1959

16 Kühn, Herbert: Sprache der Eiszeit, München 1977, S. 23

17 Fester, Richard: o.a., S. 80

18 Jonas, Doris F. / Jonas, A. David: o.a., S. 26

Kapitel 2 – Frauenbestimmte Gesellschaften des Neolithikum

19   Briffault, Robert: The Mothers, London 1928, Bd. III, S. 2

20   vgl. Weiler, Gerda: Der aufrechte Gang der Menschenfrau – Eine feministische Anthropologie II, Frankfurt am Main 1994

21   Bei ihrer Auflösung war in der Sowjetunion mit Ausnahme der Waffenproduktion die technische Entwicklung in Industrie und Landwirtschaft unter den Stand von 1914 gefallen.

22   vgl. Ozols, Jakob: Über die Jenseitsvorstellungen des vorgeschichtlichen Menschen, Wiesbaden 1978

23   vgl. Göttner-Abendroth, Heide: Die Göttin und ihr Heros, München 1990

Kapitel 3 – Catalhöyük und die Herrin der Tiere

24   Mellaart, James: Catalhöyük. Bergisch Gladbach 1967, S. 146

25   Encyclopedia of religion, Hrsg. Mircea Eliade, New York o.J., Vol. 6, S. 56

26   Mellaart, James: o.a., S. 237

27   Mellaart, James: o.a., S. 74

28   Mellaart, James: o.a., S. 270

29   Ob man hier von **Monotheismus** sprechen kann, weiß ich nicht. Die Große Mutter wurde vielleicht nicht als Einzige verehrt, wie dies bei Gott oder Allah der Fall ist.

30   Mellaart, James: o.a., S. 271

Kapitel 4 – Alteuropäer, die unbekannten Ahnen

31   Gimbutas, Marija: The Goddesses and Gods of Old Europe, London 1974, S. 18 – 33

32   Gimbutas, Marija: o.a., S. 55.

33   Gimbutas, Marija: o.a., S. 224.

34   Gimbutas, Marija: o.a., S. 227.

35   vgl. Gimbutas, Marija: Journal of Indo-European studies, University of California, Los Angeles, 1.1973.

36   von Soden, Wolfram: Weltgeschichte, Hrsg. Golo Mann u. Alfred Heuss, Gütersloh 1979, Bd. 1, S. 536

37 vgl. Haarmann, Harald: Universalgeschichte der Schrift, Frankfurt am Main / New York 1990

38 Gimbutas, Marija: The Goddesses and Gods of Old Europe, London 1974, S. 84; Haarmann, Harald: o.a., S. 77

39 Gimbutas, Marija: Old Europe 7000 – 3500 BC – The earliest European Civilisation before the infiltration of the Indo-European Peoples, In: Journal of Indo-European Studies, 1.1973, S. 15

40 Haarmann, Harald: o.a., S. 80

41 Haarmann, Harald: o.a., S. 82

42 von Soden, Wolfram: Sumer, Babylon und Hethiter, In: Weltgeschichte, Gütersloh 1979, S. 600

43 Schachermeier, Fritz: Weltgeschichte. Gütersloh 1979, Bd. 1, S. 46

44 Bibby, Geoffrey: Als Babylon brannte und Troja fiel, Reinbek 1972, S. 196

Kapitel 5 – Eine ehelose Gesellschaft heute

45 Knödel, Susanne: Frauenmacht und Männerherrschaft, Hrsg. Gisela Völger, Köln 1997, S. 339 – Siehe dort auch eine Übersicht über andere zeitgenössische matrizentrische Stämme.

46 vgl. Göttner-Abendroth, Heide: Das Matriarchat in Südchina, Stuttgart 1998

47 Göttner-Abendroth, Heide: o.a., S. 28 – 29

48 Von Matriarchat im eigentlichen Sinn kann man hier nicht sprechen, weil die Mutter über die Familie herrscht, aber nicht über das Gemeinwesen. Ich spreche in diesen Fällen von Sippenordnung.

49 Göttner-Abendroth, Heide: o.a., S. 134

50 Göttner-Abendroth, Heide: o.a., S. 113 – 115

51 Göttner-Abendroth, Heide: o.a., S. 116.

52 Göttner-Abendroth, Heide: o.a., S. 31 – 34.

53 Göttner-Abendroth, Heide: o.a., S. 34.

54 Göttner-Abendroth, Heide: o.a., S. 31

55 Göttner-Abendroth, Heide: o.a., S. 174

56 Göttner-Abendroth, Heide: o.a., S. 136

Kapteil 6 – Warum ging die Sippe unter?

57 vgl. zum Beispiel C. G. Jung, Johann Jakob Bachofen, Erich Fromm, Meier-Seethaler

58 Thompson, W. J.: Der Fall der Zeit, o.O. 1987, S. 175

59 Lerner, Gerda: Die Entstehung des Patriarchats, Frankfurt am Main / New York 1991, S. 70 – 72

Teil II – Beginn der Ehe
Kapitel 7 – Krieg, Vater aller Dinge

60 vgl. Heraklid: Fragmente, 53. Hrsg. Heinemann, K.

61 Pribram, Karl H.: Brain and Perception, New York 1991, S. 76

62 Fester, Richard: Was Schöpfungsgeschichten uns verraten, In: Weib und Macht, Frankfurt am Main 1997, S. 74 f

63 von Soden, Wolfram: Weltgeschichte. Hrsg. Golo Mann u. Alfred Heuss. Gütersloh 1979, Bd. 1, S. 545

64 Wie die Einwohner heißen, ist bisher nicht bekannt. Ihre Kultur wird nach ihrer Einwanderung die "sumerische" genannt.

65 Lay, Rupert: Wie man sich Feinde macht, Düsseldorf 1994, S. 112 ff

66 Die Welt, 10. Januar 1995, S. 5

67 Göttner-Abendroth, Heide: o.a., S. 136

Kapitel 8 – Die patriarchalische Revolution und der Frauentausch

68 vgl. Lerner, Gerda: Entstehung des Patriarchats, Frankfurt am Main 1991

69 Epos Enuma Elisch, niedergeschrieben etwa im frühen 10. Jh. v.Chr. (vgl. Lerner, Gerda, 1991, S. 196.)

70 vgl. Lerner, Gerda, 1991

71 Briffault, Robert: The Mothers, New York 1927, Bd. 1, S. 252

72 Syed, Renate: Mitgift und Mitgiftverbrechen im heutigen Indien, In: Asiatische Studien. Zeitschrift der schweizerischen Asiengesellschaft. Bern 1998, S. 193 – 259

73 In den archaischen und antiken Kulturen wurde die Ehe **formlos** geschlossen, wenn kein Vermögen oder kein Bündnis auf dem Spiel stand (vgl. Schenk, Herrad: Freie Liebe, wilde Ehe, München 1995, S. 24).

Kapitel 9 – Göttin und Heros

74   von Soden, Wolfram: Sumer, Babylon und Hethiter, In: Weltgeschichte, Bd. 1, S. 539.

75   Gimbutas, Marija: The Godesses and Gods of Old Europe, London 1974, S. 235

76   von Soden, Wolfram. 1979, S. 562

77   vgl. Maier, Bernhard: Königin und Göttin. Die keltische Auffassung des Königtums und ihre Parallelen, Bonn 1991

78   Frazer, James: Der goldene Zweig, Reinbek 1989, S. 414 ff

79   Göttner-Abendroth, Heide: Die Göttin und ihr Heros, München 1990, S. 174

80   Lerner, Gerda: Entstehung des Patriarchats, Frankfurt am Main 1991, S. 91

81   von Soden, Wolfram, 1979, S. 546

82   Lerner, Gerda, 1991, S. 94 f

Kapitel 10 – Suche nach Unsterblichkeit: Gilgamesch

83   Maag, Victor: Sumerische und Babylonische Mythen, Asiatische Studien, AS 1954, S. 93 ff

84   vgl. Maag, Victor: o.a.

85   von Soden, Wolfram: Sumer, Babylon und Hethiter, In: Weltgeschichte, Bd. 1, S. 560

86   von Soden, Wolfram: o.a., S. 564

87   vgl. Schott, Albert: Übersetzung des Gilgamesch-Epos. Wolfram von Soden, Stuttgart 1992

88   Schott, Albert: o.a., S. 26

89   Schott, Albert: o.a., S. 31

90   Schott, Albert: o.a., S. 57

91   Schott, Albert: o.a., S. 56

92   Schott, Albert: o.a., S. 32

93   Schott, Albert: o.a., S. 81

94   Schott, Albert: o.a., S. 81

95   Schott, Albert: o.a., S. 81

96   Schott, Albert: o.a., S. 90

97   Burckhardt, Georg: Gilgamesch, Wiesbaden 1949, S. 61

98   Schott, Albert: o.a., S. 6 – 8

Kapitel 11 – Hammurabi – die Ehe in Babylon

99   von Soden, Wolfram: Sumer, Babylon und Hethiter, In: Weltgeschichte. Hrsg. Golo Mann u. Alfred Heuss, Gütersloh 1979, Bd. 1, S. 586

100 Bibby, Geoffrey: Als Troja brannte und Babylon fiel, Reinbek 1972, S. 99 f

101 In einer Karikatur von Olaf Gulbranson aus dem "Simplicissimus" (1910) sagt der Feldwebel zu den neu einrückenden Rekruten: "… und dann müsst ihr bedenken, als Zivilisten seid ihr hergekommen und als Menschen geht ihr fort!"

102 Lerner, Gerda: Entstehung des Patriarchats, Frankfurt am Main 1991, S. 143 ff

103 von Soden, Wolfram: o.a., S. 59

104 Lerner, Gerda: o.a., S. 136

Teil III – Frühfeudale Ehe
Kapitel 12 – Frauenfreundliches Ägypten

105 Wilson, John A.: Ägypten. In: Weltgeschichte. Gütersloh 1979, S. 374

106 vgl. Lüddeckens, Erich: Ägyptische Eheverträge. ÄG, Abh. 1, 1960

107 Schulze, Peter H.: Frauen im Alten Ägypten, Bergisch Gladbach 1993, S. 58

108 Die ungewöhnlich mächtigen Pharaonen der 1. Dynastie deuten auf eine androzentrische politische Verfassung in dieser Zeit.

109 Briffault, Robert: The Mothers, London / New York 1929, Bd. 1, S. 379

110 Dies gilt nicht für die Königsfamilie.

111 Briffault, Robert: o.a., Bd. 1, S. 382

112 Wilson, John. 1979. S. 398

113 Schulze, Peter H.: o.a., S. 73 f

114 Briffault, Robert: o.a., Bd. 1, S. 384

115 Briffault, Robert: o.a., Bd. 1, S. 285

116 Wilson, John: o.a., S. 352

117 Wilson, John: o.a., S. 397

118 Wilson, John: o.a., S. 490

119 Desroches-Noblecourt, Christiane: Sennefers Auferstehung, Gestern und Heute, In: Sennefer – Die Grabkammer des Bürgermeisters von Theben, Mainz 1988, 2. Auflage 1991, S. 79 ff

120 Maag, Victor: Sumerische und babylonische Mythen von der Erschaffung der Menschen. AS 1954, S. 98 f

121 Wilson, John: o.a., S. 359

122 Schulze, Peter H.: o.a., S. 9

Kapitel 13 – Frauenfeindliches Griechenland

123 Morgan, H. L.: Die Urgesellschaft, Stuttgart 1891, S. 400

124 Die Doppelaxt trat in mehreren Kulturen der Jungsteinzeit auf, u.a. in Troja. Im späten dritten Jahrtausend erscheint die Doppelaxt auf Kreta, wo sie in der minoischen Kultur eine besondere Bedeutung bekam.

125 Schachermeyer, Fritz: Ursprung und Hintergrund der griechischen Geschichte, In: Weltgeschichte, Gütersloh 1979, Bd. 3, S. 45

126 Ranke-Graves, Robert: Griechische Mythologie, Reinbek 1989, S. 322 f

127 Heuss, Alfred: Hellas, In: Weltgeschichte, Gütersloh 1979, Bd. 1, S. 76

128 Briffault, Robert: The Mothers, London / New York 1929, Bd. 1, S. 400

129 Heuss, Alfred: o.a., S. 85

130 Heuss, Alfred: o.a., S. 160

131 Ilias und Odyssee sind die beiden berühmtesten Epen Griechenlands aus dem 8. Jh. v.Chr. Sie werden Homer zugeschrieben. Heutige Archäologen deuten die Geschichten des Trojanischen Krieges anders. Helena und Paris kommen da nicht vor. Für die Bilder und Gedankenwelt der Griechen und ihrer Erben bleibt Homer maßgeblich.

132 Briffault, Robert: o.a., S. 402

133 Briffault, Robert: o.a., S. 402

134 Ranke-Graves, Robert: o.a., S. 265

135 Briffault, Robert: The Mothers. London / New York 1929, Bd. 1. S. 402. "Krekops who preceded Deukalion was the first who joined men and women together in matrimony."

136 vgl. Plötz: Weltgeschichte auf einen Blick, Freiburg 1988

137   Snell, Bruno. 1993. S. 55

138   Stopczyk, Annegret: Sophias Leib. Heidelberg 1998. S. 320

139   siehe Kapitel 2

140   Sir Galahad: Mütter und Amazonen, Berlin o.J., S. 201

141   Sir Galahad: o.a., S. 206

142   Sir Galahad: o.a., S. 202

143   Sir Galahad: o.a., S. 203

144   Briffault, Robert: o.a., S. 396. (Ihre Schrift ähnelt übrigens der kretischen Schrift, wie A.J. Evans entdeckte.)

145   Sir Galahad: o.a., S. 207

146   Diese Begrifflichkeit habe ich bereits im Kapitel 2 eingeführt.

Kapitel 14 – Die Manus-Ehe in Rom

147   Heurgon, Jacques: Die Etrusker, Stuttgart 1977, S. 26

148   vgl. Torelli, Mario: Die Etrusker, Wiesbaden 1998

149   Schenk, Herrad: Freie Liebe, wilde Ehe, München 1995, S. 38 ff

150   Schenk, Herrad: o.a., S. 41

151   Schlüter, Wilfried: Die nichteheliche Lebensgemeinschaft, Berlin 1981, S. 13

Kapitel 15 – Spuren weiblicher Sourveränität bei den Kelten

152   Eluère, Christine: Die Kelten, Ravensburg 1994, S. 65

153   Megalith-Gräber, deren Kennzeichen ein Steintisch (Dolmen) und eine Stein-säule (Menhir) sind, sind vom späten Neolithikum an in Nord- und West-europa verbreitet. Zwischen 750 – 400 v.Chr. kam die Megalithbauweise in Spanien wieder zu einer sehr ausgeprägten Form. (Pittioni, Richard: Der ur-geschichtliche Horizont der historischen Zeit, In: Weltgeschichte, Berlin 1961, Bd. 1, S. 246 – 280.)

154   Markale, Jean: Die Keltische Frau, München 1991, S. 18

155   Markale, Jean: o.a., S. 18

156   Pittioni, Richard: Weltgeschichte, 1979, S. 308

157   Lerner, Gerda: Entstehung des Patriarchats, Frankfurt 1991, S. 150

158   Markale, Jean: o.a., S. 37

159 Cäsar: De bello gallico, I, 3

160 Das irische Ehegesetz der römischen Periode kennt drei Formen der Ehe: Die eine, wenn die Gattin gleich vermögend ist und von gleich hoher Geburt wie der Gatte. Eine zweite, wenn die Gattin einer gesellschaftlich niedereren Schicht angehört. Und die dritte, wenn das Vermögen der Frau größer ist als das des Mannes. In den Fällen 1 und 3 hat der Mann keine Oberhoheit über die Frau.

161 Markale, Jean: o.a., S. 35

162 Briffault, Robert: The Mothers, London / New York 1929, Bd. 1, S. 416

163 Briffault, Robert: o.a., S. 406

164 Markale, Jean: o.a., S. 71

165 Markale, Jean: o.a., S. 65

166 Markale, Jean: o.a., S. 57

167 siehe Kapitel 9

168 Maier, Bernhard: König und Göttin. Die keltische Auffassung des Königtums und ihre Parallelen, Bonn 1991, S. 35

169 Markale, Jean: o.a., S. 179

170 Markale, Jean: o.a., S. 63

Teil IV – Feudale Ehe
Kapitel 16 – Die Minne und das Abendland

171 Briffault, Robert. The Mothers. London / New York 1929. Bd. 3. S. 377 ff

172 Briffault, Robert. 1929. Bd. 3. S. 440 – 443

173 Briffault, Robert. 1929. Bd. 3. S. 418

174 Briffault, Robert. 1929. Bd. 3. S. 429

175 Mit Ausnahme des "Erec" von Hartmann von der Aue, um 1185 entstanden.

176 Duby, Georges: Ritter, Frau und Priester, Frankfurt 1985, S. 111

177 Duby, Georges: o.a., S. 123

178 vgl. Rougemont, Denis de: Die Liebe und das Abendland, München 1966

179 Rougemont, Denis de: o.a., S. 291

180 Rougemont, Denis de: o.a., S. 166

181 Rougemont, Denis de: o.a., S. 194 f

182 Badinter, Elisabeth: Die Mutterliebe, München 1981, S. 80 ff

183 Im Mittelalter konnten fast nur Frauen lesen; lesen galt als weibisch (vgl. Duby: Das Leben im Mittelalter). Diese Verteilung verschob sich aber bis 1600.

184 vgl. Luhmann, Niklas: Liebe als Passion, Frankfurt 1984

Kapitel 17 – Die bürgerliche Liebesehe

185 Zum Beispiel bei Saint Simon, Claude Henry de Rouvroy, Charles de Fourier; August Bebel.

186 Luhmann, Niklas: Liebe als Passion, Frankfurt 1984, S. 126 ff

187 Gesetzliche Eheverbote gab es im 17. – 19. Jahrhundert für viele "unvermögliche" Personen (vgl. Schenk, Herrad: Freie Liebe, wilde Ehe, München 1995, S.103).

188 Heyn, Dolma: Marriage Shock, New York 1997, S. 50 – 67

189 vgl. Goethe, Johann Wolfgang von: Torquato Tasso II.1

190 Schlegel, Friedrich: Lucinde, 1799, Neuauflage 1985, S. 38

191 Johnen, Wilhelm: Die Angst des Mannes vor der starken Frau, Frankfurt 1992, S. 49ff

192 vgl. Behnke, Cornelia / Meuser, Michael: Frauenbilder junger Männer, Zeitschrift für Sozialforschung, 3/1997

193 Tannen, Deborah: Du kannst mich einfach nicht verstehen, Hamburg 1991, S. 260/265

Kapitel 18 – Ehe als Mythos und Ehe aus Interesse

194 vgl. Löwith, Karl: Weltgeschichte und Heilsgeschehen, Stuttgart 1953

195 Allensbach: Jahrbuch 1993 – 1997, S. 145 ff

196 Beck, Ulrich u. Beck-Gernsheim: Das ganz normale Chaos der Liebe, Frankfurt 1990, S. 185

197 Allensbach: Jahrbuch der Demoskopie, 1998 – 2002, S. 115

198 Rullmann, Marit / Schlegel, Werner: Frauen denken anders, Frankfurt 2000, S. 260

Kapitel 19 – Ehe als Erbe

199 Miles, Rosalinde: Weltgeschichte der Frau, München 1993, S. 13

200 Der Spiegel, 28. August 2000, S. 218

201 vgl. Merian, Svende: Der Tod des Märchenprinzen, Reinbek 1983

Teil V – Ehe heute

Kapitel 20 – Die Konditionierung der Machtpotentiale ...

202 Weber, Max: Wirtschaft und Gesellschaft, Band 1, Tübingen 1976, S. 28

203 Arendt, Hannah: Macht und Gewalt, München 1970, S. 45

204 Arendt, Hannah: o.a., S. 57

205 Dux, Günter: Die Spur der Macht im Verhältnis der Geschlechter, Frankfurt am Main 1997, S. 93

206 Dux, Günter: o.a., S. 91

207 Dux, Günter: o.a., S. 92

208 Dux, Günter: o.a., S. 392

209 OECD Employment Outlook 2002

210 McCorduk, Pamela; Ramsey, Nancy: Die Zukunft der Frauen. Frankfurt am Main 1998, S. 25 ff

211 Tannen, Deborah: o.a., S. 195, 211 ff

212 vgl. Hancock, Emily: Tief unter unserer Haut, Hamburg 1991

213 Debold, Elisabeth; Malavé, Idelisse; Wilson, Marie: Der Verrat der Mütter, Reinbek 1994, S. 35

214 Hancock, Emily: o.a., S. 30 ff

215 Tan, Amy: Töchter des Himmels, München 1990, S. 71

216 vgl. Bierach, Barbara: : Das dämliche Geschlecht, Weinheim 2002; vgl. Kullmann, Katja: Generation Ally, Frankfurt am Main 2002.

217 Tannen, Deborah: o.a., S. 240 – 244

218 Sadrozinski, Renate, Hrsg.: Grenzverletzungen. Frankfurt am Main 1993, S. 33

219 Sadrozinski, Renate: o.a., S. 36

220 Bly, Robert: Die kindliche Gesellschaft, München 1996, S. 153

221 Debold, Elisabeth; Malavé, Idelisse; Wilson, Marie: Die Mutter-Tochter-Revolution, o.O. 1994, S. 57

222 vgl. Enuma elisch: Babylonischer Schöpfungsmythos

223 vgl. Maag, Victor: o.a.

224 Ross, John Munder: Das männliche Paradox. Hamburg 1994, S. 213

225 Ross, John Munder: o.a., S. 215

226 Markale, Jean: o.a., S. 63

227 König, Peter. Kursbuch März 1997. Rowohlt. Berlin 1997, S. 125

228 Johnen, Wilhelm: o.a., S. 110

229 Johnen, Wilhelm: o.a., S. 110

230 vgl. Pollack, William S.: Finding Man's voice. Toronto 1993, S. 1993

231 Pollak, Susan; Gilligan, Carol. In: Psychologie heute. Januar 1994, S. 26 ff

232 Gray, John: Männer sind anders – Frauen auch. München 1993, S. 47 ff

Kapitel 21 – Herr und Knecht

233 vgl. Wieck, Wilfried: Männer lassen lieben. Stuttgart 1988

234 vgl. Wieck, Wilfried: o.a.

235 vgl. Tannen, Deborah: o.a.

236 vgl. Jürgens, Prof. Dr. Hans Wilhelm (Hrsg.): Partnerwahl und Ehe, Hamburg 1973; und ders. (Hrsg.): Partnerprofil, Kiel 1990

237 Wieck, Wilfried: o.a., S. 139

238 Wieck, Wilfried: o.a., S. 143

239 Wieck, Wilfried: o.a., S. 152

240 Wieck, Wilfried: o.a., S. 157

241 Wieck, Wilfried: o.a., S. 159

Kapitel 22 – Wesensverschiedenheiten – ideologisch und biologisch

242 Brugger, Walter: Philosophisches Wörterbuch, Freiburg 1951, S. 414

243 Aristoteles: Aufzeichnungen zur Staatstheorie, Köln 1967, Buch II, S. 14

244 vgl. Gray, John: o.a.

245 vgl. Aristoteles: Verkrüppelte Männchen. Zitiert nach Gerda Lerner: Die Entstehung des Patriarchats, Frankfurt am Main 1991, S. 257

246 Historikerinnen graben heute Einzelschicksale aus, so zum Beispiel die Geschichte von Marie-Sophie Germain (1877 – 1932), einer Mathematikerin in Paris, die unter einem männlichen Pseudonym studieren musste und eine Elastizitätstheorie entwickelte, die noch heute zu den theoretischen Grund-

lagen des Bauwesens gehört (Hales, Diane: Warum haben Frauen so kleine Füße, Bergisch Gladbach 2001, S. 308). Aber solche Nachrichten gelten als Anekdoten.

247 vgl. Wetter, Angelika: Profession und Geschlecht, Frankfurt am Main 1992

248 vgl. Stopczyk, Annegret: Was Philosophen über Frauen denken, Berlin 1980

249 Hales, Diane: Warum haben Frauen so kleine Füße, Bergisch Gladbach 2001, S. 315

250 Ich saß an meinem Schreibtisch, Schülerin, 18 Jahre alt, und schaute auf den See vor meinem Fenster. Draußen war es sternenklar. Wir hatten gerade sphärische Geometrie in der Schule durchgenommen; die Mathematiklehrerin hatte mich begeistert, wie schon oft. Und wenn ich Mathematik und Astronomie studieren würde statt Jura, wie meine Eltern wollten? Aber würde ich das können? Die Lehrerin war auch eine Frau, ja, aber in meiner Klasse waren noch zwei Jungen, die waren in Mathe besser als ich. – Ich begrub den Traum, nach den Sternen zu greifen. Ich versuchte es nicht einmal – objektiv gesehen zu Recht, wie ich später feststellte. Aber ein bisschen betrübt bin ich heute noch. Wie viele Mädchen, mathematisch viel begabter als ich, haben ähnlich gedacht?

251 vgl. Pirinçci, Akif: Yin, München 1997

252 vgl. Allensbach, Jahrbuch 1997

253 Schmitt, Bettina. In: Wetter, Angelika: Profession und Geschlecht, Frankfurt am Main 1992, S. 155

254 vgl. Blum, Deborah: Sex on the Brain, New York 1997

255 Angier, Natalie: Das starke Geschlecht, München 2000, S. 350

256 vgl. Kersten, Ioachim: Psychologie heute, Januar 1996

257 vgl. Wright, Robert: The Biology of Violence, In: The New Yorker, 13.03.1995

258 vgl. Bischof-Köhler, Doris, In: Frauen im Management, Hrsg. Dick Wunderer, 1997

259 vgl. Koppetsch, Cornelia; Burkhard Günther: Die Illusion der Emanzipation, Konstanz 1999

260 vgl. Vogel, Jürgen, In: Gala, Nr. 30, 18. Juli 2002

Kapitel 23 – Ehe ist Suche nach dem Ähnlichen

261 Winter, Lorenz: Ehe ist Suche nach Verwandten, In: Die Welt, 1. Februar 1995, S. 1

262 siehe Kapitel 1

263 vgl. Schmidt, Wilhelm: Das Mutterrecht, Wien 1955

264 vgl. Rückert, Rüdiger; Lengsfeld, Wolfgang; Henke, Winfried: Partnerwahl, Boppard am Rhein 1979

265 vgl. Duby, Georges: o.a.

266 vgl. Ghadially, Kurnar: The Dynamics of Dowry Death, New Delhi 1997 – vgl. auch Syed, Renate: Mitgift und Mitgiftverbrechen im heutigen Indien, 2000, unveröffentlichtes Manuskript – siehe auch Kapite 18

267 Gramer, Karl, In: Psychologie heute, Januar 1997, S. 25 ff

268 Gramer, Karl: o.a.

269 vgl. Gramer, Karl: Die biologischen Gesetze der Partnerschaft, München 1995

270 vgl. Buss, David: Die Evolution des Begehrens, Hamburg 1994

271 Platon: Der Staat. Stuttgart 1955, S. 158 ff

272 siehe Kapitel 1

273 Die Sozialreformbewegung von 1900, die Zulassung zum Studium 1908 und das Wahlrecht für Frauen im Jahre 1918 waren wichtige Schritte auf dem Weg zur Frauenbefreiung. Allerdings löste erst die Gesetzgebung in den 60er-Jahren des vorigen Jahrhunderts einen grundlegenden Wandel aus.

274 Allensbach. Jahrbuch 1997, S. 145

275 vgl. Mary, Michael: Fünf Lügen, die Liebe betreffend, München 2001

276 Mary, Michael: o.a., S 106

277 BILD-Zeitung vom 6. Februar 2001, S. 7

278 vgl. Emnid-Umfrage für BILD, 2001

Kapitel 24 – Eifersucht – die dunkle Seite der Liebe

279 1. Korintherbrief, Kapitel 13

280 vgl. Schmidt, Adalbert: Eifersucht, Hrsg. Heinz Körner, Fellbach 1979

281 Jellouschek, Hans: Beziehung und Bezauberung, Stuttgart 2000, S. 107 – 109

282 Giovanni Boccaccio (13113 – 1375): Il Decamerone, München 1955

283 Durex-Report, Cheshire/England 2001

284 Psychologie heute, 1997, S. 24

285 vgl. Berne, Eric: Spiele der Erwachsenen, Reinbek 1967

286 Schmidtbauer, Wolfgang: Heimliche Liebe, Reinbek 1999, S. 128

287 Jellouschek, Hans: Die Kunst, als Paar zu lieben, Stuttgart 1992, S. 90 ff

288 Jellouschek, Hans: o.a., S. 94

289 vgl. Fischer, Helen: Frau, München 2000 – vgl. Angier, Natalie: Frau, München 2000

290 vgl. Sarah Blaffer Hrdy, In: Spiegel 5, 1999

291 vgl. ”Stern“, Nr. 45, 2001

Kapitel 25 – Sündiger Sex – heiliger Eros

292 Ranke-Graves, Robert von: Griechische Mythologie, Reinbek 1989, S. 48

293 vgl. Desroches-Noblecourt, Christiane: Senefer, die Grabkammer des Bürgermeisters von Theben, Mainz 1991

294 Ranke-Graves, Robert von: Die weiße Göttin, Reinbek 1985, S. 118

295 vgl. Campbell, June: Göttinnen, Dakinis und ganz normale Frauen, Berlin 1997

296 Fester, Richard: Das Protokoll der Sprache, In: Weib und Macht, Frankfurt am Main 1980, S. 75

297 siehe Kapitel 23

298 Ranke-Graves, Robert von: Hebräische Mythologie, Reinbek 1986, S. 11 ff und S. 260

299 Paulus versucht hier eine Gratwanderung zwischen der Lehre Jesu, der griechischen Philosophie und dem jüdischem Erbe. Der Leib musste seinen Wert behalten, denn schließlich war Jesus im Leibe gestorben und auferstanden. Andererseits durfte der Leib niemals zum Genuss, sondern immer nur zur Kreuzigung verwendet werden. (Pagel, Eliane: Versuchung durch Erkenntnis, Frankfurt am Main 1987, S. 157 ff)

300 vgl. Augustinus: Das Gute der Ehe, Würzburg 1949

301 siehe Kapitel 22

302 Beck, Ulrich: Das ganz normale Chaos der Liebe. Frankfurt am Main 1990, S. 232 ff

303 vgl. Schwanitz, Dietrich: Männer, Frankfurt am Main 2001

304 Pease, Allan und Barbara: Warum Männer nicht zuhören und Frauen schlecht einparken, München 2001, S. 209

305 ”Es waren zwei Königskinder, die hatten einander so lieb, sie konnten zusammen nicht kommen, denn das Wasser war viel zu tief.“ So beginnt die auch heute bekannte Ballade eines unbekannten Dichters.

306 Miles, Rosalind. Zitiert nach Rosalind Miles: Weltgeschichte der Frau, 1993, S. 246

307 vgl. Bauer, Joachim: Das Gedächtnis des Körpers, Frankfurt am Main 2002

Kapitel 26 – Reziproke Partnerschaft

308 vgl. Stopczyk, Annegret: Philosophie der Liebe – Helene Stöcker – Die neue Ethik um 1900 in Deutschland und ihr philosophisches Umfeld bis heute, Stuttgart 2003. Dieses Buch thematisiert genau diesen Prozess für Deutschland.

309 Kullmann, Katja: o.a., S. 135

310 Kullmann, Katja: o.a., S. 148

311 vgl. Bohlen, Dieter, In: Bunte, Nr. 29, März 2001

312 siehe Kapitel 20

313 Gray, John: o.a., S. 72

314 Bierichs, Barbara: o.a., S. 68

315 Real, Terence: Was kann ich tun, dass du mich hörst, Bern 2002, S. 17

316 Real, Terence: o.a., S. 135

317 siehe Kapitel 26

318 Real, Terence: o.a., S. 322

319 vgl. Badinter, Elisabeth: Die Mutterliebe, München 1992

320 siehe Kapitel 14

321 vgl. Napier, Auguste Y.: Alle Macht für beide, In: Psychologie heute, Juli 1990, S. 23

322 Zu meinem Vergnügen las ich ein Buch, das zurzeit überall in Millionenauflage verkauft wird, und das von vorne bis hinten aus Regeln besteht:

Fein, Ellen; Schneider, Cherrie: Die Kunst den Mann fürs Leben zu finden, München 2002

323   vgl. Gottmann, John: The Marriage Clinic, W. W. Norton, New York 1999

324   vgl. Koppetsch, Cornelia; Burkhard Günther: o.a.

325   Goethe, Johann Wolfgang: Die Wahlverwandtschaften, Reclam 1994, S. 73

Kapitel 27 – Liebe als Passion und L iebe als Kunst

326   vgl. Beck, Ulrich: Das ganz normale Chaos der Liebe, Frankfurt am Main 1990

327   Platon: Das Gastmahl, Hamburg 1960, 201b, S. 81

328   vgl. Spinoza. Ethik III. Zitiert nach Comte Sponville, André, 2001 – vgl. auch Stendhal: De l'amour. Über die Liebe, Paris 1822

329   Comte Sponville, André: Ermutigung zum unzeitgemäßen Leben, Reinbek 2001, S. 293

330   Film von Doris Dörrie: Nackt, 2002

331   vgl. Saint-Exupéry, Antoine de: Der kleine Prinz, Düsseldorf 1950, 1998

332   Napier, Auguste Y.: Ich dachte immer meine Ehe sei gut, bis meine Frau mir sagte, wie sie sich fühlt, Kreuz-Verlag. Stuttgart 1990, S. 25

333   vgl. Vilar, Ester: Der dressierte Affe, 1971, München 1998

334   vgl. Fromm, Erich: Die Kunst des Liebens, Frankfurt am Main, Berlin, Wien 1980

335   vgl. Maslow, Abraham: Motivation and Personality, New York 1970

336   Onken, Julia: Kirschen in Nachbars Garten, München 1999, S. 250ff

337   Gibran, Khalil (1883 – 1931)

338   Laut Mikrozensus gemeldete nichteheliche Lebenspartner. Statistisches Jahrbuch 2001, S. 64

339   vgl. Brüderl, Josef: Die Pluralisierung partnerschaftlicher Lebensformen in Westdeutschland und Europa, In: Das Parlament, Mai 2004

340   Forsa-Umfrage. April 2004

341   zum Beispiel: Schmidt, Renate: S.O.S. Familie, Renbek 2003

342   vgl. Illies, Florian: Generation Golf, Frankfurt 2003

Quellennachweis der Abbildungen

Q1   Musée de l'Homme, Paris

Q2   Ozols, Jakob: Tod und Jenseits im Glauben der Völker, Hrsg. Hans-Joachim Klimkeit, Wiesbaden 1978, S. 21

Q3   Museum für Anatolische Zivilisationen, Ankara, Katalog o.J., S. 21

Q4   König, Marie: Die Frau im Kult der Eiszeit. In: Weib und Macht. Hrsg. Richard Fester, Frankfurt am Main 1992, S. 151

Q5   Mellaart, James: Catalhöyük. Bergisch Gladbach 1967, S. 140

Q6   Mellaart, James: o.a., S. 150

Q7   Mellaart, James: o.a., Tafel 63

Q8   Göttner-Abendroth, Heide: Die Göttin und ihr Heros, München 1990, S. 39

Q9   Gimbutas, Marija: Old Europe 7000 – 3500 BC – The earliest European Civilisation before the infiltration of the Indo-European Peoples, In: Journal of Indo-European Studies 1, o.O. 1973, S. 14

Q10 Haarmann, Harald: Universalgeschichte der Schrift, Frankfurt am Main / New York 1990, S. 85

Q11 Wandgemälde, Museum Heraklion

Q12 Göttner-Abendroth, Heide: Das Matriarchat in Südchina, Stuttgart 1998, S. 117

Q13 Alexander-Sarkophag

Q14 Poussin, Nicolas (1593–1665), In: Meisterwerke der Welt, Verlag Gondrom, o.O. o.J., S. 197

Q15 Nolde, Emil: Ungemalte Bilder, Hrsg. Werner Hofmann, Stiftung Seebyll, Ada und Emil Nolde, M. Dumont-Schauberg, Köln 1971

Q16 von Soden, Wolfram: Sumer, Babylon und Hethiter, In: Weltgeschichte, Hrsg. Golo Mann u. Alfred Heuss, Gütersloh 1979, Bd. 1, S. 703

Q17 Göttner-Abendroth, Heide: Die Göttin und ihr Heros, München 1990, S. 68.

Q18 Musée Nationale du Louvre (Paris). Die schönsten Bilder, Hrsg. Giuliana Nannicini, München 1982, S. 39

Q19   Musée Nationale du Louvre (Paris). Die schönsten Bilder, Hrsg. Giuliana Nannicini, München 1982, S. 38

Q20   Sennefer. Die Grabkammer des Bürgermeisters von Theben, Hrsg. Arne Eggebrecht, Verlag Philipp von Zabern, Mainz am Rhein 1991, Abb. 46, S. 73

Q21   Hart, George: A Dictionary of Egyptian God and Goddesses. S. 116

Q22   Eggebrecht, Arne: Das Alte Ägypten. C. Bertelsmann Verlag. München 1984. S. 338 – 339

Q23   Göttner-Abendroth, Heide: Die Göttin und ihr Heros, München 1990, S. 43

Q24   Staatliche Museen zu Berlin, Altes Museum, Antikensammlung

Q25   Golowin, Sergius / Eliade, Mircea / Campbell, Joseph: Die großen Mythen der Menschheit, München 2002, S. 53

Q26   Das Rätsel der Kelten vom Glauberg, Stuttgart 2002, Katalognummer 127, S. 215

Q27   Epona-Relief aus Mainz-Kastell, Rheinisches Landesmuseum, Bonn

Q28   René Margritte, ”Le Tombeau des Lutteurs“ (Das Grab der Ringer), 1960, Löl auf Leinwand, Sammlung Harry Torczyner, New York

Q29   Henri Matisse (1869 – 1954), ”Das Gespräch“, 1911, Öl auf Leinwand, Eremitage, St. Petersburg

Q30   Marc Chagall (1887 – 1985), ”Das Brautpaar mit dem Eiffelturm“

Q31   Paul Gaugin, ”Adam und Eva“, 1902, Öl auf Leinwand, Ordrupgaard, Kopenhagen

Q32   Mor, Anthonis. Bild des Antoine Perrenot de Granvella, 1549. Kunsthistorisches Museum, Wien. Erich Lessing: Die Niederlande, München 1985

Q33   van Dyck, Anthonis. Infantin Isabella Clara Eugenia, 1627, Musée Nationale du Louvre (Paris)

Q34   Anzeigenwerbung für ”bruno banani“, hier: Zeitschrift ”zitty“, Berlin 4. – 17. März 2004

Q35   Picasso, Pablo: ”Der gelbe Pullover“, 1939, Öl auf Leinwand, Sammlung Berggruen, Staatliche Museen, Berlin

Q 36   Egon Schiele, ”Die Umarmung“, 1917

Q 37   Emil Nolde, ”Eifersucht“, aus: Ungemalte Bilder, DuMont, Köln 1996

Q 38   Jüngling und Hetäre beim Liebespiel. Lokri, um 430 v.Chr.

Q 39 Adam. Relief auf einem Sarkophag aus dem 4. Jahrhundert, Vatikan, Rom

Q 40 Agentur Focus, Hamburg, hier aus: Zeitschrift Psychologie heute, 2/2004

Q 41 Museumsgarten in Sanliurfa, Türkei, circa 2. Jahrhundert

Bitte beachten Sie auch die Titel von **Nicolaus Sombart**
Die Frau ist die Zukunft des Mannes
Aufklärung ist immer erotisch
Eine große Essay-Folge über das Verhältnis der Geschlechter,
in dem das weibliche Prinzip der Verführung den Ausweg weist.
336 Seiten, mit Abbildungen, Reihe ETIKETT
ISBN 3 933974 35 6, 16 €

und die Aufzeichnungen der Künstlerin **Patricia Boulay**
Briefe an M.
– darin die Aktzeichnerin reflektiert, warum sie ihr Metier
nur aus erotischer, ja sexueller Nähe zu den Modellen ausfüllen
kann und wie sie diese Nähe herstellt …
128 Seiten, mit vier Reproduktionen, in Leinen gebunden
ISBN 3 933974 70 4, 18 €

sowie den klugen Essay des Amerikaners **Ian Hacking**
Leute[zurecht]machen
über das eigenartige, aber doch nicht so eigene
Phänomen erotischer und sexueller Identität und wie sie
bedingt wird.
24 Seiten, von Hand fadengeheftet in der 16er-Reihe
ISBN 3 933974 09 7, 7 €

Und bitte informieren Sie sich auch über unser Literatur-Programm
– bei Ihrem Buchhändler oder direkt bei uns im Verlag:

axel dielmann — verlag
Kommanditgesellschaft in Frankfurt am Main

Oskar von Miller Straße 18
D – 60314 Frankfurt amMain
Telefon 069 / 9435 – 9000 Fax – 9002
dielmann_verlag@yahoo.de